W0413250

Anna Maurer und Christine Weissbarth

BEHERZT

Wie die Sehnsucht die
Angst überwindet

ueberreuter

Die Autorinnen

Anna Maurer ist Psychotherapeutin, Autorin und Lektorin der Sigmund Freud Privatuniversität Wien. Sie leitet Fortbildungen für Psychotherapie, hält zahlreiche Seminare und Workshops, besonderer Schwerpunkt ihrer Arbeit ist die Schnittstelle von Psychotherapie und Spiritualität. Sie hat viele Menschen bereits auf ihrem Weg begleitet und lebt in Wien. www.annamaurer.at

Christine Weissbarth ist die Schwester von Anna Maurer, sie ist Filmjournalistin, Yoga- und Meditationslehrerin und lebt in Starnberg bei München.

Danke, dass Sie sich für unser Buch entschieden haben! Sie wollen mehr über unsere Bücher erfahren und über unser Programm auf dem Laufenden bleiben? Befreunden Sie sich mit uns auf Facebook, folgen Sie uns auf Instagram oder abonnieren sie unseren Newsletter. Wir freuen uns auf Sie!

1. Auflage 2021
© Carl Ueberreuter Verlag, Wien 2021
ISBN 978-3-8000-7773-1
Alle Rechte vorbehalten. Das Werk darf – auch teilweise – nur mit Genehmigung des Verlages wiedergegeben werden.

Lektorat: Marie-Christine Leitgeb, www.diesprachagentur.com
Covergestaltung: Saskia Beck, s-stern.com
Coverbild: © Adobe Stock
Satz: Hannes Strobl, Satz·Grafik·Design, Neunkirchen
Druck und Bindung: CPI Moravia Books, s.r.o, Pohořelice

www.ueberreuter.at

Gendergerechte Sprache ist mir ein Anliegen. Daher verwende ich abwechselnd die männliche und weibliche Form und betrachte beides als gleichwertig und austauschbar.

Hinweis: Etliche existenzielle, psychotherapeutische und transpersonale Erklärungen beruhen auf Seminaraufzeichnungen und Arbeiten von Sylvester Walch. Dankenswerterweise wurden sie für diesen Roman ohne detaillierte Quellenangaben freigegeben. Die entsprechenden Bücher und Inhalte von Sylvester Walch finden sich im Literaturverzeichnis und auf seiner Website www.walchnet.de.

Dieses Buch zu schreiben, war für mich ein langer Prozess, im Zuge dessen ich mich immer mit Menschen ausgetauscht habe. Ich möchte mich für die vielen Gespräche, für die Beratung und Unterstützung besonders bei drei Menschen bedanken: Angela Fischlmayr, Karin Demuth und Mathilde Fischer.

Vielen Dank auch an meine Schwester Lisl, die mir ihre Kindheitserinnerungen zur Verfügung gestellt hat.

Mein besonderer Dank gebührt meinem langjährigen Lehrer Sylvester Walch, der meine Entwicklung gefördert und über viele Jahre begleitet hat.

Anna Maurer

In dem Augenblick, in dem man sich endgültig einer Aufgabe verschreibt, bewegt sich die Vorsehung auch. Alle möglichen Dinge, die sonst nie geschehen wären, geschehen, um einem zu helfen. Ein ganzer Strom von Ereignissen wird in Gang gesetzt durch die Entscheidung und sorgt zu den eigenen Gunsten für zahlreiche unvorhergesehene Zufälle, Begegnungen und materielle Hilfen, die sich kein Mensch vorher je so erträumt haben könnte …

Was immer Du kannst, beginne es.

Johann Wolfgang von Goethe

Seit 35 Jahren wohne ich mitten im Zentrum von Wien. Hier bin ich zu Hause, in diesem stattlichen Altbau mit den Stuckverzierungen im Treppenhaus und dem Ausblick auf die kleine Gasse mit den imposanten Bürgerhäusern aus der Gründerzeit. Wenn ich die Tür zu meiner Wohnung öffne, tue ich das mit einem weiten, freien Gefühl in der Brust. Jedes Möbelstück, jedes Bild, jeder Teppich, jede Vase und jeder Kratzer im Parkettboden meiner Wohnung erzählt mir eine Geschichte aus meinem siebzigjährigen Leben.

Gerade ist es besonders behaglich in meinem Wohnzimmer. Die Nachmittagssonne schickt schräge Strahlen durchs Fenster, auf meinem Couchtisch liegt der dicke Papierstapel mit meinen Notizen und auf der Couch die kuschelige Wolldecke. Diese Notizen waren während der vergangenen Wochen mein ständiger Begleiter. Aus einem spontanen Impuls heraus habe ich begonnen, die Geschichte meines Lebens niederzuschreiben. Zuerst nur einzelne Episoden, dann sind viele Gedanken und Erinnerungen dazugekommen, glückliche und schmerzhafte. Gleich werde ich mich wieder darin vertiefen, weiterschreiben, streichen und ergänzen.

Eine WhatsApp-Nachricht leuchtet auf meinem Telefon auf: „Eben angekommen. Bin in dreißig Minuten da." Meine Schwester Rosi kommt früher als erwartet. Sie wohnt in der Nähe von München im Herzen einer kleinen Stadt an einem See. So wollte sie das immer schon: mittendrin im Trubel und – das Allerwichtigste – mit mehreren Cafés zur Auswahl. Wo immer sie hinkommt, sucht sie sich zuallererst ein nettes Kaffeehaus, das sind vermutlich ihre Wiener Wurzeln. Als sie hier zur Schule ging und studierte, war sie täglich mindestens einmal im Kaffeehaus, und so hält sie es auch dort.

Rosi wird übers Wochenende bleiben. Sie wohnt bei mir, wie immer, wenn sie nach Wien kommt. Das sind die raren Gelegenheiten, wo wir Zeit füreinander haben, wo nur wir beide die Köpfe zusammenstecken und niemand sonst aus unserer großen Familie dabei ist. Es klingelt, sie ist da. Wir umarmen einander herzlich, Rosi stellt ihren Koffer im Gästezimmer ab, und dann mache ich erst einmal zwei Flaschen Bier in der Küche auf. Händereibend kommt Rosi zu mir in die Küche. „Ah, ein Bierchen – genau das Richtige jetzt", freut sie sich. Wir mustern einander. „Gut siehst du aus", sagt sie schließlich. „Du aber auch", gebe ich zurück. Kaum zu glauben, dass nun auch Rosi die Sechzig schon deutlich überschritten hat. Sie sieht so jugendlich-frisch aus mit den dunklen, schulterlangen Haaren und den großen, lebhaften Augen in dem schmalen Gesicht.

Während ich noch schnell in der Küche ein paar Dinge wegräume, schlendert Rosi mit dem Glas in der Hand ins Wohnzimmer. Sie sieht mein Manuskript auf dem Tisch liegen, nimmt es in die Hand und fängt an zu blättern – ohne mich erst lange zu fragen. Ich schmunzle. So war es immer schon – für Privatsphäre war bei sieben Geschwistern einfach kein Platz. Vor ein paar Jahren hätte ich Rosis Verhalten wahrscheinlich noch als übergriffig empfunden, doch in den letzten Monaten habe ich mich so intensiv mit meinem Leben auseinandergesetzt, dass ich deuten kann, was es ist: ein Ergebnis unserer jahrzehntelangen Vertrautheit.

„Was hast du denn da geschrieben?", fragt Rosi neugierig.

„Über mein Leben", lautet meine lapidare Antwort.

„Und – komm ich auch vor?", bohrt Rosi weiter.

„Erwähnt wirst du schon, wie alle anderen Schwestern auch", versuche ich erst abzuwiegeln.

„So, so, ist das alles?"

„Ja schon, was hast du gedacht?"

„Wenn du willst, dass ich es lese, dann will ich auch meine Kommentare dazu abgeben", meint Rosi unverblümt und bestimmt, wie es eben ihre Art ist.

Ich denke kurz nach. Will ich, dass Rosi dieses Manuskript meines Lebens liest, bevor ich es fertiggestellt habe? Doch dann stimme ich schulterzuckend zu. „Okay, dann versuchen wir es einfach." Damit beginnt ein langer, unvergesslicher Abend. Ich fange an zu lesen.

1.

Unsere Mutter erzählte oft, dass der Tag, an dem ich geboren wurde, einer der heißesten Julitage im Jahr 1950 war. Die Luft flimmerte vor Hitze, alle stöhnten, dennoch musste die Arbeit auf dem Feld getan werden. „Für uns Bauern gibt's keine Ferien", sagte Vater oft, und so waren er und sein Bruder auch an diesem Tag unermüdlich im Einsatz, um auf unserem Bauernhof die Ernte einzubringen. Mehrere Flaschen mit kaltem Tee standen unter einem Baum am Rand des Feldes, und sie griffen regelmäßig danach, um den brennenden Durst zu löschen.

Meine Mutter saß im Haus in der geräumigen Küche. Sie schälte einen Berg Kartoffeln, als die Wehen einsetzten. „Die mach' ich jetzt noch fertig", dachte sie, doch als sie aufstehen wollte, war da ein plötzlicher heftiger Schmerz, der sie aufschreien und in die Knie gehen ließ. Meine Großmutter eilte in die Küche. Sie brummte nur ungehalten: „Ganz ruhig, so schnell kommt das Kinderl nicht. Ich lauf' zum Winkler Franz, dass er dich mit seinem Rettungsauto ins Krankenhaus nach Wien bringt." Franz Winkler war einer unserer Nachbarn, dessen Auto in unserem Ort ganz offiziell als Krankenwagen im Einsatz war. Wenig später fuhr er mit seinem schon etwas in die Jahre gekommenen Wagen vor, und meine Mutter stieg stöhnend vor Schmerzen ein.

Es war eine unkomplizierte Geburt. Um halb vier Uhr morgens des nächsten Tages während eines heftigen Gewitters tat ich meinen ersten Schrei. Mein Vater war stundenlang durch Haus und Hof geschritten und hatte unseren Knecht Franz und Großmutter und unsere gute Küchenseele mit sinnlosen Aufträgen herumgescheucht. Endlich läutete das Telefon. Damals konnte man von Wien nicht direkt in unser Dorf telefonieren, und das Telefonamt war nur zwischen sechs Uhr in der Früh und neunzehn Uhr am Abend besetzt. Wir gehörten zu den wenigen Familien im Ort, die ein eigenes Telefon besaßen. Die Postbeamtin beglückwünschte meinen Vater: „Herr Berger, gratuliere, Sie sind vor ein paar Stunden Vater geworden!" Er bestürmte sie mit den Worten: „Ist's ein Bub?"

„Ein Mäderl ist es", flötete sie, „und die Hebamme sagt, es ist gesund und munter."

Der ersehnte Stammhalter war es also noch nicht, aber es war ja noch Zeit. „Das nächste Mal wird's bestimmt ein Bub", tröstete ihn auch mein Großvater.

„Bereits eineinhalb Jahre später bist dann du gekommen …", wende ich mich an Rosi, die aufmerksam zugehört hat.

„Dass du so genau Bescheid weißt über deine Geburt", wundert sich Rosi. „Schade, ich habe Mutter nie danach gefragt, wie es war, als ich geboren worden bin. Nun kann es mir keiner mehr erzählen. Jedenfalls war es im Winter. Auffallend ist es ja, dass alle Kinder nach dir im Winter zur Welt gekommen sind. Das war wohl Familienplanung, damit nicht wieder mitten unter der Ernte so etwas passiert." Rosi verzieht ihre Mundwinkel zu einem zweideutigen Lächeln und sagt: „Ich hätte ja auch ein Bub werden sollen. Aber ich war immer gern ein Mädchen und später eine Frau. Als Bub hätte ich die Landwirtschaft übernehmen müssen, kein begehrenswertes Ziel für mich. Stell dir vor, ich wäre tatsächlich ein Bub geworden – unsere Familie würde ganz anders aussehen. Dann wären wir wahrscheinlich nur drei oder vier Kinder und nicht sieben geworden", meint sie nachdenklich.

Und so setzte sich die Reihe der Mädchen fort. Nach Rosi kam Martha, dann Katharina, danach Johanna und zuletzt Veronika. Mutter erzählte, als sie das sechste Mädchen zur Welt gebracht hatte, hätte ihr die Hebamme in ihrer bekannt rauen, aber herzlichen Art das Kind mit den Worten gereicht: „Es is scho wieda a Madl! Soll ma s' glei datränken?" Darauf unsere Mutter: „Nein, gem S' ma s' her!" Und zum Kind gewandt: „Du kannst doch nichts dafür, dass du ein Mäderl bist!" Sie nahm Veronika in den Arm, und die lächelte sie an. Mutter bemerkte gerührt, dass sie beim Lächeln ein Grübchen in der Wange hatte. So liebte sie auch noch ihre sechste Tochter von Herzen und hoffte trotzdem inständig auf einen Sohn.

Als schon niemand mehr daran glaubte, kam Sebastian zur Welt. Mein Vater war überglücklich. Unsere Mutter hatte nie so viele Kinder haben wollen, höchstens ein oder zwei. Und sie hatte auch nie einen Bauern heiraten wollen. Als junge Frau hatte sie einige Monate in Zürich verbracht, wo sie das Leben der „Herrschaften" kennengelernt hatte. Wie oft hatte sie uns von dem gutbürgerlichen Leben erzählt und davon, wie vornehm dort alles war! Hier hatte sie sich am richtigen Ort gefühlt. In der Obhut zweier älterer Damen hatte sie ein wenig Französisch gelernt und unter der Regie von Maximilian Schell, dem großen Schauspieler und Regisseur, eine kleine Nebenrolle als Wienerin gespielt.

Einmal hatte Maximilian Schell sie nach Hause begleitet, gerade als der erste Schnee fiel. Eine Schneeflocke in seiner Hand betrachtend, hatte er zu ihr gesagt: „So weiß wie diese Schneeflocke soll die Seele eines Mädchens sein." Das hatte sie sehr beeindruckt. Eine Handleserin hatte ihr damals sieben Kinder prophezeit. Anscheinend kann man seinem Schicksal nicht entkommen.

„Das von der Handleserin habe ich nicht gewusst. Ob das stimmt?", wirft Rosi ein. „Erinnerst du dich, dass Mutter immer wissen wollte, welches Stück das damals war?" Ich nicke. „Nachdem ich einige Jahre als Filmjournalistin gearbeitet habe, bin ich eines Tages Maximilian Schell begegnet. Ich habe die Gelegenheit genutzt und ihn gefragt, ob er sich an unsere Mutter erinnern könne. Sie war damals 17 Jahre alt gewesen, er hatte in Zürich ein Wiener Mädchen gesucht, das eine kleine Rolle in dem von ihm inszenierten Stück spielen sollte, und dafür unsere Mutter ausgewählt. Schell hat sich sofort erinnert und auch gleich gewusst, um welches Stück es sich gehandelt hat. Ich war beeindruckt."

„Das hast du mir noch gar nicht erzählt!"

„Kann schon sein, aber lies weiter!"

Die erste Begegnung unserer Eltern war filmreif. Beide fuhren mit dem Fahrrad auf einem schmalen Feldweg in unserer Gegend aufeinander zu, und jeder wartete vergeblich darauf, dass der andere ausweichen würde. Es kam unweigerlich zum Zusammenstoß.

Dazu hat Rosi ihre eigene Theorie: „Klar, er ist Steinbock, sie Widder, da gibt keiner nach. Ich finde, sie hat recht gehabt, er hätte ausweichen sollen – so eine schöne Frau! Sicherlich ist er ihr ganz bewusst reingefahren, um mit ihr in Kontakt zu kommen. Ansonsten wären sie höflich aneinander vorbeigefahren, und sie hätten einander nie kennengelernt."

Etwas später, im Sommer 1949, verliebten sie sich ineinander, und im Jänner wurde geheiratet, denn ich war schon unterwegs. All die Pläne meiner Mutter spielten ab diesem Zeitpunkt keine Rolle mehr. Ein anderer Lebensabschnitt hatte begonnen für sie.

„Sie war wohl ganz schön verliebt in ihn gewesen", kommentiert Rosi. „Vater hat mir einmal ganz stolz erzählt, dass sie ihm sogar sein Motorrad mit Speiseöl geputzt hat, damit es besonders glänzt. Also grad Mutter, die ja auch nicht wirklich gerne gearbeitet hat. Ausgerechnet in einer Bauernfamilie ist sie ‚gelandet'. Sie hat sich doch geschworen, sie würde nie einen Bauern heiraten. Vater hat ihr alles Mögliche versprochen, sonst wäre sie diese Verbindung vermutlich nicht eingegangen. Sie wollte raus aus diesem Milieu, in dem sie auch selber aufgewachsen ist …" Rosi und ich, wir können das beide nachvollziehen. „Ich muss sagen, ich wäre auch lieber in einem anderen Haus aufgewachsen …

Eine Diplomatenfamile wäre mir recht gewesen, viel reisen, die Eltern studiert und mit vielen geistigen Interessen", träumt Rosi laut vor sich hin. Kurz hängen wir beide unseren Erinnerungen nach, dann vertiefen wir uns wieder in meine Aufzeichnungen.

Unsere Eltern liebten einander anfangs sicherlich. Unser Vater hatte schließlich auch sehr nette Seiten. Er hatte unserer Mutter versprochen, sie zu verwöhnen. Sie würde nicht viel arbeiten müssen, es würde ihr immer gut gehen. Doch jetzt, wo sie da war, hätte sie sich das Leben doch anders vorgestellt, eben ein bisschen luxuriöser. Das Haus wurde bald zu klein für die wachsende Familie. Immer öfter beklagte sich Mutter, dass sie hier zu ärmlich wohnen müsse. „Du hast mir vor der Ehe anderes versprochen", hielt sie unserem Vater immer wieder vor.

1960 wurde das alte ebenerdige Haus abgerissen, nur die zwei vorderen Zimmer mit der klassizistischen Fassade blieben stehen. Ein neues, einstöckiges Haus entstand, mit großzügigen Räumen. Nun hatten wir endlich auch ein Wohnzimmer. Das Familienleben spielte sich dennoch nach wie vor in der großen Küche ab. Hier nahmen wir unsere Mahlzeiten ein, hier las der Vater am Abend die Zeitung, die Mutter hörte Radio, während wir Kinder Hausaufgaben machten, miteinander spielten oder lasen. Wenn wir zu laut wurden, scheuchte uns Vater in unsere Zimmer. „Kann ich nicht einmal in Ruhe die Zeitung lesen!" Aber Ruhe war in so einer großen Familie ein seltener Zustand.

„Ich erinnere mich auch noch an den alten Ofen in der Küche, als wir kleine Kinder waren. Er war das Zentrum damals, der Ofen. Er hat nicht nur die Küche gewärmt, er hat auch eine gute Atmosphäre in unserer Wohnküche geschaffen, auf ihm ist das Essen zubereitet worden. Der gute alte Ofen … Schade, dass es so was nicht mehr gibt", bedauert Rosi. „Wir waren schon eine sehr traditionelle Familie, aber für einen Bauern war unser Vater außergewöhnlich, wenn man ihn mit vielen anderen Bauern vergleicht. Er war gesellig und hat gerne Führungsrollen übernommen." Rosi sieht nachdenklich auf ihre Hände: „Im Vergleich zu manch anderen im Ort sind wir richtig mondän aufgewachsen. Wien war ja auch in der Nähe. Weißt du noch, wie Vater uns bei seinen Erledigungen in die ‚Großstadt' mitgenommen und uns die Sehenswürdigkeiten erklärt hat? Trotz seiner bäuerlichen Vorlieben war er sowohl kunst- als auch filminteressiert, wenn auch alles eingeschränkt konservativ. „Ja, so war er", stimme ich Rosi zu, „politisch aktiv, interessiert und gleichzeitig zutiefst in den herrschenden Konventionen verhaftet."

Wir hatten ein großes Kinderzimmer für die jüngeren Schwestern im ersten Stock neben dem Elternschlafzimmer, um die Ecke ein Kabinett, das für Sebastian vorgesehen war. Wir drei älteren Mädchen waren privilegiert, wir durften im Erdgeschoss schlafen, etwas weiter weg von den Eltern. Außerdem wurde unser Zimmer neu eingerichtet, inklusive einer modernen Spiegelkommode, auf die wir sehr stolz waren. Jeden Abend vor dem Zu-Bett-Gehen wünschte Vater jeder von uns Gute Nacht, und wir Kinder antworteten im Chor: „Schlof guat, Vata!“

„Die Spielgelkommode war so schick!“, erinnert sich Rosi und fährt fort: „Neben der Küche war das Arbeitszimmer von Vater, das wir kaum zu betreten gewagt haben. Es war für uns wie ein Heiligtum, es gehörte nur Vater. Und er war so ordentlich.“

„Ja, sein Schreibtisch war immer aufgeräumt.“

„Wenn ich da an meinen Schreibtisch denke, ich bin da eine richtige Chaotin dagegen. Er kannte jeden seiner Stifte. Wenn jemand sich von ihm mal heimlich etwas ‚ausgeliehen‘ hatte, dann gab es sofort Ärger.“ Rosi hebt entschuldigend die Hände: „Jetzt habe ich dich schon wieder unterbrochen.“

Unser Haus war großzügig gebaut, alle Zimmer waren geräumig. Wir hatten eine große Speisekammer und sogar eine Veranda – der reine Luxus! Im Obergeschoss gab es eine Terrasse, die kaum genutzt wurde. Sie war der ideale Ort, an dem wir uns in Jugendjahren zum „heimlichen“ Rauchen trafen. Im Hof befanden sich die Stallungen.

Vater hatte einen großen Stall für die Kühe gebaut. Als jedoch der Milchpreis verfiel, stellte er auf Mastschweine um. Bis zu 120 Schweine drängten sich damals in unserem Stall. Selbst einen Teil des Hofes funktionierte Vater zum Freiluftstall um, damit die Schweine einen größeren Auslauf hatten. Ausmisten und Ställe Reinigen, das war eine der meistgehassten Aufgaben von uns Kindern. Wir verabscheuten den Gestank des dampfenden heißen Mists.

Regelmäßig schlachtete unser Vater ein Schwein, um die Familie mit Fleisch zu versorgen. Auch beim Schlachten mussten wir zu unserem Leidwesen häufig mit anpacken. Doch es faszinierte uns, mit welcher Hingabe und Freude unser Vater diese Arbeit verrichtete. Er holte aus dem geschlachteten, hängenden Schwein die Innereien heraus, voller Konzentration und Sorgfalt. Er produzierte Würste, die wir später mit Senf und Kren genüsslich verspeisten. Weniger begeistert waren wir von der Blutwurst, der Blunzen und der Blunzensuppe. Das Schlimmste waren der unmittelbar nach dem Schlachten gereichte

Blutsterz und das Stichfleisch. So gab es bei uns oft vom Schwein zu essen. Nur freitags standen Zwetschkenknödel oder Krautfleckerl, Buchteln mit Vanillesauce oder gebackener Kabeljau auf dem Speiseplan …

„… oder auch Linsen mit Knödeln", wirft Rosi ein. „Das haben wir damals gehasst, heute liebe ich dieses Gericht und mache es auch öfter. Die Zwetschkenknödel waren köstlich! Unsere Mutter konnte wirklich besonders gut kochen. Das hat sogar unser Vater zugegeben."

„Obwohl sonst wenig Lob über seine Lippen kam …"

„Was das Schlachten anbelangt: Ich habe ihm gerne beim Ausnehmen der Innereien zugeschaut", meint Rosi. „Er hätte auch Chirurg werden können. Mit welcher Sorgfalt und Liebe er das gemacht hat … Es war fast meditativ, ihm dabei zuzusehen."

Ich nicke. Ich erinnere mich noch gut daran, mit welcher Freude er die Würste gemacht hat, Metzger wäre auch ein Beruf gewesen für ihn. Seine Würste schmeckten fantastisch. „Da waren noch keine Antibiotika und so viel Gift enthalten wie heute. Er war eindeutig der praktische Typ", stellt Rosi fest. „Wenn ich heute über den Weihnachtsmarkt schlendere und an so einer Wurst nicht vorbeigehen kann, ohne sie zu kaufen, dann sage ich mir: Das war die Kultur meiner Kindheit."

„Dann hat Vater in den Sechzigerjahren ja auch noch die Buschenschank eröffnet, weil wir doch den großen Keller, guten Wein und das Selbstgeschlachtete hatten", erinnere ich Rosi. „Die Mutter hat in der Küche das Essen vorbereitet, und wir haben die Gäste bedient, die im Hof an den langen Holztischen gesessen sind – und bei schlechtem Wetter im Keller."

„Und Immer wieder sind Freunde von uns auf ein Glas Wein vorbeigekommen, vor allem die Burschen, die gerne im Mäderlhaus vorbeigeschaut haben", grinst Rosi.

„Möglicherweise haben wir bei dem einen oder anderen vergessen abzukassieren …" Ich zwinkere ihr verschwörerisch zu. „Jedenfalls hat Vater irgendwann gemeint, dass sich das Geschäft mit dem Heurigen nicht mehr lohnen würde, und den Betrieb wieder eingestellt. „Ja, das Bedienen hat uns Spaß gemacht", lacht Rosi. „Eindeutig die angenehmste Arbeit, die wir machen mussten. Endlich eine Tätigkeit, bei der man schön gekleidet sein konnte, bei der man nicht schmutzig wurde! Und das Gesellige, das haben wir alle vom Vater geerbt, unsere Mutter war ja da eher etwas zurückhaltend. Nur, so lustig wie unser Vater war keine von uns, am ehesten noch Katharina." Sie bedeutet mir weiterzulesen.

2.

Uns Schwestern verband eine tiefe Liebe. Natürlich hatten wir auch heftige Auseinandersetzungen und Kämpfe, die lautstark und nicht selten mit körperlichem Einsatz ausgetragen wurden. Wir besprachen unsere Erlebnisse miteinander, wir vertrauten einander unsere tiefsten Geheimnisse an, wurden wider Erwarten verraten und verleumdet. Wir waren verfeindet und wieder verbündet, kämpften und schlugen einander, schimpften übereinander, lachten und weinten zusammen. Ständig redeten wir miteinander und übereinander. Vertrautheit und hintergangen zu werden, das gehörte unter uns Schwestern zusammen. Ebenso wie Unterstützung und Konkurrenz, Wettkampf und Teamgeist. Alles durfte bei uns ausgelebt werden. Nur selten mischten sich die Eltern ein.

Ich lernte früh mich durchzusetzen, denn meine Vorrangstellung als Älteste wollte ich mir von niemandem streitig machen lassen, schon gar nicht von Rosi. Sie war ja nur eineinhalb Jahre jünger und forderte mich ständig heraus. Wir waren so gegensätzlich wie Geschwister nur sein können – *Schneeweißchen* und *Rosenrot*. Ich war blond, Rosi war dunkelhaarig. Ich war verträumt, sie packte an. Ich war sensibel, sie war resolut. Ich war bedacht, sie war schnell. Ich war schüchtern, sie war laut. Ich war ruhig, sie war wild. Ich war die Langstreckenläuferin, und sie war die Sprinterin.

Rosi seufzt: „Ich muss wirklich eine große Herausforderung für dich gewesen sein. Ich habe manchmal ein schlechtes Gewissen gehabt, dass ich so mit dir umgegangen bin, später, als ich schon längst erwachsen war, und vor allem in der Zeit, in der wir uns ausgesprochen schlecht verstanden haben." Sie hält kurz inne. „Aber heute weiß ich, dass ich kein schlechtes Gewissen zu haben brauche, weil ich das Recht hatte, so zu sein, wie ich war und wie ich bin. Ich war und bin einfach die Wildere und du die Ruhigere. Ich habe mich manchmal als die Hauptfigur in *Der Widerspenstigen Zähmung* gesehen. Und als Kind habe ich mich tatsächlich mit *Rosenrot* identifiziert, während du für mich *Schneeweißchen* warst. Das war mein Lieblingsmärchen damals. Ich war einfach die Mutige und Draufgängerische und du die Zarte und Weibliche."

Während Rosi das erzählt, fällt mir noch folgende Szene ein und ich kritzle schnell ein paar Notizen in mein Heft: Ich war in der ersten Klasse Volksschule und machte mit Vater Rechenaufgaben. Er forderte mich auf, sie ohne Hilfe meiner Finger im Kopf zu lösen. Rosi war auch dabei, sie saß unter dem Tisch. Sie aber rechnete mit den Fingern und rief immer wieder blitzschnell das Ergebnis von unten hervor.

Rosi trinkt genießerisch von ihrem Bier und sieht mir zu. „Ist dir noch was eingefallen?"

„Ja, kleinen Moment noch. Wenn ich so mit dir rede, kommen immer wieder Episoden aus unserer Kindheit hoch. Eine davon beschreibe ich jetzt gleich."

Wenn Rosi und ich um die Wette liefen und sie merkte, dass sie nicht gewinnen konnte, blieb sie einfach stehen und sagte: „Ich spiel nicht mehr mit." Als ich sie viel später einmal daran erinnerte, meinte sie nur: „Ich kann mir gar nicht vorstellen, dass du einmal schneller warst als ich."

Das Gefühl, zu langsam zu sein, bei allem zu lange überlegen zu müssen, prägte mich für mein ganzes Leben. Viele Jahre lang erschienen mir die anderen schneller und klüger als ich. Irgendwann wusste ich: Ich bin ausdauernd, ich weiß, was ich will, und lasse mich nicht so leicht aus dem Konzept bringen. Auch wenn mich andere überholen, bleibe ich beharrlich an meinem Vorhaben dran. „Die Durchzieherin" – so nannten mich meine Geschwister schon in jungen Jahren.

Rosi bestätigt mir das auch heute wieder: „Ja das bist du – ich bin das nicht. Ich weiß vor lauter Ideen oft gar nicht, wo ich beginnen soll. Ich arbeite oft an mehreren Projekten gleichzeitig, die ich natürlich nicht alle zu Ende bringen kann. Oder ich fange etwas mit Begeisterung an und hör wieder auf, wenn es etwas Neues, Interessantes gibt. Na ja, ein bisschen was habe ich ja auch fertiggebracht – mit zeitlichem Druck von außen. Ohne Druck geht gar nichts bei mir."

„So haben wir eben alle unsere Strategien entwickelt, um uns behaupten und etwas durchsetzen zu können", sinniere ich. „Die Kindheit ist wohl immer eine Art Überlebenstraining."

„Aber das Leben auf einem großen Bauernhof hat trotz strenger Erziehungsregeln auch viel Freiraum für uns bedeutet", erwidert Rosi.

„Das Einzige, was man bei uns zu Hause nicht durfte, war, eine Schwäche zuzugeben. Dann war man verkauft und verraten, verspottet und verloren. Dass das nicht unproblematisch war, habe ich erst viel später verstanden." Rosi nickt. „Ja, eine Schwäche zu zeigen, das war niemals gut. Unser Vater hätte das nicht verstanden, und unsere Mutter hätte uns dafür lächerlich gemacht – so gutherzig sie sonst war. Auch sie hat nur Stärke gezeigt. Sie war ja auch eine starke Frau und unser Vater ein selbstbewusster Mann, der wusste, was er wollte, und der keine Angst kannte. Das hat uns Sicherheit gegeben: Er hat immer einen Weg gewusst." Ich nehme meine Ausdrucke wieder zur Hand und lese weiter.

Innerhalb der Familie war man nie allein. Hatte man sich mit einer Schwester zerstritten, was oft genug der Fall war, gab es ja noch andere Schwestern, die für einen da waren. Obwohl unsere Mutter sehr fürsorglich war, wusste sie auch, dass ihre Kraft und ihre Zeit nicht für alle reichten. So war sie immer vor allem für diejenigen da, die ihre Unterstützung, ob emotional oder finanziell, gerade am meisten brauchten. Mutter handelte nach einer höheren Gerechtigkeit. Als Kind fand ich diese Haltung oft ungerecht und wünschte mir, dass sie ihre Fürsorge auf uns alle gleichmäßig verteilt hätte. Heute denke ich: Wie hätte sie das schaffen sollen? Jedes Kind gleich zu behandeln, war ohnehin eine Illusion – auch wenn wir genau das von ihr forderten.

Mutter wollte uns immer jeden Wunsch erfüllen. Dass das finanziell oft nicht möglich war, tat ihr sehr weh. Sie verausgabte sich in vielerlei Hinsicht, um uns glücklich zu machen. Als wir Kinder trotz ihrer Liebe auch unsere Krisen und Probleme hatten, enttäuschte sie das sehr.

„Sie hat viel Geld für uns ausgegeben", murmelt Rosi nachdenklich. „Als der Zahnarzt in Wien zu ihr gesagt hat: ‚Am besten wären Goldplomben für ihre Kinder', da hat sie doch tatsächlich für jede von uns Goldplomben in Auftrag gegeben, ohne das mit unserem Vater zu besprechen. Als Vater dann Monate später die Kontoauszüge gesehen hat, war das ein Streit, den ich bis heute noch in Erinnerung habe. Für sie hat immer nur gegolten: Nur das Beste für die Kinder."

Rosi schüttelt in Erinnerung daran den Kopf: „Und weißt du eigentlich, dass Mutter zu mir immer wieder gesagt hat: ‚Um dich brauch ich mich nicht zu kümmern. Du schaffst das alles alleine.'"

„Das zeugt doch von großem Vertrauen in dich", werfe ich ein.

„Stimmt, und das hat mir auch gefallen, obwohl sie mich etwas weniger finanziell unterstützt hat, weil sie gemeint hat, dass ich das nicht so nötig hätte. Sie hatte ja immer derjenigen Geld gegeben oder was Neues gekauft, von der sie angenommen hat, dass sie das für ihr ‚Glück' grad brauchen würde."

Ich beschließe, das erst einmal so stehen zu lassen.

Als Mutter eines Tages wieder einmal alles zu viel wurde, sie an allem und jedem etwas auszusetzen hatte und jammerte, dass ihre Kinder ihr nie auch nur eine Minute Zeit ließen, warf Rosi vorwurfsvoll ein: „Warum habt ihr dann so viele Kinder in die Welt gesetzt?“ Wir anderen Kinder hielten den Atem an, und auch meine Mutter zog hörbar die Luft ein. Dann holte sie Vater zu Hilfe. Der beantwortete die Frage so: „Setzt euch einmal alle nebeneinander! Bei wem hätten wir aufhören sollen? Von welcher von euch hättet ihr gerne, dass sie nicht da ist?“ – Damit war das Thema schnell erledigt, und Rosi schlug schuldbewusst die Augen nieder.

Rosi schmunzelt, als ich ihr diese Stelle vorlese. „Interessant, dass du dich daran noch so gut erinnerst. Ich habe damals noch zu Mutter gesagt: ‚Zwei Kinder wären doch genug gewesen: die Klara, sie hätte Bäuerin werden können und die Landwirtschaft bekommen, und ich, mich hättet ihr studieren lassen können.‘ Mein größter Wunsch war es immer, zu studieren. Praktische Arbeit hat mich nie interessiert, und Landwirtschaft schon gar nicht. Ich wollte immer nur lesen, etwas Neues lernen, verreisen, die Welt kennenlernen, Sprachen lernen, mit klugen Menschen zusammen sein, spannende Diskussionen führen …“ Rosi blickt versonnen in ihr Glas, dann richtet sie sich auf. „Wie geht es weiter?“

Bei so vielen Kindern war es fast ein Naturgesetz, dass jedes das Gefühl hatte, zu kurz zu kommen. Obwohl Mutter sich so sehr bemühte, schien uns das oft zu wenig zu sein. Wir beobachteten eifersüchtig, ob die anderen Schwestern nicht bevorzugt wurden. Wenn eine von uns etwas bekam, kam sofort die Frage: „Warum hat sie jetzt schon wieder etwas bekommen? Und was krieg’ ich?“ Wir waren – zumindest in den Augen unserer Eltern – gierige und schier unersättliche „Gfraster“.

Im Nachhinein kann ich heute verstehen, dass eine Mutter mit so vielen Kindern nicht allen gerecht werden kann. Ich erinnere mich sogar, dass sie einmal meinen Geburtstag vergessen hat. In gewisser Weise war es verständlich, weil mein Geburtstag in den Hochsommer fällt, wo es auf dem Bauernhof besonders viel Arbeit gibt. An meinem Geburtstag waren alle mit der Ernte beschäftigt. Man vergaß mich, niemand gratulierte mir. Tief enttäuscht und gekränkt verbrachte ich den ganzen Tag in der Hoffnung, irgendjemand würde sich darauf besinnen. Ich malte mir aus, wie es allen von Herzen leidtun würde. Dann wäre ich wieder versöhnt und glücklich. Aber die Stunden vergingen, die heiße Julisonne brannte vom Himmel, es herrschte hektische Stimmung, es gab Probleme mit dem Mähdrescher, die schweren Getreidewägen mussten ins Lagerhaus gefahren werden. Der Einsatz jedes Einzelnen wurde gebraucht. In der Küche brutzelte das Essen, das meine Mutter dann aufs Feld bringen würde. Es wurde von allen, die bei der Ernte mithalfen, im Schatten eines Baumes verzehrt. Der schöne Tag sollte zur Gänze genützt werden. Als die Sonne sich senkte, kehrten alle nach Hause zurück, müde, verschwitzt und staubig. Das Tagwerk war getan, langsam kehrte wieder Ruhe ein.

Von dieser Ernte hing ein Großteil unseres Einkommens ab. Und doch, ich war sieben, es war mein Geburtstag, und meine Familie hatte ihn vergessen. Ich hatte mir keine Geschenke, keine Geburtstagstorte, keine besondere Aufmerksamkeit erwartet, nur dass man mir gratulieren und an mich denken würde. Am Abend, nachdem ich bereits einen ganzen Tag gelitten hatte, fiel es meiner Mutter ein: „Klara, wie haben wir nur deinen Geburtstag vergessen können! Kinder, Vater, kommt alle her, jetzt lassen wir die Klara richtig hochleben!"

Dieses Erlebnis machte mir bewusst, dass es bei so vielen Kindern für jedes Einzelne nicht viel Aufmerksamkeit geben konnte. Ich fasste einen Entschluss: Im nächsten Jahr würde ich selbst dafür Sorge tragen, dass das nicht mehr passieren würde. In unserer Küche hing ein Kalender, in den wichtige Termine eingetragen wurden. Und da schrieb ich hinein: Klara hat in fünf Tagen Geburtstag, Klara hat in vier Tagen Geburtstag! So lernte ich, auf die Erfüllung meiner Wünsche und Sehnsüchte nicht tatenlos zu warten. Das half mir auch später in meinem Leben sehr.

3.

Obwohl ich oft nicht gesehen wurde, war es dennoch schön, in einer großen Familie aufzuwachsen, in der Vielfalt Platz hatte und vieles ausgelebt werden durfte. Ich lernte früh, mich vertrauensvoll auf Menschen einzulassen, auch wenn ich befürchten musste, dass Schwächen gegen mich ausgespielt werden könnten. Und ich lernte schnell, mich durch Kritik oder Rückschläge nicht von meinem Weg abbringen zu lassen.

An dieser Stelle blicke ich zu Rosi. Sie lächelt. „Heute find ich es auch schön, so viele Schwestern zu haben, aber damals habe ich es nicht gut gefunden. Mir war das peinlich, in einer Familie mit so vielen Kindern zu leben, und den Spruch von Vater habe ich ziemlich doof gefunden: ‚Wir sind reich – kinderreich.' Ich wäre lieber wirklich reich gewesen. Mir war es peinlich, das Kind von Bauern zu sein. Ich wollte in einer gebildeten Familie leben. Was sollte ich nach den Ferien in der Schule erzählen? Alle anderen waren in den Ferien in Kärnten, in Italien, auf den Inseln in – damals noch – Jugoslawien gewesen, nur ich habe nichts zu erzählen gehabt."

„Nun, immerhin war unser Vater dann Bürgermeister. Das hat dir bestimmt gefallen, oder?"

„Ich war damals erst acht Jahre alt, an die Wahl erinnere ich mich nicht so gut", sagt Rosi. „Als er dann Bürgermeister war und jedes Jahr am 1. Mai vor unserem Haus der Maibaum aufgestellt worden ist, hat mir das tatsächlich sehr gefallen", erzählt sie. „Nun waren wir plötzlich die Töchter des Bürgermeisters."

Im Jahre 1960, als ich zehn Jahre alt war, kandidierte unser Vater als Bürgermeister. Ein großes Ziel, denn noch nie zuvor hatte die konservative Partei in unserem Ort den Bürgermeister gestellt. Weil ich es als Schmach und persönliche Niederlage empfunden hätte, wenn Vater dieses Ziel nicht erreicht hätte, schien mir Beten das Einzige zu sein, was ich dafür tun konnte. Meine Gebete wurden erhört beziehungsweise hatte ihm wohl vielmehr seine Beliebtheit im Ort zum Sieg verholfen. Der Vater einer Schulkollegin war der Gegenkandidat gewesen. Wie es ihr damit erging, dass ihr Vater in der Wahl unterlegen war, daran dachte ich in meinem Hochgefühl des Triumphs keine Sekunde.

Trotz der strengen Regeln, die wir nun als Kinder des Bürgermeisters einzuhalten hatten, war ich sehr stolz. Mein Vater war ein engagierter Politiker, alle Menschen aus dem Ort wandten sich mit ihren

Fragen und Nöten an ihn. Er fühlte sich für alle und alles zuständig, und die Bewohnerinnen des Ortes liebten ihn dafür. Es imponierte mir, wie selbstbewusst und selbstverständlich unser Vater seine Meinung vertrat. Er war ein Mann, der zu wissen schien, was es zu tun gab und wo es langging. Im Grunde genommen orientierte er sich an den Grundwerten seiner Partei und an denen der katholischen Kirche, und er vertrat sie voller Zivilcourage.

Vater genoss es, unter Menschen zu sein, und er brachte oft Besucher mit zu uns nach Hause. So war bei uns immer etwas los. Dass sich zwanzig oder mehr Menschen bei uns zum Mittagessen um den großen Küchentisch versammelten, war ganz normal. Egal, ob Beamte von der Landesregierung oder Handwerker, wer auch immer bei uns zu tun hatte, wurde herzlich zum Essen eingeladen. Manchmal geschah es, dass für uns Kinder, besonders für die, die später von der Schule nach Hause kamen, nichts mehr vom Mittagessen übrig war. Dann musste ein Schmalzbrot genügen.

„Ich habe das so gern gehabt, wenn Leute bei uns waren", erinnert sich Rosi. „Erstens war Vater dann immer gut drauf, und zweitens habe ich gerne den Gesprächen der Erwachsenen zugehört. Manchmal gab es tatsächlich nichts Warmes mehr zu essen für uns, aber da war ja noch immer der Kühlschrank, und der war immer randvoll mit allem, was geschmeckt hat."

„Ja, in unserer Familie wurde immer gern gut und viel gegessen. In dieser Hinsicht war unsere Mutter ganz und gar ‚italienische Mama'", schmunzle ich und lese weiter.

Meine Mutter kochte und wusch ab, kochte und wusch ab. Auch wenn ihr die viele Arbeit oft über den Kopf wuchs, besaß sie – ähnlich wie mein Vater – das Talent, sich das Leben angenehm zu gestalten. Sie liebte nämlich gesellschaftliches Zusammensein und Spaß, Feste und Feierlichkeiten.

Unter vielen Menschen präsentierte sich Vater immer vergnügt und gut gelaunt. Leidenschaftlich gerne unterhielt er andere, stundenlang konnte er Witze erzählen und er freute sich, wenn er alle zum Lachen brachte. Das ging mitunter auf Kosten der Mutter, denn auf ihre Bedürfnisse nahm er keine Rücksicht. Oft wurden wir um unseren lustigen Vater beneidet. Die anderen im Dorf dachten, bei uns zu Hause sei es immer locker und unbeschwert. „Wenn ihr wüsstet", antworteten wir dann, aber man glaubte uns nicht.

Vater war außerdem ein begeisterter Musiker mit absolutem Gehör. Alle Kinder mussten Klavier spielen lernen – koste es, was es wolle. Einmal pro Woche reiste eine Klavierlehrerin aus Wien an. Wir Mädchen übten eher lustlos, doch Vater empfand dabei solche Freude, wenn er uns am Klavier klimpern hörte, dass er seine Geige holte und ungebeten mitspielte. Auch hier gewann sein Perfektionssinn rasch die Oberhand, und so manches Mal holte er das Metronom, damit wir im Takt blieben. So wurde aus dem spontanen Musizieren schnell wieder eine Übungsstunde.

Ein regelmäßiger Besucher war der Klavierstimmer aus Wien. Wenn er den Flügel komplett auseinandernahm, putzte und alle Tasten und Saiten stimmte, sahen wir Kinder ihm bewundernd zu. Unser Flügel stammte aus Mutters Elternhaus – angeblich hatte darauf schon Friedrich Gulda, der berühmte Pianist, gespielt. Er war öfters in den Ferien auf Sommerfrische im Nachbarort gewesen, wo unsere Großeltern als Einzige ein Klavier besessen hatten.

Vater kaufte auch noch ein Harmonium, eine Ziehharmonika für Rosi, eine Geige für Katharina und später eine Gitarre für Veronika. Nichts war ihm zu teuer, wenn es um die Musik ging. Schon als zehnjähriger Bub hatte er Flügelhorn spielen gelernt und wurde noch im gleichen Jahr Mitglied der Ortsmusikkapelle. Es wäre nicht Vater gewesen, hätte er nicht auch hier die „erste Geige“ spielen wollen. Bereits mit 33 Jahren übernahm er die Leitung der Kapelle, die er dann zwanzig Jahre innehatte. Gemeinsam zu musizieren und das Beisammensein mit den Musikanten bereiteten ihm große Freude. Er legte großen Wert auf die bestmögliche Spielweise.

„Ach ja, die Musikkapelle … Da war ich auch dabei. Ich habe die Tschinelle gespielt, Martha die große und Katharina die kleine Trommel“, entsinnt sich Rosi. „Wir haben mindestens einmal pro Woche am Abend im Wirtshaus mit der ganzen Kapelle geprobt. Da haben wir dann ein Kracherl oder einen Almdudler bekommen, was uns der Vater sonst nie erlaubt hat.“

„Und ihr habt euch immer wieder und wieder eine Flasche bestellt, um auszukosten, was euch sonst vorenthalten worden ist“, ergänze ich.

„Dass wir dringend auf die Toilette gehen hätten müssen, hatten wir uns aber während der Probe nicht zu fragen getraut. Wir haben bis zur Pause warten müssen. So groß war unsere Angst vor dem Vater, dass wir nicht einmal verlangt haben, was wir dringend benötigt hätten. Und das ist nur ein Beispiel. Das zieht sich durch das ganze Leben mit ihm zusammen durch. Na ja, immerhin, die Ziehharmonika habe ich heute noch. Was kommt in deinen Aufzeichnungen als Nächstes?“

Die Ehe unserer Eltern wurde mit der Zeit immer schwieriger. Mutter hatte sich in der bäuerlichen Umgebung nie wirklich heimisch gefühlt. Immer öfter kam es zu Streit und Kritik. Mutter provozierte Vater, er wurde aufbrausend und brüllte, und sie stellte sich dann als Opfer dar. Sie war tatsächlich mit den vielen Kindern oft überfordert, und Vater spielte dann den Richter, wenn er von der Feldarbeit nach Hause kam. Wir kassierten so manche Ohrfeige und hatten als Strafe stundenlang am Boden zu knien.

Welche unterschiedlichen Rollen Vater und Mutter in der Familie einnahmen, wurde besonders deutlich, wenn Vater abends zur Gemeinderatssitzung musste. Kaum hatte er die Haustür hinter sich zugeschlagen, rief Mutter uns Kinder zu sich: „Kinder, heute machen wir es uns gemütlich." Verbotenerweise wurden dann Sardinen, Wurst und andere Köstlichkeiten gekauft. Bei unserem Nachbarn, dem Besitzer eines kleinen Lebensmittelgeschäftes, konnten wir zu jeder Tages- und Nachtzeit einkaufen gehen, ein Anruf genügte. Wir saßen dann mit Mutter am Küchentisch, plauderten und lachten und beschwerten uns über unseren strengen Vater. Bei ihm durfte nur gegessen werden, was Haus und Garten hergaben – alles vom Schwein und von den Hühnern, Äpfel und Birnen. Für die Jause in der Schule gab es ein Schmalzbrot und einen Apfel und zur Nachmittagsjause wieder ein Schmalzbrot und einen Apfel. Butter stand nicht zur Diskussion, die hätten wir ja kaufen müssen.

Als ich diese Stelle vorlese, erinnert mich Rosi an ein kleines Geheimnis aus jener Zeit: „Damals hat es noch die mit Butter beschmierte Semmel gegeben, die mit ungarischer Salami und einem dünn geschnittenen sauren Gurkerl belegt war und die man beim Fleischer hat kaufen können. Das war mit Liebe gemacht – so etwas gibt es ja heute gar nicht mehr. Die habe ich mir oft nach der Schule heimlich gekauft. Das hätte ich dem Vater nie erzählen dürfen. Die Mutter hat es gewusst, denn ich habe dann ihr gutes Mittagessen verschmäht. Diese Salamisemmel war für mich das Beste damals."

Irgendwann in den 60er-Jahren kaufte Vater einen Fernseher – für unser Familienleben eine großartige Neuerung. Es war uns Kindern verboten fernzusehen, nur ab und zu bekamen wir die Erlaubnis dazu. Doch wenn Vater am Montagabend in der Gemeinderatssitzung war, schauten wir heimlich aufregende Serien, eine davon hieß *Mit Schirm, Charme und Melone*. Wir liebten die beiden Hauptdarsteller über alles, und der Fernseher wurde zu einem Fenster in eine aufregende, fremde Welt.

Dann gab es noch die amerikanische Serie *Bezaubernde Jeannie.* Jeannie besaß magische Kräfte und konnte durch Zaubertricks – das Blinzeln ihrer Augen – ihren „Meister" immer wieder in Schwierigkeiten bringen. Und wenn Vater beim Fernsehen die Wohnzimmertür nicht geschlossen hatte, dann konnten wir vom Vorraum aus mit ihm den Film im Hauptabendprogramm anschauen, ohne dass er es merkte. Wir saßen alle auf der Treppe und schauten über einen großen Spiegel im Flur direkt auf den Fernseher.

Feste wurden bei uns feierlich begangen. Weihnachten war der Höhepunkt für uns Kinder. Das Haus war auf Hochglanz poliert und weihnachtlich dekoriert. Am Nachmittag putzten sich alle Familienmitglieder fein heraus, wir Mädchen alle in identischen Kleidern, das war so üblich damals. Rosi und ich spielten vierhändig am Klavier, Geschwister und Eltern hörten zu, danach wurde mit Inbrunst und Ausdauer gebetet. Andächtig und feierlich sprachen unsere Eltern mit uns die Gebete, für jedes verstorbene Familienmitglied eines – ein langer Vorspann zur Bescherung und eine harte Geduldsprobe für uns Kinder!

Jedes Jahr luden unsere Eltern außerdem alleinstehende Menschen ohne familiaren Anschluss zu uns zum Feiern ein. Der unverheiratete Wallner Hans verbrachte den Weihnachtsabend regelmäßig bei uns, und auch Fräulein Gerti, Pfarrersköchin beim Dechant Holzer, nahm bei solchen Anlässen oft in unserem Wohnzimmer Platz.

An einem solchen Tag nahm sich der Vater viel Zeit für uns. Wie sehr wir das genossen! Entspannt und gut gelaunt spielte er mit uns den ganzen Abend Gesellschaftsspiele. Wir sangen gemeinsam Weihnachtslieder, und der Vater begleitete uns auf der Geige. Um Mitternacht gingen wir dann in die Mette, wo die Dorfbewohner einander trafen und „Gesegnete Weihnachten" wünschten.

Als älteste Schwester leitete ich meine jüngeren Geschwister immer wieder zu allerlei Aktivitäten an. Zu Weihnachten studierte ich mit ihnen Krippenspiele ein. Die Koordination war jedoch nicht so einfach. Rosi spielte nur mit, wenn sie die Maria sein durfte, denn in dieser Rolle konnte sie sich einen wunderschönen mitternachtsblauen Bettüberwurf über Kopf und Schultern legen. So schlüpfte ich jedes Jahr in die Rolle des Josef, und die Jüngeren spielten die Hirten. Martha wollte vor Publikum nicht auftreten und wirkte aus dem Hintergrund.

„Ich weiß heute noch genau, wie es damals war", unterbricht mich Rosi. „Ich war nur bereit, die Maria zu spielen. Sie war die interessanteste Rolle mit dem schönsten Umhang. Du hast mir diese Rolle immer gegeben, weil du gewusst hast, dass ich sonst alles durcheinandergebracht hätte. Schließlich warst du ja auf die gute Mitarbeit von allen Schwestern angewiesen. Hätte ich nicht mitgemacht, dann hätten sich vielleicht auch andere angeschlossen, und das Weihnachtsspiel wäre gescheitert."

„Und ich wollte doch unbedingt, dass wir unser Krippenspiel aufführen. Da habe ich dir halt deinen Willen gelassen. Aber zurück zu unserer religiösen Erziehung."

Der sonntägliche Kirchenbesuch während des Jahres war vor allem für meinen Vater besonders wichtig. Und wehe, wenn wir während der Sonntagsmesse nicht aufmerksam waren! Eines Sonntags flüsterte mir meine beste Freundin Friedl während der Messe zu: „Wir sitzen heute so, dass uns dein Vater nicht sehen kann. Wir können sicher ein wenig tratschen." Vater bemerkte es sofort, ganz so, als hätte er die ganze Messe über nichts anderes zu tun, als uns mit Argusaugen zu beobachten. Er holte mich aus der Kirchenbank, und ich musste zur Strafe die verbleibende Zeit vor dem Altar bei der Kommunionsbank zubringen. Es fühlte sich an wie am Pranger. Anschließend verpasste er mir vor dem Kirchentor Ohrfeigen, in aller Öffentlichkeit. Ich schämte mich sehr. Zu Mittag bekam ich, die Übeltäterin, kein Sonntagsschnitzel, sondern nur Salat. Das war nicht ganz so schlimm, weil Mutter immer einen Weg fand, uns heimlich doch noch ein Stück Fleisch zukommen zu lassen. Schrecklich war jedoch die verheerende Stimmung. Ich fühlte mich, als hätte ich ein schweres Verbrechen begangen.

„Warum war ihm das wohl so wichtig?", fragt Rosi kopfschüttelnd. „Wenn ihm bewusst gewesen wäre, wie sehr ihm das geschadet hat, uns so zu behandeln! Schaden insofern, als wir ihn deswegen gemieden haben, wo es nur gegangen ist. Er hätte sicherlich auch gerne unsere Liebe gespürt."

„Ich glaube, er hat keine Zeit und Muße gehabt, darüber nachzudenken, was Kindererziehung bedeutet", entgegne ich.

„Ja, und durch seine eigene harte Kindheit und später die Erlebnisse im Krieg ist er ein ‚Disziplinjäger' geworden."

Ähnlich wie der Sonntag hatte der Muttertag für uns Kinder eine ganz besondere Bedeutung, wir nahmen ihn sehr ernst. Jedes Jahr kauften wir einen großen Blumenstock mit sieben Hortensien, sechs rosa Blüten für die Mädchen und eine weiße Blüte für unseren Bruder, und sagten Gedichte und Sprüche auf. Unsere Mutter weinte jedes Mal vor Rührung.

Ein Festtag war auch der 31. Oktober, der wurde über viele Jahre festlich gestaltet. An diesem Tag im Jahr 1945 waren Vater und sein Bruder, unser Onkel Hans, gemeinsam aus der Kriegsgefangenschaft nach Hause gekommen. „Wie ihr ja wisst, war ich in englischer Gefangenschaft in Kärnten", begann Vater alljährlich seinen Bericht. „Als ich dann freigelassen wurde, habe ich mich nach Graz durchgeschlagen, um den Hans abzuholen. Miteinander sind wir dann über den Semmering geflohen – ohne Papiere! Der Semmering war von den Russen besetzt, über Schleichwege haben wir ihn nachts überquert, immer auf der Hut vor den Russen. Wenn die uns erwischt hätten, dann hätten sie uns nach Sibirien deportiert. Dann haben wir noch eine Frau mit einem Baby getroffen, die auch nach Wien wollte und sich uns angeschlossen hat. Als wir durch den Wald geschlichen sind, haben wir immer große Sorge gehabt, dass das Kind zu weinen beginnen könnte und uns jemand hören würde. Aber wir haben's geschafft. Am 31. Oktober 1945 um 20 Uhr sind wir heimgekommen. Das war vielleicht ein Wiedersehen mit der Familie." An dieser Stelle seiner Erzählung seufzten wir immer alle auf. Unsere Familie hatte Glück gehabt: Alle hatten das Regime überlebt. Es gab nur einen materiellen Schaden. Die letzten Pferde und der Traktor waren von den Russen requiriert worden, alles, was der Familie geblieben war, waren zwei Ochsen, die die Maul- und Klauenseuche hatten.

Abgesehen von diesen besonderen Festtagen war unser Alltag geprägt von harter Arbeit auf dem Feld und im Haus. Kaum waren wir von der Schule zu Hause, hieß es, Schweine füttern, ausmisten, Hof und Gasse kehren, dem Vater in der Garage helfen, im Weingarten oder auf dem Feld mit anpacken. Und wenn wir Geschwister es uns dann ein wenig gemütlich machen wollten, teilte uns Vater für weitere Arbeiten ein.

Rosi zieht eine Grimasse: „Wenn er ins Haus gekommen ist, hat immer schon eine von uns gerufen: ‚Der Vater kommt!' Dann haben wir uns jede eine Arbeit gesucht. Ich bin meistens zum Bügelbrett gelaufen, Veronika hat immer einen Besen in die Hand genommen oder einen Putzlappen. Er ist mit prüfendem Blick reingekommen und hat nachgefragt, ob jemand Zeit hätte, dann hat jede von uns irgendeinen anderen Vorwand gehabt: ‚Ich muss bügeln! Ich muss das Badezimmer putzen …' Wer nicht schnell genug reagiert hat, ist sofort aufgefordert worden mitzukommen, um irgendeine Arbeit auszuführen. Sobald er dann weg war, haben wir die angefangene Arbeit wieder liegen lassen, weißt du noch?"

„Daran erinnere ich mich auch noch.

In den Ferien mussten wir gemeinsam mit den Arbeitern schon sehr früh aufs Feld. Vater kam morgens in unsere Zimmer, ein Pfiff und wir hüpften aus den Betten.

„Also ich nicht“, unterbrach mich Rosi, „ich bin immer noch eine Weile liegen geblieben – mit dem Gedanken, wie man nur so erbarmungslos sein könne.“

Nach dem Frühstück begann der Arbeitstag. Mähdreschen, auf dem Wagen Stroh auf- und abladen, Kukuruz „abfahneln“, Steine klauben, melken, Unkraut bei den Rüben ausziehen ... Wie sehr beneideten wir andere Kinder, die baden und spielen durften, während wir Beregnungsrohre verlegten. Eine von uns durfte immer zu Hause bei der Mutter bleiben, um ihr zu helfen. Gerne übernahm man diese Rolle, in der Hoffnung, sich tagsüber etwas erholen zu können. Leider ließ uns unsere Mutter jedoch auch nicht in Ruhe. Sie war insofern anstrengend, als sie nicht gut organisiert war.

„‚Kann sie mich nicht einfach mal in Ruhe lassen?‘, war mein einziger Wunsch an so einem Tag“, warf Rosi noch abschließend ein.

4.

Zwei Personen habe ich aus dieser Zeit besonders gut in Erinnerung: Hella und Franz. Hella war unser Kindermädchen. Als sie bei uns zu arbeiten begann, war sie erst 14 Jahre alt. Wir liebten sie wie eine große Schwester, ja vielleicht sogar noch mehr, denn sie stand außerhalb der Konkurrenz, die unter uns Schwestern herrschte. Sie war immer für uns da, ihrem Wesen nach wirkte sie ausgleichend. Vater war ein sehr aufbrausender Mensch, und Mutter neigte zur Hysterie. Hella war der Ruhepol in der Familie und insofern sehr wichtig für uns Kinder.

Franz war bei uns als Landarbeiter eingestellt und wohnte im Haus in einem Mansardenzimmer. Bei der schweren Arbeit am Feld unterstützte er vor allem die jüngeren Geschwister, gerade sie konnten mit dem Arbeitstempo nicht mithalten. Wenn sie eine Reihe Rüben zu scheren hatten und zu weit zurückfielen, kamen ihnen Franz und zumeist auch Hella zur Hilfe.

Im Sommer bestand ein wesentlicher Teil der Feldarbeit für uns Kinder im Schlichten der Strohballen. Das vom Mähdrescher ausgeworfene Stroh wurde mit einer Strohpresse, der ein Traktor vorgespannt war, aufgenommen und zu Ballen gepresst. Wir mussten die schweren Ballen entgegennehmen und auf den Wagen schlichten. Franz war dabei meist unser Vorarbeiter. „Setzt euch hin und ruht euch ein bisschen aus", meinte er dann in seiner gutmütigen Art, wenn es uns zu viel wurde. Wir hatten großes Glück, so liebenswerte Menschen im Haus zu haben!

Am schlimmsten war die Feldarbeit, wenn die Sonne unerbittlich auf die abgemähten Felder der niederösterreichischen Tiefebene brannte, wir fühlten uns nahe an einem Hitzekollaps. Wann würde Vater begreifen, dass er zu viel von uns verlangte? Weil wir es doch immer mit letzter Kraft irgendwie schafften, sah Vater keinen Anlass, seine Leistungsanforderungen zu drosseln.

Wenn Mutter an solchen Tagen das Mittagessen auf das Feld brachte und wir es auf einem schattigen Platz verzehrten, dann hatte das gemeinsame Essen nach solch körperlich auszehrender Arbeit etwas sehr Schönes.

Rosi sieht mich überrascht an. „Dass du das so empfunden hast! Für mich war da nichts Schönes dabei. Mutter hat unserem Vater oft vorgehalten, dass die Arbeit für uns zu schwer sei, da wir doch Mädchen seien und nicht so hart arbeiten dürften. Das war aber auch schon alles, mehr hat sie nicht für uns getan. Mir ist es damals schon so vorgekommen, als würde sie das nur so beiläufig sagen, um uns zu zeigen, dass sie sich für uns einsetzt. Wirklich unternommen hat sie nichts. Vater hat sich für ihre Meinung nicht interessiert und uns rücksichtslos ausgenützt. Wir waren eben billige Arbeitskräfte. Heute wäre diese Arbeit vermutlich für Kinder verboten. Und die Ohrfeigen sind sowieso nicht mehr erlaubt. Diese Verbote sind für uns zu spät gekommen."

Die Tätigkeiten, die wir auszuführen hatten, waren in der Regel stumpf und erforderten Ausdauer und Kraft. Interessantere Arbeiten durfte nur unser Bruder Sebastian verrichten. Schon mit fünf Jahren fuhr er mit dem Traktor, und der Vater förderte ihn in jeder Weise. Ihm erklärte er, wie alles funktionierte und warum die Arbeit in dieser oder jener Weise zu verrichten sei.

Sebastian liebte die Arbeit auf dem Hof und war mit Begeisterung bei der Sache. Die Schule interessierte ihn weniger. Wenn er mittags heimkam, warf er seine Schultasche in die Ecke und lief hinaus in den Hof, um zu arbeiten. Vater hatte ihm einen alten Pflug geschenkt, Sebastian wusch und ölte dieses Gerät hingebungsvoll. Die Eltern beobachteten glücklich die Begeisterung ihres Sohnes für die Landwirtschaft. In diesen Momenten herrschte Harmonie zwischen Vater und Mutter.

Als wir noch klein waren, spielten wir am liebsten hinter dem Haus. Da gab es einen Sandkasten, und meist lagen auch irgendwelche Traktorreifen herum. Oft kam unsere Freundin Lisa zu uns. Sie liebte es, so viele Kinder als Spielkameradinnen zu haben. Kinder aus der Nachbarschaft fanden sich immer bei uns ein, ebenso unsere Cousins Norbert und Martin. Für die anderen war es offensichtlich sehr schön bei uns. Unsere Mutter war großzügig und für uns konnten es nicht genug Kinder sein. Alle waren willkommen. Gern spielten wir *Familie* oder auch *Fronleichnam* mit Altären und allem Drum und Dran. Auch die feierliche Prozession durfte nicht fehlen. Dafür mussten wir zehn Kinder sein, aber das waren wir ja oft. Mutter war es am liebsten, wenn wir uns alle im Haus oder Hof aufhielten, damit sie uns gut im Blick hatte.

Wir freuten uns, wenn unsere Cousins – viele waren in unserem Alter – zu uns kamen und mit uns spielten. Zu ihnen nach Hause gingen wir nicht so gerne, weil ihre Eltern uns gegenüber nicht besonders gastfreundlich waren. Wir waren lieber zu Hause, und Mutter war das auch lieber. Fremde Buben, also Buben, die mit uns in die Schule gingen, durften unser Haus nicht betreten. Da war Vater sehr streng.

Als wir wieder einmal im Hof spielten, entspann sich ein fürchterlicher Streit. „Ich will einen eigenen Puppenwagen", schrie Rosi laut. Wir hatten nur einen, und wir anderen Kinder waren nicht bereit, ihn ihr allein zu überlassen, also zog sie beleidigt ab. Sie lief über den Hof in den Keller, weil sie wusste, dass dort ein alter ausrangierter Puppenwagen stand. In der Eile drehte sie das Licht nicht an, sondern ließ nur die Tür offen stehen. Sie fasste den alten Kinderwagen, der festgeklemmt zwischen tausend anderen Sachen war, am Griff und zog mit aller Kraft daran. Inzwischen war die Kellertür zugefallen. Es war stockdunkel, und als sich der Wagen mit einem Ruck löste, fiel Rosi rücklings in den tiefen Brunnen, der sich dort befand und der gerade offen stand. Es war reiner Zufall – oder Intuition –, dass Vater kurz darauf in den Keller ging. Rosis Hilferufe hatte er mit Sicherheit nicht gehört, weil sie von den lauten Maschinen im Hof übertönt wurden. Erst als er die Tür öffnete, hörte er sie rufen. Mithilfe von zwei Arbeitern ließ er sich dann an einem Seil in den tiefen Brunnen hinunter, um seine Tochter zu retten.

„Ich habe unglaubliches Glück gehabt, dass in dem Brunnen kein Wasser war, sondern nur Schlamm. Ich bin weich gelandet. Nun bin ich da unten im Brunnen gestanden, alles war dunkel. In meiner Verzweiflung habe ich versucht, seitlich die Wände hochzukommen, aber es war alles glitschig, und ich bin immer wieder abgerutscht. Ich habe aus Leibeskräften nach Vater geschrien." Später hat er mir erzählt, dass er – mithilfe des Seils unten bei mir angekommen – gedacht hat, mein Körper sei voll Blut, dabei war es nur der Schlamm. Wie durch ein Wunder bin ich unverletzt geblieben. Mutter hat gesagt, ich hätte einen Schutzengel gehabt. Ich bin bis heute überzeugt davon, dass das stimmt. Und so einen Schutzengel habe ich immer wieder in meinem Leben gespürt."

„Vater hat diese Geschichte oft erzählt, weil er so stolz darauf war, dass du nach ihm und nicht nach Mutter gerufen hast."

„Ja, es war uns immer bewusst, dass Vater uns helfen kann. Er war ein von sich überzeugter Mann und hat für alles eine Lösung gewusst. Keine Anforderung war ihm zu schwierig und hilfsbereit war er zudem. Mutter ist mir da eher hilflos vorgekommen. Ich glaube, deshalb sind wir Mädels so selbstständig geworden, weil uns das an Vater gefallen hat. Die Rolle der Frau, wie sie Mutter übernommen hat, wäre nichts für uns, weder für dich noch für mich."

„Wenigstens hat sie Unterstützung gehabt. Erinnerst du dich noch an die Waschfrauen?"

Einmal in der Woche kamen zwei Waschfrauen ins Haus. In einem riesigen, mit Holz befeuerten Kessel kochten sie Wasser und wuschen, rumpelten und schwemmten in einem hölzernen Waschtrog in der Waschküche einen Riesenberg Wäsche. Eine große Errungenschaft zu Beginn der Sechzigerjahre war die Zentrifuge, die das anstrengende Auswringen per Hand überflüssig machte. Zum Bügeln brachten wir dann die getrocknete Wäsche zu einer Frau in der Nachbarschaft.

Außerdem war es üblich, dass wir von Zeit zu Zeit zu einer Schneiderin und auch zu einer Strickerin fuhren. Sie nähten für uns sechs Mädchen Kleider aus ein und demselben Stoff oder strickten gleich aussehende Röcke und Pullover. Auf manchen Fotos posieren wir, nach Größe aufgereiht, in unseren exakt gleichen Röcken, Blusen und Pullovern vor der Kamera, aufgereiht wie die Orgelpfeifen.

Wenn auf dem Hof für saisonale Arbeiten Verstärkung gebraucht wurde, etwa bei der Ernte oder der Weinlese, halfen Taglöhner aus. Sie brachten gute Stimmung in unser Haus. Wir Kinder fanden das lustig und abwechslungsreich.

Zweimal im Jahr, im Lauf des Frühlings und des Sommers, wohnten mehrere Saisonarbeiterinnen aus dem südlichen Burgenland für ein paar Wochen bei uns. Sie wurden für das Setzen und Ausnehmen der Rüben gebraucht, was damals noch händisch erfolgte. Bis zu zwanzig Personen saßen dann am Mittagstisch.

„Da war dann endlich was los!", erinnert sich Rosi und erzählt weiter: „ Diese Frauen aus dem südlichen Burgenland, die ein anderes Deutsch gesprochen haben, hat man kaum verstanden. Sie waren für uns wie aus einer anderen Welt. Im Vergleich zu ihnen lebten wir in einer mondänen Welt."

„Und trotz der vielen Menschen, dem Trubel, der auf dem Hof geherrscht hat, war der Tagesablauf für uns Kinder sehr geordnet", ergänze ich.

Rosi lacht auf. „Weißt du noch, wie Großmutter jeden Abend dafür gesorgt hat, dass unsere Kleider für den nächsten Morgen gerichtet waren? Sie hat für jedes Kind die Wäsche vorbereitet – von der Unterhose über die Socken bis zur Oberbekleidung – und sie unserem Alter nach in der Küche aufgereiht. In der Früh hat sie uns beim Waschen geholfen, uns unsere langen Haare zu Zöpfen geflochten und gemeinsam mit Mutter das Frühstück und die Jause für die Schule hergerichtet. Ohne Schürze haben wir nicht in die Schule dürfen. Nur sonntags, zum Kirchgang, haben wir unsere schönen Kleider getragen. Das Gewand hat ja sauber bleiben müssen. Ich sehe das Bild heute noch vor mir: In der Küche auf der Anrichte sind die ‚Binkerl', wie wir es genannt haben, gelegen. Man hat es nur nehmen – das zweite war meins – und anziehen müssen. Es war alles perfekt! Und das jeden Morgen."

Unsere Großeltern wohnten gleich gegenüber, in einem Haus, das nur durch einen gemeinsamen Hof getrennt war. Großmutter war sehr wichtig für uns Kinder. Wir alle hatten sie sehr gerne. Jeden Morgen, wenn wir aus dem Haus waren, ging sie in die Kirche und betete für uns, vor allem, wenn wir eine schwierige Prüfung hatten. Abends saß sie meist bei uns im Wohnzimmer und sah fern. Einen eigenen Fernseher besaß sie nicht.

Auch den Großvater habe ich in guter Erinnerung. Immer noch sehe ich ihn unter dem prächtigen Nussbaum in unserem Hof sitzen. Im Schatten der grünen Äste rauchte er gemächlich seine Zigarette. Manchmal beauftragte er uns damit, ihm ein Bier zu holen. Er war immer zufrieden, beschäftigte sich viel mit uns kleinen Kindern, lehrte uns allerlei Reime. Großvater ist in seinem 68sten Lebensjahr an den Folgen eines Schlaganfalles gestorben. Ich erinnere mich noch gut, wie er vom Krankenhaus nach Hause kam und, gestützt auf unseren Vater, ins Haus geführt wurde. In der folgenden Nacht ist er dann von uns gegangen.

Damals war es üblich, die Toten zu Hause aufzubahren. Verwandte und Freunde kamen ins Haus, um gemeinsam zu trauern. Da saßen dann alle um den Toten herum und beteten leise murmelnd den Rosenkranz.

Nach Großvaters Tod gingen wir, wenn uns mal langweilig war oder wir Stress in der Familie hatten, oft in Großmutters Wohnung, die in einem Nebengebäude war.

Großmutter litt in ihren Sechzigern an Magenkrebs, worauf ihr ein Drittel des Magens entfernt wurde. Außerdem war sie „zuckerkrank" und hielt sich diszipliniert an ihre Diätvorschriften. Sie nahm kaum etwas zu sich, außer vielleicht ein Stück Brot, eingeweicht in Milch. Als sie operiert werden musste, sagte ihr der Arzt, dass sie nur noch fünf Jahre zu leben hätte. Sie lebte dann noch zwanzig Jahre.

Unsere Großeltern waren stets freundlich, aufmerksam und großzügig mit uns. Sie kritisierten uns nie, alles, was wir machten, war toll. Ich denke, so sollten Großeltern sein.

Das schlechte Verhältnis, das zwischen Großmutter und ihrer Schwiegertochter – unserer Mutter – bestand, tat unserer Zuneigung zu Großmutter keinen Abbruch. Wir fühlten uns wohl bei ihr und verstanden nicht, warum es zwischen den beiden Frauen Streit gab. Großmutter und Mutter waren einfach zu unterschiedlich. Es begann damit, dass sich Mutter von ihrer Schwiegermutter nicht gut aufgenommen gefühlt hatte, als sie nach der Hochzeit ins Haus ihres Mannes gezogen war. Mit dem Großvater hätte sie sich gut verstanden, aber nicht mit der Großmutter, erzählte sie uns … Was ganz genau dahinter steckte, erfuhren wir nie wirklich.

Als Großmutter im Sterben lag, ließ sie nach unserer Mutter rufen. Bei diesem letzten Zusammentreffen bat Großmutter sie um Verzeihung. „Ich bin dir keine gute Schwiegermutter gewesen", sagte sie zu meiner Mutter. Mutters Reaktion war typisch für sie. Obwohl sie so viele Jahre im Kampf gegen die Schwiegermutter zugebracht hatte, war sie nun am Sterbebett sofort bereit, sich zu versöhnen: „Schau, du hast deinen Buben gerne gehabt und ich auch. Das war unser ganzer Konflikt." Mit diesen Worten ließ sie die alte Frau in Frieden und versöhnt gehen. Für diese Großherzigkeit liebten wir unsere Mutter sehr.

Ihre eigenen Eltern lebten in einem Nachbarort. An vielen Sonntagen fuhr Mutter mit uns Kindern dorthin auf Besuch, zu einem großen, lauten und fröhlichen Familientreffen – Mutter hatte fünf Geschwister, die alle mit ihren Kindern kamen. Wir hatten mütterlicherseits 17 Cousinen und Cousins. Für die vielen Kinder gab es bei den Großeltern nicht immer genug Sitzgelegenheiten. Wer als Erster kam, ergatterte einen Platz. Wenn die in Wien lebende Tante Luise mit ihren drei Kindern auch dabei war, flüsterte Mutter uns zu: „Steht auf und macht den Wiener Kindern Platz!" Das ärgerte uns sehr. Lange wussten wir nicht, weshalb sie das tat. Vielleicht weil Luise ihre ältere Schwester war?

Die Großeltern freuten sich immer riesig über unseren Besuch. Großvater überreichte jedem von uns fünf Schilling mit dem Spruch: „Kauf dir beim Frisch ein Gfrorenes!" oder: „Kauf dir beim Frisch ein Packerl Schnitten!", je nach Jahreszeit. Frisch, so hieß der Wirt vor Ort. Außerdem gab es bei den Großeltern das geliebte Kracherl zu trinken, das uns dann jedes Mal bei der Heimfahrt auf den Magen schlug.

Mit ihren Geschwistern und Eltern war Mutter glücklich und ausgelassen. Sie scherzte und erzählte alle möglichen Geschichten. Wenn Vater nicht mit dabei war, konnte sie sich bestens unterhalten und herrlich alle möglichen Leute nachahmen. Wenn Vater mitfuhr, dominierte meist er das Gespräch. Dann neckte er gerne Tante Luise, und manchmal gerieten sie sich wegen ihrer unterschiedlichen politischen Ansichten in die Haare. Vater war der Meinung, dass niemand so viel arbeiten würde wie die Bauern, er jammerte über deren Steuerlast und deren geringen Verdienst für ihre außergewöhnliche Leistung. Dass die Arbeit einer Hauptschullehrerin in Wien auch herausfordernd sein konnte, wollte ihm nicht einleuchten.

Im Haus meiner Großeltern gerieten meine Eltern oft in Streit. Die Großeltern mischten sich niemals ein. Obwohl es in ihrer eigenen Ehe nie ein lautes Wort gab, mussten sie mit anhören, wie Vater mit Mutter herumbrüllte und sie oft grob zurechtwies, wenn ihm etwas nicht passte. Die Großeltern saßen daneben und äußerten sich nicht dazu. Uns waren diese öffentlichen Beschimpfungen sehr unangenehm.

Viel später erzählte mir Mutter einmal, dass sie eines Tages nach einem schrecklichen Streit mit Vater heim zu ihren Eltern gefahren war und darum gebeten hätte, wieder von ihnen aufgenommen zu werden. „Ich halte es nicht mehr aus", hatte sie geschluchzt. Doch die Großeltern meinten beide übereinstimmend: „Du hast ihn dir ausgesucht, jetzt musst du bei ihm bleiben. Zu uns kannst du nicht kommen."

Rosi fällt mir neuerlich ins Wort: „Ich erinnere mich noch, wie sie einmal ihre Tasche genommen und gesagt hat: ‚So, jetzt gehe ich nach Hause zu meinen Eltern.' Gespannt und ängstlich haben wir aus dem Fenster gesehen, wie sie aus dem Haus und in den Hof gelaufen ist. Wir haben uns sehr gefreut, als sie gleich darauf doch wieder zurückgekommen ist. Sie hätte es nie geschafft, uns zurückzulassen. Sie hätte weder mit uns gehen können noch ohne uns. Es ist ihr gar nichts anderes übrig geblieben, als bei Vater zu bleiben."

In meiner Erinnerung waren die Großeltern immer schon sehr alte Leute. Sie behandelten uns freundlich und liebevoll, dennoch waren sie uns auch ein wenig fremd. Großvater war agil, Großmutter schien immer schon gesundheitlich angeschlagen. Sie fuhren gerne auf Kur, und wir besuchten sie dann in ihrem Kurort. Die beiden wirkten immer glücklich miteinander. Großvater hatte diese freigiebige Art, die uns sehr imponierte. Er lud uns alle in ein Gasthaus zum Mittagessen ein, und wir durften bestellen, was wir wollten. Und das, obwohl wir zu neunt waren. Beim Zahlen gab er den Kellnern auch noch ein großzügiges Trinkgeld. Wenn das Essen schmeckte, ließ er sogar dem Küchenpersonal Trinkgeld schicken.

Mitte der Sechzigerjahre begannen sich die Verhältnisse zu ändern. In Österreich gab es damals Vollbeschäftigung und einen Mangel an Arbeitskräften. Die Bauern schafften sich immer mehr Maschinen an, die sie von der schweren körperlichen Arbeit deutlich entlasteten. Das offene Hausleben mit den vielen Erntehelfern kam nach und nach zu einem Ende.

Die Menschen aus dem Dorf begannen damit, für ihre Arbeit in die Hauptstadt Wien zu pendeln. Viele Dörfer wurden nach und nach zu Schlaforten. Dieses Schicksal blieb auch Dormus nicht erspart. Viel los war dort ja ohnehin nie gewesen. Abgesehen vom Kirchgang am Sonntagvormittag war der Ort ruhig. Oft herrschte gespenstische Stille.

Zu dieser dörflichen Ruhe fällt Rosi noch etwas ein: „Obwohl ich nicht besonders gut Klavier gespielt habe, habe ich oft im Wohnzimmer das Fenster aufgemacht, damit mich die Leute, die draußen vorbeigingen, hören konnten. Sie sollten wissen, dass in unserem Haus etwas los war, dass da Musik gemacht wurde."

„Wirklich? Ich hätte das nie gemacht, ich hatte nie das Gefühl, gut genug zu spielen. Aber das war mir damals auch nicht wichtig. Was ich aber gewusst habe, war, dass ich definitiv etwas anderes als ein Leben auf dem Bauernhof wollte."

Wie es damals üblich war, ging ich nach der Volksschule in die Hauptschule. Unser Vater hatte Pläne für mich: Ich sollte danach eine landwirtschaftliche Fachschule in Niederösterreich besuchen. Ich wollte jedoch nach Wien. Ich kämpfte und weinte, erfolglos. Vater war unerbittlich. Dann passierte etwas Wunderbares: Zwei Tage vor Schulanfang spielte Vater mit der Blasmusik auf einem Begräbnis. Dort traf er zufällig meine Lehrerin, die sich nach mir erkundigte. Als sie von der landwirtschaftlichen Fachschule erfuhr, schlug sie die Hände über dem Kopf zusammen und sagte: „Nein, Herr Berger, dieses Kind muss unbedingt Matura machen, und am besten ein musisch-pädagogisches Realgymnasium. Klara wäre gut geeignet als Lehrerin."

Ich habe keine Ahnung, weshalb Vater davon so beeindruckt war. Aber er kam nach Hause, erzählte Mutter davon, und diese rief wiederum ihre Schwester an, die Lehrerin in Wien war. Sie sollte für mich eine Schule finden. Es gab nur noch eine einzige Schule mit einem Internatsplatz, Sankt Ursula in Mauer. Dort durfte ich auch hin. Ich konnte mein Glück kaum fassen!

„Das war auch für mich ein Riesenglück", meint Rosi. „Ich war nicht die Kämpferin. Es musste immer alles leicht gehen, sonst habe ich es nicht gemacht. Als ich vierzehn war, hat mich Mutter gefragt, ob ich auch nach Sankt Ursula wollte. Als ich ja gesagt habe, hat sie mich angemeldet. Vater hat nicht protestiert, also bin ich ins Internat gekommen. Es war wunderbar dort, diese Ruhe, dieser Frieden, keiner hat geschrien, man hat nicht körperlich arbeiten müssen." Rosis Blick wird schwärmerisch. „Das Wochenende haben wir dann daheim verbracht.

Weißt du noch, am liebsten wären wir übers Wochenende auch im Internat geblieben. Zwei Jahre lang habe ich dich beneidet. Wir anderen Schwestern haben es so ungerecht gefunden, dass Mutter dir – obwohl du es sowieso besser gehabt hast als wir – sogar Päckchen mit Süßigkeiten und anderen Leckereien ins Internat geschickt hat. Wenn du am Wochenende daheim warst und wir gestritten haben, dann habe ich schon mal zu dir gesagt, dass ich froh bin, wenn du wieder im Internat bist. In Wahrheit habe ich dich sehr darum beneidet."

In diesen Tagen fragte ich mich oft, wer mir dabei geholfen hatte, mein Leben in die von mir so sehnlichst gewünschte Bahn zu lenken. Mein Lieblingslied in dieser Zeit hatte den klingenden Titel *Wenn der Herrgott net will, nutzt es gar nix*. Ich war christlich aufgewachsen, unser Leben war von Kirchenfesten geprägt gewesen. Das gab mir einen festen Rahmen und ein Gefühl der Zugehörigkeit. Ich fühlte mich darin aufgehoben und geschützt. Damals entstand bei mir das Grundgefühl, mein Leben beruhigt in Gottes Hand legen zu können. Gott war für mich der Lenker meines Lebens.

Das Gefühl, dass es ein höheres Wesen oder eine höhere Macht tatsächlich gab, begann in meiner Kindheit. Damals fiel mir auf, dass ich viele Wünsche hatte, für deren Verwirklichung es jedoch auch Unterstützung von außen brauchte. Allein konnte ich die Dinge nicht bewirken, wenn jedoch das Schicksal auf meiner Seite war, dann würden sie sich erfüllen. Das wurde damals zu meiner Lebensphilosophie.

Mit meinem heutigen Verständnis würde ich es vielleicht so beschreiben: Möglicherweise weiß die Seele um ihren Weg, und Wünsche und Sehnsüchte werden in unserem Herzen festgeschrieben, und es liegt an uns, die Chancen des Lebens zu ergreifen oder nicht. Ich meine – und da schließe ich mich all den großen Denkern und Philosophen vieler Jahrhunderte an –, dass es in unserem Innersten, in jedem von uns, einen Wesenskern gibt, der über das hinausgeht, was wir für unser Leben halten. Etwas über Zeit und Raum hinaus, auch wenn das schwer vorstellbar ist. Durch diesen Kern sind wir „mit dem universellen Sein verbunden", wie das der große C. G. Jung, einer der Begründer der Psychoanalyse, ausdrückt. Dieser Kern unterstützt uns dabei, unser Leben zu verwirklichen. Unser Schicksal kann uns dabei behilflich sein, unsere individuelle Lebensaufgabe herauszufinden. Dann müssen wir nur vertrauen und uns ganz auf das Leben einlassen. Auch wenn es in schwierigen Situationen herausfordernd ist, vertrauensvoll Ja zu unseren Lebensaufgaben zu sagen.

Rosi macht eine wegwerfende Handbewegung. „Also da habe ich eine völlig andere Einstellung!"

„Ich weiß", gebe ich zurück.

„Ich habe – um ins Internat zu kommen – nicht an etwas Überirdisches gedacht und auch nicht daran geglaubt, dass mir da ein Gott helfen könnte. Ich habe gewusst, dass Mutter es mir möglich macht. Ich wollte nichts wie weg von Dormus, weg von zu Hause, nach Wien, in die Großstadt, in eine andere Umgebung, in eine andere Gesellschaft, weg vom bäuerlichen Leben! Dass ich das Gymnasium schaffe, war mir sowieso klar. Sehr fleißig war ich nicht in der Schule, aber eins habe ich immer gewusst: Durchfallen darf ich auf keinen Fall. Diese Schmach wollte ich nicht erleben, in eine Klasse zu kommen, in der alle ein Jahr jünger waren als ich. Also habe ich immer so viel gelernt, dass ich es ohne Risiko geschafft habe."

5.

Im September 1964 brachten mich meine Eltern mit dem Auto ins Internat. Unsere Mutter hatte ihr Ziel erreicht: Sie wünschte sich, dass wir es besser haben sollten als sie und dass wir draußen in der Welt Erfolg haben sollten. Zugleich hatte sie auch Angst, denn sie spürte, dass dieser Weg mich von ihr entfernen würde.

Mein Vater, der nur so schwer davon zu überzeugen gewesen war, uns auf eine höhere Schule zu schicken, scherzte und lachte gleich nach unserer Ankunft mit den Nonnen im Internat, wie es eben seine Art war. Ich war glücklich, aber auch aufgeregt und etwas eingeschüchtert. Ich fühlte mich fremd in diesem großzügigen Bau der Sechzigerjahre. Man führte uns vom Empfang durch die Gruppenräume, den gepflegten Garten, durch die vielen Stockwerke und die langen Gänge mit den Zimmern. Zwei Jahre lang sollte ich in einem Vier-Bett Zimmer schlafen und ab der dritten Klasse in einem Einzelzimmer. Ein Zimmer nur für mich, so klein und funktionell eingerichtet es auch sein mochte – allein der Gedanke ließ mich strahlen. Zu Hause hatte ich an Privatsphäre lediglich ein Kästchen zum Zusperren, das ich mir selbst gekauft hatte. Dort lagen mein Tagebuch und die Liebesbriefe, die ich erhalten hatte. Es hatte nicht lange gedauert, bis das Kästchen aufgebrochen worden war. Meine Schwester Johanna schrieb die Liebesbriefe ab und tat so, als hätte sie sie bekommen. So viel zum Thema Privatsphäre. Selbst meine Kleider hatte ich immer herborgen müssen. Wenn Mutter mir etwas gekauft hatte, sagte sie stets: „Das gehört auch Rosi." Ich hatte nie etwas nur für mich, und das frustrierte mich jahrelang.

„Und ich habe nichts Neues bekommen, weil das oft nur dir zustand. Da habe ich mich schon manchmal benachteiligt gefühlt, denn ich wollte ja auch neue Kleider", wirft Rosi ein. Wir blicken einander verständnisvoll an, dann ergreift Rosi wieder das Wort. „Das Internat in Wien war für mich allerdings einfacher als für dich, weil du schon da warst. Ich bin zwei Jahre später dazugekommen und war einfach nur froh, von daheim weggekommen zu sein. Ich bin recht selbstbewusst aufgetreten, als ich zum ersten Mal durch das Tor des Internats geschritten bin. Es hat mir gefallen. Es war ein neuer Anfang. Ich weiß noch, dass ein Mädchen auf mich zugekommen ist und mich gefragt hat, ob ich intern oder extern sei. Ich habe keine Ahnung gehabt, was das heißt, wollte mir aber keine Blöße geben und habe behauptet, ich sei extern. Ich habe gehofft, dass das stimmte. Leider nein!" Wir müssen beide lachen. „Mir hat das Internat auch so gutgetan. Ich bin richtig aufgelebt", lässt Rosi ihren Erinnerungen freien Lauf. „Es hat mir unglaublichen Spaß gemacht, nicht angepasst zu sein. Schon am zweiten Tag im Internat ist es zu einer Auseinandersetzung in unserer Gruppe gekommen, und wir sind wie wild im Studierraum herumgelaufen. War aber für mich alles nur Spaß. Ich habe mir einen Stuhl gegriffen, um die Mädchen, die mir nachgelaufen sind, von mir fernzuhalten, dann habe ich ihn auf den Boden geworfen und er ist kaputtgegangen. Das war ziemlich peinlich, und ich bin damals schon als ‚Wilde' aufgefallen."

„Ja, ich kann mich vage daran erinnern", schmunzle ich.

Im Internat sollten Rosi und ich ein wesentlich freieres Leben kennenlernen, als wir es von zu Hause gewohnt waren. Ich war ein schüchternes und verträumtes Mädchen vom Land und mit einem Mal unter vielen Töchtern aus gutem Hause – ich staunte nicht wenig darüber, wie selbstbewusst und frei meine Schulkolleginnen sich durch ihr Leben bewegten und dass die Lehrkräfte und die Betreuerinnen im Internat das akzeptierten. Ich lebte mich jedoch schnell ein. Vor allem genoss ich die Großstadt mit ihren vielen Möglichkeiten. Dabei war Wien damals im Vergleich zu heute richtig gemütlich. Nur wenige Autos waren unterwegs, der öffentliche Verkehr war überschaubar, nur Straßenbahnen und die Stadtbahn standen als öffentliche Verkehrsmittel zur Verfügung.

In der Schule kam ich gut mit, und ich verstand mich gut mit meinen Schulkolleginnen. Einmal in der Woche durften wir in die Innenstadt fahren oder ins Kino gehen. Einer der ersten Filme, den wir uns ansahen, war *My Fair Lady*. Wir waren hingerissen von Audrey Hepburn als Eliza Doolittle. Nach der Vorstellung auf dem Weg zur Straßenbahnhaltestelle sangen wir übermütig: *Es grünt so grün.* Wir gingen Arm in Arm. Ein bisschen erkannte ich mich auch selbst in Eliza Doolittle. Sie stammte wie ich aus einfachen Verhältnissen und war plötzlich in einer ihr gänzlich unbekannten Welt gelandet. Wie sie lernte auch ich schnell, mich anders auszudrücken. Die bäuerliche Sprache, wie ich sie bis dahin kannte, war bildhaft, derb und einfach. Die Sprache in der Schule war konkreter, reicher an Worten und differenzierter. Schwierigkeiten bereitete mir damals lediglich der Wechsel von einer Sprachwelt in die andere. Wenn ich vom Internat nach Hause kam und Hochdeutsch sprach, war Vater zutiefst erbost. „Bei uns reden wir immer noch Dialekt!", herrschte er mich dann an.

Insgesamt waren meine Kindheit und meine Jugend voller Widersprüche. Am widersprüchlichsten von allem war das Verhältnis zu meinem Vater. Ich liebte ihn und bewunderte sein selbstbewusstes Auftreten, die Art, wie er Menschen zum Lachen brachte und den Unterhalter gab. Deutlich spürbar war, dass er auch uns, seine Kinderschar, liebte, zumindest auf seine Weise. Gleichzeitig war er äußerst streng mit uns und reagierte cholerisch.

Kurz vor Weihnachten besuchte ich zum ersten Mal die Oper und hörte *La Bohème*. Ich trug mein einziges elegantes Kleid, und noch heute kann ich mich an das feierliche Gefühl erinnern, als ich die Feststiege der Wiener Staatsoper unter dem beeindruckenden Deckengewölbe mit den polierten Stufen hinaufschritt. Es ging recht weit hinauf, denn die günstigsten Karten gab es für die Stehplätze auf der Galerie. Von oben eröffnete sich mir ein faszinierender Blick auf rund zweitausend festlich gekleidete Leute, die den Zuschauerraum füllten. Ich konnte es kaum glauben: für einen Abend ein ganzes Orchester, ein Chor, ein Ballett und Sängerinnen und Sänger, die mit ihren Stimmen diesen prunkvollen, riesigen Saal füllen konnten. Dann öffnete sich der Vorhang: Ich tauchte ein in eine völlig andere Welt und war in der Seele zutiefst berührt vom Gesang, der Geschichte, dem Weihnachtsabend im winterlichen Paris, den vier armen Künstlern, von Mimi … Noch heute verursachen mir die wunderbaren Liebesduette Gänsehaut. Die Oper wurde von nun an zu einem Highlight in meinem Leben, das Opernfieber hatte mich gepackt!

Auf Rosis Gesicht breitet sich ein Lächeln aus. „Also so hast du deinen ersten Opernabend erlebt! Ich habe da ganz andere Eindrücke mitgenommen. Ich bin damals auch gerne in die Oper gegangen. Das erste Mal habe ich aber nicht so überraschend erlebt. Es war wie selbstverständlich für mich, dass ein Opernhaus prunkvoll sein muss.

Sie richtet sich auf. „Dazu fällt mir eine Geschichte ein. Als wir kleine Kinder waren – du vielleicht sechs und ich vier –, da hat Mutter uns ein Ausmalbuch gekauft, so eines, wo man mit dem Buntstift drübermalt und es kommt ein Überraschungsbild zum Vorschein. Jede von uns hat so ein Büchlein bekommen. Du hast es so bewundernd betrachtet, dass ich sofort der Meinung war, dass du das bessere hattest. Ich wollte deines. Du hast mit mir getauscht. Nun hast du aber auch das andere wieder mit solcher Hingabe betrachtet, dass ich fest davon überzeugt war, du hättest wieder das bessere. Sofort habe ich den Tausch bereut.“ Rosi macht eine kurze Pause. „Und nun, wo du die Geschichte mit dem Opernhaus erzählst, geht mir ein Licht auf: Es wird mir grad klar, dass du alles, was neu für dich war, so bewundert hast, dass ich gedacht habe, das sei etwas ganz Besonderes!" Rosi muss laut lachen.

Meine Schulzeit in Sankt Ursula in Wien war nur für ein Jahr vorgesehen. Dann sollte ich in eine wesentlich günstigere Schule nach Wiener Neustadt wechseln. Als meine Mutter das am Ende des Schuljahres der Internatsleiterin erzählte, reagierte diese entsetzt: „Aber wir haben die Klara doch alle so gerne! Was ist denn der Grund für den Wechsel?" Meine Mutter knetete verlegen ihre Hände: „Wissen Sie, wir haben sieben Kinder. Wir können uns eine so teure Schule einfach nicht leisten, und die Schule in Wiener Neustadt kostet nur die Hälfte." Die Internatsleiterin sprach daraufhin mit der Schwester Oberin und kam kurz darauf mit der freudigen Nachricht zurück: „Klara kann um das halbe Schulgeld bis zur Matura bleiben." Wieder einmal stand ich fassungslos und überglücklich vor einem Wunder.

Als Rosi zwei Jahre später auf den Vorschlag meiner Mutter zu den gleichen Konditionen in das Internat kam, war ich nicht gerade erfreut darüber. Das Internat war der erste Platz für mich, den ich nur für mich gehabt hatte, ganz ohne den Rattenschwanz meiner vielen Geschwister. Rosi erlebte ich als meine Konkurrentin, und so führten wir auch hier unsere Auseinandersetzungen und Kämpfe fort.

Rosi verdreht die Augen. „Mir war das so peinlich, dass wir uns das Internat nicht leisten konnten. Warum hatten wir nicht genügend Geld? Ich wollte nicht, dass das irgendjemand wusste. Geld, das hat man einfach, da redet man nicht drüber."

„Ich weiß genau, was dich damals bewegt hat, mir ist es ähnlich gegangen. Für mich war es auch nicht einfach, mitzubekommen, wie andere Menschen lebten, wie viel Geld sie zur Verfügung hatten, wie sie Urlaube machten …

Rosi widerspricht mir: „Nein, das meine ich nicht. Ich habe da nicht auf andere geschaut. Es hat mir nichts ausgemacht, dass manche andere im Internat mehr hatten. Ich wollte bloß, dass niemand wusste, dass wir uns die Kosten fürs Internat nicht leisten konnten. Wir waren ja gar nicht so arm, es waren einfach nur so viele Kinder, die alle dasselbe haben wollten. Die meisten im Internat hatten doch nur ein oder zwei Kinder."

„Im Internat und in der Schule haben wir doch Uniform getragen, dunkelblauer Faltenrock und Weste, wochentags eine hellblaue Bluse und feiertags eine weiße Bluse mit Krawatte", ergänze ich. Wenn wir ausgegangen sind, habe ich gesehen, wie hübsch andere Mädchen gekleidet waren, und wollte auch mithalten. Ich habe damit begonnen, Nachhilfestunden zu geben, um mir auch etwas leisten zu können. Als ich eines Tages in einem hellblauen Kostüm mit passendem Schlapphut aus einem noblen Geschäft den Gruppenraum betreten habe und alle begeistert waren, hast du dich sofort zu Wort gemeldet und gesagt: ‚Aber das gehört mir auch!'"

„Tja, so haben wir es von Mutter gelernt: Was die eine besitzt, gehört auch der anderen", ergänzt Rosi lachend.

Ich nehme den Papierstapel wieder zur Hand. „Jetzt kommt noch einiges über unsere Beziehung."

Was Rosis und meine Beziehung damals anging, habe ich die Vermutung, dass wir das zwiespältige Verhältnis fortsetzten, das unsere Mutter zu ihrer Schwester Luise gehabt hatte. Sie waren enge Vertraute und dann wiederum Konkurrentinnen, wenn es darum ging, wer von ihnen das bessere Leben verdient hätte.

Mutter erzählte uns einmal, dass ihre Urgroßeltern recht wohlhabend gewesen waren. Ihrem Sohn hatten sie verboten, unsere Großmutter zu heiraten, als diese bereits mit Luise schwanger war, weil die Familie nur einen kleinen Bauernhof hatte und dazu noch zwölf Kinder. Erst als Großmutter mit dem zweiten Kind schwanger war und ihre Mutter bereit war, ein Stück Land als Mitgift einzubringen, stimmten die Urgroßeltern einer Hochzeit zu. Zeitlebens hatte unsere Urgroßmutter wegen ihrer Hartherzigkeit ein schlechtes Gewissen, und deshalb ermöglichte sie Luise ein Studium in Wien an der Lehrerbildungsanstalt. Unsere Mutter wollte ebenfalls Lehrerin werden, aber ihre Mutter erlaubte es ihr nicht.

Rosi richtet sich abrupt auf. „Und deshalb war es Mutter so wichtig, dass ich immer dieselbe Ausbildung bekommen habe wie du! Ich als Zweitgeborene sollte nicht benachteiligt werden wie sie damals!" So sehe ich das auch. „Das Konkurrenzverhalten zu ihrer Schwester hat ja nie aufgehört. Tante Luise hat in Wien gewohnt und dort ein städtisches Leben geführt. Darum hat sie unsere Mutter immer beneidet. Unsere Mutter wiederum hat einen tatkräftigen, selbstbewussten Mann an ihrer Seite gehabt, darum hat Tante Luise sie beneidet. Ihr eigener Mann – auch ein Lehrer – war in ihren Augen schwach. Dass sie in einem Konkurrenzverhältnis zueinander gestanden sind, haben sie jedoch nie angesprochen, geschweige denn aufgearbeitet."

„Wenigstens das ist bei uns anders." Ich warte darauf, dass Rosi weiterspricht, es dauert jedoch eine Weile, bis sie fortfährt. „Unsere Beziehung hat sich, wenn auch erst viel, viel später, grundlegend verändert. Mutter hat uns auseinandergebracht – nicht absichtlich, sondern wegen ihrer eigenen Geschichte. Sie hat ihr Verhältnis zu ihrer Schwester in uns hineinprojiziert. Mit dem Tod von Mutter ist meine belastete Einstellung dir gegenüber schlagartig abgefallen. Ich habe meine Mutter verloren, dafür aber eine Freundin gewonnen."

Tränen der Rührung steigen mir in die Augen. Rosi hat recht: Heute sind wir innig miteinander verbunden. „Kannst du dich noch an diesen verrückten Brief erinnern, den ich dir damals im Internat geschrieben habe?", fragt meine Schwester. „Wir haben uns damals nicht verstanden. Ich habe gespürt, dass du mich ablehntest, und so habe ich dir eines Tages in etwa Folgendes geschrieben: ‚Liebe Klara, nachdem es dir ein Problem ist, dass ich im selben Internat bin wie du, schlage ich dir Folgendes vor: Wir können ja so tun, als ob wir einander nicht kennen würden. Wenn du mir auf dem Weg im Internat begegnest, dann schau einfach weg und ignoriere mich. Wir tun so, als wären wir einander fremd.' Du hast mir nie geantwortet. Ich weiß auch nicht mehr, ob wir es so ausgelebt haben. Aber wir hatten im Jahr drauf nicht mehr so viele Berührungspunkte, weil du ja bereits das Einzelzimmer bekommen hast. Nur in der Klavierstunde haben wir uns regelmäßig getroffen, wenn wir vierhändig spielten." Rosi ist nun nicht mehr zu bremsen. „Und dann war da noch Schwester Benedikta. Sie hat sich so wunderbar ärgern lassen. Das hat mir Spaß gemacht. Ich glaube, weil sie gar so streng war. Ich habe sie einfach nicht ernst nehmen können. Bei jeder Nonne habe ich mich damals gefragt, weshalb sie Nonne geworden ist, weshalb sie nicht geheiratet und eine Familie gegründet hat. Ich glaube nicht, dass zumindest manche von ihnen das nicht auch gewollt hätten. Und damit war jeglicher Respekt den Nonnen gegenüber weg. Für mich war es in diesen Jahren vor allem wichtig, Spaß zu haben, das Leben voll auszukosten und Aufmerksamkeit zu erregen. So habe ich endlich eine zentrale Stellung einnehmen können. Mit Brav-Sein gelingt das nicht. Gleichzeitig habe ich auch vorsichtig sein müssen, denn wenn ich es zu wild getrieben hätte, dann wäre Vater womöglich auf die Idee gekommen, mich wieder aus dem Internat rauszunehmen."

„Was für ein Spagat", bemerke ich.

„Oh ja, den sicher auszuführen, war eine permanente Herausforderung", erinnert sich Rosi, „aber gleichzeitig wäre mir ein Leben ohne Herausforderungen sowieso langweilig gewesen." Wir nehmen beide einen Schluck von unserem Bier, dann lese ich weiter.

Gerne erinnere ich mich noch daran, dass ich meine Freundin Lilly und ihre Familie in den Urlaub nach Italien begleiten durfte. Lillys Eltern waren sogar zu uns nach Hause gekommen, um meine Eltern zu fragen, ob ich mit dürfte. Sie würden auch alle Kosten übernehmen. Unsere Eltern stimmten zu, was mich sehr überraschte. Mit Sicherheit spielte eine Rolle, dass ich seit meiner Kindheit an Bronchitis litt und unser Hausarzt einen Aufenthalt am Meer empfohlen hatte.

Drei Wochen Italien! Meer, Strand, Palmen … All diese Bilder schwirrten in meinem Kopf herum, als wir im eleganten Mercedes der Familie in den Süden fuhren. Eine Reise, die viele Stunden dauerte, denn Autobahnen gab es damals so gut wie keine. Kaum in Jesolo angekommen, stürmten Lilly und ich an den Strand. Als ich dann das Meer sah – zum ersten Mal in meinem Leben –, war ich einfach nur überwältigt von seiner Größe und Weite, von der unendlich scheinenden Wasserfläche und davon, wie Meer und Horizont miteinander verschmolzen. Hier konnte ich atmen und meinen Geist fliegen lassen!

Die nächsten Tage erschienen mir wie im Traum. Ich atmete den Duft der Pinien, staunte über das salzige Meerwasser, darüber, wie schnell sich meine Haut bräunte und wie blond meine Haare in der italienischen Sonne wurden. Wir hatten unbegrenzt Zeit, sahen müßig dem Schaukeln der Boote auf dem Wasser zu, konnten einfach nur faulenzen oder in Ruhe lesen – etwas, das ich von zu Hause nicht kannte, weil Lesen und Lernen als Freizeitbeschäftigungen verpönt waren. Dann waren da noch die schicken italienischen Kleider, das Einkaufen und Handeln auf dem Markt, das Essen – ich war rundherum glücklich.

Am zweiten Abend verkündete Lillys Vater: „Heute gehen wir Pizza essen!"

„Was ist das denn?", flüsterte ich Lilly zu.

Sie blickte mich erstaunt an. „Du kennst Pizza nicht? Na, du wirst sehen, das wird dir schmecken." Und das tat es dann auch. Was für ein Unterschied zu der bäuerlichen Küche, die ich von zu Hause gewohnt war. Selbst Muscheln kostete ich in diesem Urlaub das erste Mal in meinem Leben, allerdings musste ich mich dazu ein wenig überwinden.

Lillys Eltern waren überaus großzügig. Alles, was sie ihrer Tochter kauften, bekam auch ich. So erstand Lillys Mutter am Markt für uns Mädchen jeweils einen Bikini. Meiner war rot mit weißen Punkten. Als ich ihn am nächsten Tag am Strand stolz vorführte, fühlte ich mich sehr erwachsen und sehr attraktiv. Ein bisschen wie Audrey Hepburn. Am Abend flanierten wir in unseren neuen Röcken – ebenfalls ein Geschenk von Lillys Eltern – an der Strandpromenade, ein köstliches italienisches Eis essend, begleitet von den Rufen junger Italiener, die mit ihren Vespas die Promenade auf und ab rasten.

Dieser Urlaub sollte nicht nur für mich, sondern auch für meine Schwestern etwas anstoßen. Auch sie profitierten davon und durften deshalb ein Jahr später die Ferien mit der Jugendgruppe in Italien verbringen.

Die drei Wochen Italienurlaub vergingen wie im Flug. Zu Hause holte mich die Realität rasch wieder auf den Boden. Den Rest der Ferien verbrachte ich bei meiner Familie auf dem Hof. Dort gab es Arbeit von früh bis abends, auf dem Feld oder im Haus. Jede Minute sehnte ich mich nach dem Internat am Ende der Ferien.

Trotz allem erlebten wir auch viele schöne Momente, wenn wir alle zusammenkamen. Dennoch, Rosi und ich hatten im Internat zusammen mit unseren neuen Freundinnen ein besseres Leben kennengelernt, als wir es von zu Hause gewohnt waren. Unzufriedenheit schlich sich ein, und Vater warf Mutter vor, dass sie daran schuld sei: „Du wolltest ja unbedingt, dass die Mädchen auf die höhere Schule gehen. Jetzt schau sie dir an, die undankbaren Gfraster."

Es wurden immer weniger Leute im Haus, die uns bei der Arbeit unterstützten. Großmutter war nun schon älter und half nicht mehr mit, und unsere geliebte Hella arbeitete nur noch halbtags. So blieb Mutter mit der ganzen Hausarbeit allein. Zwar hatte sie jetzt alle möglichen Maschinen, die sie entlasten sollten, doch trug sie die gesamte Verantwortung für das Geschehen im Haus und für die Kinder. Die Verhältnisse waren angespannt, Vater wollte weitere Felder kaufen, um seine Landwirtschaft zu vergrößern, Kredite mussten aufgenommen werden – all das machte Mutter nervös. Vater war risikobereiter. Um einen Wald zu kaufen, nahm er Schulden auf. Allerdings verkaufte er ihn später wieder, weil er nicht wirtschaftlich war und Mutter sich ständig über die Schulden beschwerte.

Vater gab uns sehr strenge Verhaltensregeln vor. Natürlich wollten wir nicht auf alles verzichten, was er verurteilte. Wenn es nach ihm gegangen wäre, dann hätten wir uns nicht schminken dürfen, Nagellack oder Schuhe mit Absätzen waren verboten. Wir sollten möglichst nicht ausgehen und wenn, dann zu einer christlichen Zeit, wie er das nannte, heimkommen, keinen Alkohol trinken und schon gar nicht rauchen. Selbstverständlich waren körperliche Kontakte zu Burschen strikt verboten. Immer wieder ließ er durchblicken, dass er von Frauen wenig hielt. Töchter kosteten nur Geld und brächten nichts ein, man hätte auch besser den Frauen das Wahlrecht nicht gegeben. Wir waren tief gekränkt von diesen Demütigungen und lehnten Vater mehr und mehr ab. Also taten wir, was uns unumgänglich schien: Wir belogen ihn.

Rosi dreht gedankenverloren ihr Glas. „Deine ersten Stöckelschuhe, die du dir mit vierzehn Jahren gekauft hast, hat er demonstrativ in den Ofen geworfen. Noch bevor die Holzscheite angezündet worden sind, haben wir die Schuhe heimlich wieder rausgeholt."

„Ja, damals hat es viele Konflikte mit Vater gegeben", stimme ich Rosi zu. „Heute ist mir klar, dass er damals wohl unter einem enormen Druck gestanden ist, was seine Bedeutung in der Familie und nach außen anbelangte. Was er hauptsächlich gesehen hat, war, dass wir Geld von ihm wollten für Ausgaben, die er nicht finanzieren wollte. Er hat hart und viel gearbeitet und hat sich dennoch wirtschaftlich nicht in dem Ausmaß vergrößern können, wie er das gerne getan hätte."

Rosi fährt fort. „Deshalb war es für dich immer so wichtig, so schnell wie möglich finanziell unabhängig zu werden. Ich habe das gar nicht angestrebt. Das wäre mir zu anstrengend gewesen. Ich wollte es bequemer haben. Ich wollte nicht so schnell arbeiten und mein eigenes Geld verdienen müssen, ich wollte studieren, ich wollte das Leben genießen", bekennt sie freimütig.

„Ja, das ist auch so ein Punkt, in dem wir uns sehr unterscheiden. Ich habe eine rasche finanzielle Unabhängigkeit angestrebt, damit ich mich diesem erniedrigenden Diktat des Vaters nicht mehr beugen musste. Der Streit um das Geld war ein Dauerthema, und so ist mir mehr und mehr die Lust daran vergangen, nach Hause zu fahren. Und wie du weißt, hat es Jahre gedauert, bis ich mich mit Vater und den Verhältnissen zu Hause wieder ausgesöhnt habe und wieder von Herzen gerne auf den elterlichen Hof gekommen bin."

„Ja, du warst da konsequent." Rosi gähnt. „Ganz schön anstrengend, so in die Vergangenheit einzutauchen. Ich glaube, ich könnte eine kleine Stärkung vertragen."

„Mozzarella mit Tomaten und ein Knoblauchbaguette dazu?"

„Mir läuft schon das Wasser im Mund zusammen!"

Wir verziehen uns in meine kleine Küche, Rosi schneidet die Tomaten, ich besorge den Rest. Nachdem wir uns mit unserem Salat an meinem Küchentisch niedergelassen haben, fragt Rosi: „Wie geht es eigentlich deinen Enkelkindern? Halten dich die vier immer noch so auf Trab?"

Ich lache auf. „Oh ja, das kann man wohl sagen!" Ich denke sogleich an einen Ausflug vor ein paar Tagen. „Neulich habe ich sie ins Kino eingeladen, und danach sind wir durch den Stadtpark geschlendert. Das heißt, ich wäre gerne geschlendert, aber ich habe alle Hände voll damit zu tun gehabt, die vier im Blick zu behalten. Sie sind auf buchstäblich jedem Baum und jeder Bank herumgeturnt, haben Räder auf den Wegen geschlagen, haben Fangen gespielt … Es war wie Action-Kino nach dem Kino, sage ich dir."

Rosi schmunzelt vergnügt. „Omas Nerven waren wohl etwas beansprucht …"

„Ja, das waren sie, aber gleichzeitig finde ich es toll, dass die Kinder so kreativ mit ihrer Umgebung umgehen."

„Das imponiert dir", stellt Rosi fest.

Ich nicke. „Die Geschichte ist noch nicht zu Ende. Sara hat sich schon vorher gewünscht, in das Restaurant zu gehen, wo es diese besonderen Kartoffel-Chips gibt. Auf dem Weg dorthin habe ich die Kinder ermahnt: ‚Wenn wir jetzt dort essen gehen, dann dürft ihr dort nicht herumturnen. Das ist ein Restaurant, und die Leute wollen dort in Ruhe essen.' Und was sagt meine originelle elfjährige Sara daraufhin? ‚Oh, du hast wohl Angst um deinen guten Ruf. Den wirst du bald nicht mehr haben.'"

Rosi prustet los. „Erwischt! Deine Enkelin schaut anscheinend schon hinter die Fassade."

„Ja, die vier bringen ganz schön Schwung in mein Leben."

Unser Bier haben Rosi und ich schon längst ausgetrunken, und so schenke ich uns beiden ein großzügiges Glas Wein ein. „Stärkungsmittel, damit wir die nächsten hundert Seiten durchstehen", sage ich mit einem Augenzwinkern.

Rosi grinst. „Na dann, weiter im Text!"

„Jetzt kommt ein trauriges Kapitel."

Rosi weiß sofort, worum es geht. „Unser Bruder …"

6.

Dann kam der Tag, der für unsere ganze Familie eine radikale Veränderung brachte. Danach sollte nichts mehr so sein wie früher. Es war ein heißer Junitag im Jahr 1968, als unser Bruder Sebastian mit dem Fahrrad zum Baden fuhr. Wie immer sprang er in den Fluss, doch als er aus dem Wasser kam, brach er bewusstlos zusammen. Der eilig herbeigerufene Gemeindearzt meinte, Sebastian hätte einen Hitzeschlag erlitten. Er brachte das bewusstlose Kind in unser Haus, und von dort wurde Sebastian mit der Rettung nach Wien gebracht. Im Krankenhaus diagnostizierte man eine Gehirnblutung aufgrund eines geplatzten Gefäßes: Er hatte ein Aneurysma gehabt. Ein Arzt teilte meinen bestürzten Eltern mit, dass sie sich auf das Schlimmste gefasst machen müssten. „Wir können für sein Überleben nicht garantieren", sagte er mit ernster Miene, „ihr Sohn wird wahrscheinlich wochen- oder monatelang bewusstlos bleiben. Wenn er die Blutung überlebt, dann vermutlich mit schweren körperlichen oder geistigen Schäden." Das Wunder geschah: Am nächsten Tag kam Sebastian zu sich, er schien geistig und körperlich unversehrt zu sein. Die Eltern fuhren sofort ins Spital und waren überglücklich. Sie schöpften Hoffnung. Zwei Tage später starb Sebastian, ganz allein, am Abend des 19. Juni. Am Morgen des 20. Juni 1968 rief um sechs Uhr in der Früh die Frau von der Telefonvermittlung bei uns an. Sie teilte unserer Mutter mit, dass ihr Sohn, unser Sebastian, am vergangenen Abend verstorben sei. Den gellenden Schrei meiner Mutter werde ich nie vergessen. Wir wussten sofort, was passiert war. Die Zeit stand still. Die schlimmste Befürchtung war zur Realität geworden. Unaussprechliches Leid war über unsere Familie hereingebrochen.

„Wir Schwestern sind oft in unserem Zimmer zusammengesessen und haben geweint", erinnert sich Rosi. „Als Sebastian im Krankenhaus war, hieß es, dass er, sollte er wieder genesen, eine geistige oder körperliche Behinderung – oder beides – haben könnte. Ich habe immer gebetet: ‚Dein Wille geschehe'. Ich wusste nicht, was für unseren Bruder das bessere Schicksal war, was ich ihm wünschen sollte. So fand ich es am besten, mir selbst nichts zu wünschen."

„Nach diesem Tag war nichts mehr unbelastet oder gar unschuldig. Natürlich, Mutter liebte uns Töchter ebenso sehr wie davor. Und dass Vater mit seinen Töchtern haderte, war auch nichts Neues. So hatte sich scheinbar unmittelbar nichts verändert …"

„… und dennoch war alles anders", ergänzt Rosi.

Wir verharren kurz in nachdenklichem Schweigen, dann fahre ich fort.

Unsere Eltern erholten sich von diesem Schicksalsschlag nie wieder. Ihre Hoffnung auf eine bessere Zukunft war mit dem Tod unseres Bruders zerstört. Mutter errichtete im ganzen Haus Altäre mit Fotos von Sebastian, mit Kreuzen und vielen Kerzen. In jedem Raum brannte ein Licht für ihr verstorbenes Kind. Was anfangs noch als Schmerz einer Mutter angesehen werden konnte, entwickelte sich immer mehr zu einer religiösen Verstiegenheit. Das ganze Haus glich zunehmend einem Kerzenmeer, und Mutter war nicht mehr in der Lage, ihre täglichen Arbeiten zu verrichten. Die Trauer hatte sie fest im Griff, sie zog sich von den Anforderungen des realen Lebens vollkommen zurück – sehr zu Vaters Missfallen. Er war nicht in der Lage, ihre seelische Krankheit als das zu erkennen, was es war, sondern legte ihr Verhalten als Faulheit, Trägheit und Undiszipliniertheit aus. Er selbst hatte sich keine Trauerzeit gegönnt, er kehrte sofort zur täglichen Routine zurück. Die Ernte stand vor der Tür, und für Sentimentalitäten und persönliche Befindlichkeiten hatte er ohnehin nie Verständnis gehabt. Seine Trauer wich rasch der Verbitterung. Er war vom Leben enttäuscht, und das ließ er sich auch anmerken.

Mutter erzählte noch jahrelang jedem Menschen, den sie traf, nach kürzester Zeit, dass ihr Sohn gestorben sei. Mutters psychische Verfassung wurde immer bedenklicher. Sie hatte immer schon eine blühende Fantasie gehabt, und die Grenze zwischen realem Geschehen und subjektivem Erleben verwischte sich nun immer mehr. Wir mussten erkennen, dass sie in diesem seelischen Zustand dem Alltag nicht mehr gewachsen war. Mutter kam für mehrere Wochen in eine psychiatrische Klinik, in der sie auch mit Elektroschocks behandelt wurde.

Uns Mädchen versetzte das in Angst und Schrecken. Die Stimmung in unserer Familie wurde immer deprimierender. Trost- und Hoffnungslosigkeit lagen über allem wie ein dunkelgrauer Schleier. Auch mein Leben änderte sich mit diesem schrecklichen Unglück schlagartig. Als fast Achtzehnjährige musste ich erleben, dass unsere Familie nun mit den sechs Mädchen – laut meinem Vater Menschen zweiter Kategorie, die die Erwartungen der Eltern nie erfüllen konnten – endgültig auf der Verliererseite des Lebens stand. Gefühle der Unbeschwertheit gab es von nun an nicht mehr, die Angst vor der Unberechenbarkeit des Schicksals saß uns allen im Nacken.

Der Tod unseres Bruders hatte mich zutiefst verunsichert. Ich hatte manchmal Todessehnsucht, zweifelte am Sinn des Lebens und begann,

Ängste zu entwickeln. Mir wurde bewusst, wie klein und unbedeutend wir Menschen doch waren. Ich sehnte mich nach einem Gott, der uns und unser Schicksal trotzdem wichtig nahm, der uns Bedeutung gab. Mater Benedikta im Internat setzte sich in dieser Zeit jeden Abend zu mir ans Bett und sprach mit mir über Gott, das Leben und das Sterben. Sie gab mir Bücher über christliche Mystiker zu lesen, und ich fand Kraft und Trost in dem Gedanken, dass die menschliche Seele nach dem Tod weiter existierte. In meiner Vorstellung gab es ein Weiterleben nach dem Tod, in dem wir in eine andere Welt übergehen, in eine Welt ohne Sorgen und Schicksalsschläge. Der Glauben an einen Himmel ließ mir den Tod weniger bedrohlich erscheinen.

„Ich habe natürlich mitbekommen, dass Schwester Benedikta mit dir gerne Gespräche geführt hat, aber worum es genau gegangen ist, habe ich nicht gewusst", erzählt Rosi. „Mit mir hat sie sich nie unterhalten. Sie hat vermutlich gespürt, dass ich kein Interesse gehabt habe, sie in mein Seelenleben blicken zu lassen. Ich wollte am liebsten nicht darauf angesprochen werden. Ich musste dann weinen und mochte das Mitleid nicht. Ich wollte einfach für mich und mit euch den Schmerz durchleben und in der Schule nicht daran erinnert werden."

„Ja, ich weiß, dass du das am liebsten mit dir ausgemacht hast. Das war ja auch kein Wunder, denn unsere Eltern waren ab diesem Zeitpunkt nicht mehr belastbar. Für unsere Trauer, unseren Schmerz brachten sie keine Kraft mehr auf. In ihnen herrschte nur mehr ein bitterer Vorwurf an Gott und an das Schicksal."

„Zum Glück haben wir Schwestern einander gehabt." lächelt Rosi. „Wenn eine von uns wieder einmal Tränen über den Tod des Bruders vergossen hat, hat sie sich in die tröstliche Umarmung einer Schwester flüchten können."

„Und zugleich wollten wir auch nach vorne blicken und der Trostlosigkeit unseres Zuhauses entfliehen."

„Was dir dann ja auch bald gelungen ist."

„Stimmt, ich habe alles darangesetzt. Ich habe mit achtzehn den Führerschein für Auto, Traktor und Motorrad – für alle Verkehrsmittel, die bei uns zu Hause zur Verfügung standen – gemacht, um jederzeit die Möglichkeit zu haben wegzufahren. Doch dass man seiner Vergangenheit nicht so einfach davonfahren kann, habe ich vor Kurzem wieder erlebt. Davon handelt übrigens das nächste Kapitel."

Vor gar nicht allzu langer Zeit war ich im Lagerhaus einige Ortschaften von unserem Heimatort entfernt, da holte mich ein Stück weit meine

Vergangenheit ein. Es gibt dort immer noch die gleiche Rampe wie vor fünfzig Jahren und ich erinnerte mich mit Schrecken an eine Traktorfahrt, die ich als junges Mädchen im Auftrag unseres Vaters übernehmen hatte müssen. Damals war ich mit einem Traktor samt schwerer Beladung – Getreidewägen und zwei kleinen Schwestern – auf dem Weg in das Lagerhaus gewesen. Die beiden waren meine Bremserinnen, das heißt, sie sollten immer dann, wenn ich vorne auf dem Traktor bremste, auf den Wägen hinter mir ebenso die Bremsen ziehen. Das brachte mich gehörig ins Schwitzen: Was, wenn ich einen Fehler machte? Dann würden meinen Schwestern womöglich von den Wägen stürzen. Gleichzeitig trugen auch meine Schwestern große Verantwortung, denn sie mussten ständig die Bremslichter des Traktors im Auge behalten, um selbst rechtzeitig die Bremsen zu ziehen, sonst hätte der Traktor durch die schweren Anhänger erdrückt werden können.

Wir näherten uns der Bundesstraße, die zur damaligen Zeit schon sehr befahren war. Der Traktor war eigentlich viel zu schwach für die beiden Anhänger, und zu allem Überfluss führte die Zugangsstraße zur Bundesstraße ein Stück weit bergauf. Näherte sich auf der Bundesstraße ein Auto, musste man mit den voll beladenen Wägen wieder vorsichtig zurückrollen und neuen Schwung nehmen, damit man die Steigung und die Kurve hinauf zur Bundesstraße schaffte. Holte man nicht genügend Schwung, stellte sich der Traktor vorne auf. Ich hatte schon vor der Fahrt feuchte Hände. Ich hatte Angst, es nicht zu schaffen. Doch so etwas galt bei unserem Vater nicht.

Die erste Hürde konnte ich noch problemlos schaffen, ich war auf die Bundesstraße abgebogen, dann ging es darauf weiter bis zum Lagerhaus. Dann kam die nächste Herausforderung auf mich zu: Die Kurve im Lagerhaus war exakt so anzufahren, dass beide Anhänger genau parallel zur Rampe standen. So ließen sich die Seitenwände öffnen und das Getreide abladen. Würde mir das gelingen?

Das ganze Jahr im Internat, kurz zuvor erst den Führerschein gemacht und kaum Übung mit dem Traktorfahren – schon gar nicht mit schwer beladenen Getreidewägen. Also hielt ich Ausschau nach einem Bauern, den ich kannte. Als ein bekanntes Gesicht auftauchte, lief ich hin und bekniete ihn geradezu: „Bitte, bitte, fahren Sie für mich den Traktor an die Rampe, aber ich flehe Sie an, kein Wort zu unserem Vater!“ Ich wusste, Vater hätte mich nur angebrüllt, hätte er es herausgefunden.

Dieses Gefühl, zu dumm zu sein, unfähig, zu wenig schnell zu sein, das Gefühl, dass man uns nichts zutrauen konnte, das begleitete uns Geschwister während unserer gesamten Kindheit und Jugend. Nie reichten unsere Leistungen aus, immer wurden wir mit den Söhnen unseres Onkels verglichen. „Die treibt es nicht von zu Hause weg, denen genügt das Leben auf dem Land“, hielt unser Vater uns vor. Ja, unsere Cousins kannten diese Sehnsucht nach der Stadt nicht. Sie spielten in der Blasmusik, engagierten sich in der konservativen Volkspartei, nahmen aktiv am Dorfleben teil. Bei uns war das Gegenteil der Fall.

„Das habe ich ganz anders erlebt“, wendet Rosi ein. „Ich habe mich überhaupt nicht zu dumm gefühlt, sondern als durchaus intelligent. Und ich habe auch gewusst, dass Vater das bewusst war. Ich war ja auch in allem schnell, so wie er auch. Einmal hat er zu Mutter gesagt: ‚Was ich anderen dreimal erklären muss, erkläre ich unseren Kindern einmal und sie haben es kapiert.‘ Hast du das vergessen? Dass er uns mit Buben verglichen hat, das hatte mich in keiner Weise beeindruckt. Und wenn ich an die Schule zurückdenke, dann scheint mir, wir Mädchen waren oft intelligenter als so manche Buben.“

Ich sehe Rosis empörten Gesichtsausdruck und muss unwillkürlich lachen: „Dein Selbstbewusstsein war wirklich unerschütterlich! Jeder sieht eben nur einen Ausschnitt. Als ich zum Beispiel diese Geschichte mit dem Traktor viel später einmal einer Kollegin und Freundin erzählt habe, hat sie nur gemeint: ‚Aber euer Vater hat euch etwas zugetraut‘, und damit hatte sie auch wieder recht.“

„Na siehst du! Ich fühlte mich nie als Mensch zweiter Klasse, eher als Mensch erster Klasse, der in einer Familie zweiter Klasse aufgewachsen ist. Ich muss dir sagen, ich erinnere mich nicht einmal, dass Vater uns so degradiert hat. Ich glaube, weil ich das selbst von mir nie gedacht habe, habe ich das gerne überhört oder einfach nicht ernst genommen“, meint Rosi. Sie beugt sich vor und bedeutet mir weiterzulesen.

Durch den Tod von Sebastian war unserer Familie der Sinn verloren gegangen. Dieser schien darin bestanden zu haben, dass Sebastian als Bauer den Hof übernehmen würde und so die Bedeutung unserer Familie weiter erhalten bleiben würde. Wir Mädchen spielten dabei nur Nebenrollen. Vater hatte sich breitschlagen lassen, unsere Ausbildungen zu finanzieren, mit dem Augenmerk darauf, dass er uns dann später nichts mehr schuldig wäre und der Hof unbelastet an den Sohn übergehen könnte. Nun war alles anders gekommen, und die Zukunft des Hofes war völlig ungesichert.

Wir waren jung und wollten trotz allen Schmerzes, den wir Schwestern durchgemacht hatten, eines: leben, leben, leben! Und das, so schien es uns, war nur möglich, wenn wir diesem trostlosen Zuhause entkämen. Wir wollten nach Wien und in der Großstadt unter fremden Menschen möglichst anonym leben. Alles Dörfliche lehnten wir mehr und mehr ab.

Unser Vater sah das anders: „Nach der Matura bleibst du für ein Jahr zu Hause!" Das war nach dem Tod meines Bruders für ihn beschlossene Sache. Tief in seinem Innersten hoffte er wohl, dass ich so doch noch Gefallen am Leben als Bäuerin finden könnte. Ich hingegen war mir sicher, dass das ganz bestimmt nicht passieren würde! Doch nicht nur ich revoltierte gegen diesen Plan unseres Vaters: Letztendlich war keine von uns sechs Schwestern bereit, zu Gunsten des Hofes die eigenen Lebensziele aufzugeben.

Ich war fest entschlossen, selbstbestimmt meinen Weg zu gehen. Ich wollte auf die Pädagogische Akademie in Wien gehen und Lehrerin werden. Wie ich allerdings die zwei Jahre Studium finanzieren sollte, davon hatte ich keine konkrete Vorstellung. Das Ende der Schulzeit rückte immer näher. Und wieder erhielt ich von unerwarteter Seite Unterstützung: Ein Freund unserer Familie, selbst schon junger Bürgermeister der Nachbargemeinde und gerade mit seinem Studium fertig, besuchte oft meinen Vater, um ihn um Rat zu fragen. Jetzt wusste er Rat für mich. Als ich ihm eines Tages von meinen Träumen erzählte, bot er mir an, mich zwei Jahre lang zu unterstützen. Dann bekam ich auch noch verschiedene Stipendien. Es schien sich alles in meinem Sinne zu fügen.

Als ich dann endlich das ersehnte Maturazeugnis in Händen hielt und damit zu Hause eintraf, kam mir Vater freudestrahlend im Hof entgegen. Dieses Lächeln war das höchste Maß an Anerkennung, die ich von ihm zu erwarten hatte. Damit musste ich mich zufriedengeben, mehr gab es nicht.

Mutter fuhr am nächsten Tag für drei Wochen auf Kur, und ich übernahm ihre Aufgaben. Um fünf Uhr in der Früh fuhr ich die Saisonarbeiterinnen aufs Feld, richtete Frühstück für alle, wusch ab, kaufte ein, kochte und brachte das Essen aufs Feld zu den Arbeiterinnen. Ich wusch Geschirr, bereitete Jausen und Abendessen vor und holte die Saisonarbeiterinnen wieder ab. Jeden Abend fiel ich erschöpft ins Bett. Der einzige Gedanke, der mir Kraft gab, war der an den Studienbeginn im September.

Ich hatte bereits alles im Vorfeld organisiert. Die Aufnahmeprüfung für die Pädagogische Akademie hatte ich bestanden, der Platz im Studentenheim war organisiert. Jetzt musste ich nur noch auf den richtigen Augenblick warten, um es Vater beizubringen – möglichst kurz vor Studienbeginn. Gegen Ende des Sommers fasste ich mir endlich ein Herz und trat ihm gegenüber: „Vater, ab September studiere ich in Wien an der Pädagogischen Akademie. Ich habe alles bereits organisiert." Vater war fassungslos und konnte nicht glauben, dass ich mich seiner Anordnung so einfach widersetzte. Er schrie mich an: „Dann brauchst du überhaupt nicht mehr nach Hause zu kommen, und Geld bekommst auch keins mehr!" Bis zu diesem Zeitpunkt war ich vom Geld des Vaters abhängig gewesen. Ich hatte mit dieser Reaktion gerechnet. Fast erleichtert verließ ich den Hof und das Dorf und verzichtete auf jede weitere finanzielle Unterstützung.

Ich wende mich an Rosi: „Als du zwei Jahre später die Matura bestanden hast, hast du nicht einmal die drei Sommermonate zu Hause bleiben müssen. Ich habe als Älteste diesen Kampf gegen die Vorstellungen unseres Vaters stellvertretend für euch alle durchgestanden. Ihr habt auf eurem Weg mit wesentlich weniger Widerstand zu kämpfen gehabt als ich."

Rosi sieht mich erstaunt an: „Das ist ja unglaublich, dass du das übernommen hast. So etwas habe ich nie machen müssen und hätte es auch nicht getan. Als ich nach der Matura für drei Monate nach London gegangen bin, habe ich auch alles selbst organisiert und ihn vor vollendete Tatsachen gestellt. Er sagte Nein. Doch da fing ich an zu argumentieren, dass ich weg muss von hier, ich muss in ein anderes Land, ich muss eine andere Sprache lernen, und dass ich es hier nicht aushalte. Daraufhin hat er es mir doch tatsächlich erlaubt. Ich glaube, man musste bei ihm entschlossen und überzeugt auftreten."

„Ja, nachdem Vater und ich uns wieder versöhnt haben, habe ich auch gemerkt, dass er Achtung davor gehabt hat, dass ich so konsequent meinen eigenen Weg gegangen bin. Aber während der ersten Monate nach meinem Auszug hat Eiszeit zwischen uns geherrscht. Wenn ich zu Hause angerufen habe und er ans Telefon gegangen ist, habe ich aufgelegt. Ich habe nur noch mit Mutter gesprochen. Ein halbes Jahr hat es gedauert, dann haben wir uns wieder ausgesöhnt."

7.

Mit Studienbeginn zog ich in ein Studentenheim in Wien. Mit der Unterstützung des jungen Bürgermeisters, einem Stipendium und mit Nachhilfeunterricht finanzierte ich mir meine Ausbildung als Lehrerin. Natürlich belastete mich die konfliktgeladene Situation zu Hause, doch das Studium war ein aufregender Neubeginn, und es machte mir großen Spaß. Ich war mir sicher, den richtigen Weg gewählt zu haben.

In dieser Zeit lernte ich Alfred kennen. Ich war damals 19 und er 21. Gesehen hatte ich ihn schon ein paar Mal, da auch seine Schwester im Internat in Sankt Ursula gewesen war. Jeden Samstag hatte er sie abgeholt, und mir war der fesche und so seriös wirkende junge Mann damals bereits aufgefallen. Damals ahnte ich noch nicht, dass er in meinem Leben einmal eine so wichtige Rolle spielen würde.

Auf einer Party stellte uns seine Schwester einander vor. An diesem Abend ging ich mit großem Herzklopfen nach Hause. Alfred hatte mich beeindruckt. Er war gebildet, studierte Medizin, liebte die Oper, war ernsthaft, verantwortungs- und pflichtbewusst. Ich wünschte mir eine verlässliche Beziehung und eine eigene Familie. Nach dem Tod meines Bruders, der mich so erschüttert und zutiefst verunsichert hatte, sehnte ich mich nach jemanden, der sich um mich kümmern und auch ein Stück Verantwortung für mich übernehmen wollte – Alfred schien so jemand zu sein. Hinzu kam, dass ich, um mit jemandem eine sexuelle Beziehung eingehen zu können, die Sicherheit brauchte, mich wirklich auf den Betreffenden verlassen zu können. Das war zu einem Großteil auch meine katholische Prägung, die mich so denken ließ.

Eine Woche darauf fand bei Freunden eine Party statt, und ich wusste, dass Alfred auch dort sein würde. Ich überlegte lange, was ich anziehen sollte, schminkte mich besonders sorgfältig, steckte die Haare auf, ließ sie dann doch wieder offen – und kam ziemlich spät bei der Party an. Als Alfred und ich einander begrüßten, knisterte es förmlich zwischen uns. An diesem Abend küssten wir einander zum ersten Mal, und dann gleich noch einmal und noch einmal …

So begann unsere Liebe. Ihn an meiner Seite zu wissen, machte mich glücklich und gab mir etwas von dem Selbstvertrauen, das mir meiner Meinung nach fehlte. Meine Schwestern sahen dies anders, sie meinten immer, dass ich genau wusste, was ich wollte, und auch alles erreichen konnte. So unterschiedlich kann das Bild sein, das man sich von einem Menschen macht.

„Ich habe dazu gar keine Meinung gehabt, weil ich mich zu dieser Zeit überhaupt nicht beschäftigt habe mit dem, was du gemacht hast und wie du warst", kommentiert Rosi mit einem Schulterzucken. „Wir haben uns damals total voneinander entfernt. Ich habe höchstens gefunden, dass du einen zu ernsten und konservativen Mann an deiner Seite hast, aber das ging mich ja nichts an. Es war schließlich dein Leben. Ich habe nicht verstanden, dass du dich so früh auf eine feste Bindung eingelassen hast. Das Leben hatte doch noch so viel zu bieten, und ich war der Meinung, es sollte lustig sein."

Kurz steigt vor meinem inneren Auge das Bild dieser lebenshungrigen jungen Frau, die Rosi damals war, auf. „Ja, du hast damals das Leben in vollen Zügen genossen", schmunzle ich.

Viel später bekam ich von meinen Schwestern einmal zu hören: „Du hast als junges Mädchen so tolle Verehrer gehabt." Bei ihnen allen hatte ich stets das Gefühl, dass sie viel zu sehr um sich selbst kreisten, hauptsächlich mit ihrer Karriere beschäftigt waren und es für mich im Falle einer Beziehung zu ihnen zu wenig Platz geben würde. Diese Männer hätten genauso wenig wie mein Vater Verständnis für meine sensiblen Seiten aufgebracht. Ich war immer auf der Suche nach einem einfühlsamen Mann, der mich verstand. Das war bei Alfred der Fall.

Nach jener Party sahen Alfred und ich einander regelmäßig. Um das Faktum, dass Alfred Medizin studierte, beneidete ich ihn grenzenlos. Ich besuchte mit ihm Vorlesungen, hörte bei Prüfungen zu und wurde sogar einmal vom Anatomieprofessor gefragt, wann ich denn zur Prüfung antreten wolle. Wie gerne hätte ich damals Medizin studiert, aber diesen Weg traute ich mir ohne Unterstützung von zu Hause nicht zu.

Die Woche über lebten wir in Wien. Alfred ging zur Uni, und ich besuchte die Pädagogische Akademie. Mit 21 Jahren begann ich dann, in einer Wiener Volksschule im Ersten Bezirk zu unterrichten. Ich wohnte bei einer alten Dame zur Untermiete, in der Nachbarwohnung lebte Alfred mit seinem Cousin Lorenz. Alfred liebte es genauso wie ich, in die Oper zu gehen, und so standen wir oft nächtelang um Stehplatzkarten an.

Einen Mann zu lieben, bedeutete für mich damals, ihn ganz für mich haben zu wollen. Mit ihm wollte ich all meine Vorstellungen verwirklichen und mich von meinen Angst- und Mangelgefühlen befreien. Er sollte meine emotionalen Bedürfnisse abdecken, romantisch, zärtlich und freundschaftlich sein, mir Sicherheit geben und auch geistig mit mir auf einer Ebene sein. Er sollte der Eine und Einzige sein,

ein Bezugspunkt, der alles andere ersetzte und meinem Leben Sinn verlieh.

Ich hatte sehr genaue Vorstellungen davon, wie eine glückliche Beziehung auszusehen hätte. Eine davon war es, zu heiraten und Kinder zu bekommen. Ich wollte eine heile Familie als Festung gegen den Rest der Welt. Mit Garantie auf dauerhaftes Glück wollte ich die Zukunft vorausplanen. Damals war ich mir sicher, dass sich meine Liebe für immer auf einen einzigen Mann konzentrieren würde. Meine Welt hatte nun ihren neuen Mittelpunkt gefunden: Alfred. Das fühlte sich wie Erlösung an.

„Wie verschieden wir doch waren!“, ruft Rosi an dieser Stelle spontan aus. „Ich wollte in die Welt hinaus, viel sehen und erleben. Ich habe sogar daran gedacht, für ein paar Monate einen Job auf einem Schiff oder in einem Kibbuz anzunehmen. Ich war so voller Neugier. Geplant für die Zukunft habe ich überhaupt nicht. Ich wollte mich nicht einschränken. Jetzt habe ich dich schon wieder unterbrochen …“

An einem sonnigen Frühlingstag fragte Alfred mich, ob ich nächsten Sonntag zu seinen Eltern mitkommen wollte. Sie würden mich gerne kennenlernen. Natürlich wollte ich! Ich wünschte mir so sehr, Teil seines Lebens sein.

Als Alfred am darauffolgenden Sonntagvormittag an meiner Wohnungstür läutete, stand ich in meinem besten Kleid und mit einem Blumenstrauß in der Hand vor ihm. Ich war nervös. Wie würde Alfreds Mutter wohl sein, wie sein Vater? Würden sie mich mögen? Gleichzeitig war ich fest entschlossen, den bestmöglichen Eindruck bei Alfreds Eltern zu hinterlassen. Während der gesamten Fahrt überlegte ich, was ich sagen, welche Fragen ich stellen wollte und über welche Themen wir wohl sprechen würden.

Alfreds Familie bewohnte ein großes Haus mit Garten in einer Kleinstadt nahe meiner Heimatgemeinde. Alfreds Vater war praktischer Arzt und hatte seine Ordination im ersten Stock des Hauses. Seine Mutter war Hausfrau und half in der Arztpraxis mit. Außerdem lebte noch die Großmutter in einem Teil des Hauses, sie betrieb ein Geschäft im Erdgeschoss.

Es war eine gutbürgerliche Familie, die sehr viel Wert auf ein harmonisches Familienleben legte – ganz anders als bei uns. Hier wurde nicht lautstark diskutiert, und man warf einander nicht gegenseitig Meinungen an den Kopf. Diese Familie entsprach zu hundert Prozent meinem Idealbild, so hatte ich mir Familie immer gewünscht: ein sicheres Zuhause, wo man Zeit und Interesse füreinander und aneinander hatte. Ein Ort, an dem man liebevoll aufeinander Rücksicht nahm, ein offenes Ohr für die Sorgen und Nöte des anderen hatte, wo man Verständnis hatte, wenn sich jemand etwas nicht traute oder sich überfordert fühlte. Ja, hier wollte ich bleiben. Hier konnte ich zur Ruhe kommen, musste nicht ständig etwas leisten, nicht an vorderster Front als Älteste um Sachen kämpfen, die für die Jüngeren dann selbstverständlich waren.

„Für mich war das unvorstellbar, wie du in so jungen Jahren in eine so spießige, bürgerliche Familie einziehen wolltest, noch dazu in eine Kleinstadt, nicht in Wien, sondern wieder auf dem Land", sagt Rosi stirnrunzelnd. „Ich habe ein völlig anderes Leben als du in diesem Alter geführt. Damals waren wir beide uns sehr fremd. Du wolltest nichts von mir wissen und ich nichts von dir. Ich habe schon mit 16 Jahren meinen ersten Freund gehabt. Mit 19 Jahren habe ich diese Beziehung beenden müssen, weil ich mir nicht vorstellen konnte, ein ganzes Leben bei ihm zu bleiben. Ich habe mich zu jung gefühlt, um mich schon so fest und für immer zu binden. Ich wollte noch so viel erleben. Wo immer ich hingekommen bin, habe ich nun Männer kennengelernt. Für mich hat ein turbulentes und lustiges Leben mit vielen Freunden und einigen Beziehungen begonnen – und einer großen Enttäuschung. In einen einzigen Mann habe ich mich wirklich verliebt, in Manu, und der hatte eine Freundin, von der er sich nicht trennte. Eine Weile sind wir sogar einen Weg zu dritt gegangen, bis ich mich zurückgezogen und Manu seiner Gitta überlassen habe."

„Während Alfred und ich geheiratet haben und ich in ein wohlgeordnetes Heim gezogen bin."

8.

Die Wohnung von Alfreds Großmutter, die kurz zuvor gestorben war, wurde für uns umgebaut, und ich begann an der Allgemeinen Sonderschule im Ort zu unterrichten. Ich war fest entschlossen, neben meinem Beruf einen möglichst perfekten Haushalt zu führen. Ich übte mich im Kochen und im Einladen von Gästen, fror Obst und Gemüse aus dem Garten ein und stellte Marmelade her. Mein Mann und seine Eltern schätzten das sehr. Ich bekam viel Lob und Anerkennung dafür. Ich wollte geliebt werden, und so versuchte ich, den Vorstellungen von Alfred und seiner Familie möglichst zu entsprechen und mich ihren Vorstellungen unterzuordnen. Meine Schwiegereltern, die ich beide sehr schätzte, waren ständig an unserem Leben beteiligt, wir wohnten ja in ihrem Haus.

Ich genoss das gutbürgerliche Ambiente in diesem Haus. Alles schien mir so gepflegt: der sorgfältig gedeckte Tisch, wenn wir zum Essen eingeladen waren, die Gespräche über Kultur, Geschichte und Politik. Jeden Samstag aßen wir bei meinen Schwiegereltern, und jedes Mal gab es gekochten Tafelspitz mit Gemüse. Ich beobachtete fasziniert, wie genau alles eingeteilt war, wer wie viel Fleisch und wie viele Beilagen bekam. Alles war geordnet, ganz anders als in meinem Elternhaus. Wenn ich nur an das wilde Durcheinander in meiner Kindheit dachte … Bei uns zu Hause hatte meine Mutter immer Unmengen gekocht, weil man nie wusste, wer zum Essen kommen würde. Und trotzdem hatte, wer zuletzt von uns Kindern heimkam, manchmal das Nachsehen.

Ich fühlte mich geborgen und umsorgt. Als ich mich eines Tages etwas unwohl fühlte, registrierte ich mit Erstaunen, als mein Schwiegervater sofort meinen Blutdruck maß und mich untersuchte. Meine Mutter hatte in solchen Situationen nur mit den Schultern gezuckt und gemeint: „Was meinst du, wie oft ich Kopfweh habe mit sieben Kindern und der ganzen Arbeit."

Diese heile Welt bekam einige Risse, als sich herausstellte, dass Alfred sein Medizinstudium nicht fertig machen würde. Seine Eltern, vor allem sein Vater, waren tief enttäuscht. Für ihn war es immer selbstverständlich gewesen, dass sein Sohn eines Tages in der Praxis mitarbeiten würde. Alfreds Herz schlug für die Musik – diese Leidenschaft hatte er seinen Eltern jedoch nie eingestanden. Er war dem für ihn vorgezeichneten Weg gefolgt, obwohl er dabei von Jahr zu Jahr unglücklicher geworden war. Heimlich hatte er Vorlesungen an der Musikakademie besucht, stundenlang Geige geübt und in einem Orchester gespielt. „Ich würde viel lieber Musikkritiker werden", gestand er mir eines Tages. „Warum studierst du dann nicht Musik und stellst deine Eltern irgendwann vor vollendete Tatsachen?"

„Ach, Klara, jetzt habe ich schon jahrelang Medizin studiert, ich kann doch nicht einfach alles hinschmeißen."

Ich verstand es nicht. Alfred glaubte, die Erwartungen der Eltern erfüllen zu müssen. Schließlich brach er trotzdem das Medizinstudium ab – ohne stattdessen Musik zu studieren – und führte das Geschäft seiner Großmutter weiter.

Alfred verbrachte viel Zeit bei seinen Eltern. Vielleicht aufgrund von Schuldgefühlen, nicht die Nachfolge seines Vaters als Arzt angetreten zu haben. Zu viel Zeit, wie ich fand. Es kränkte mich, dass Alfred mir nicht in der Art und Weise zur Verfügung stand, wie ich mir das vorstellte. Ich wollte das Wichtigste in seinem Leben sein, wünschte mir, dass er uneingeschränkt stets für mich da wäre. Die Sehnsucht nach Aufmerksamkeit war sehr stark in mir, der Wunsch, es möge jemand auf mich achten und mir von den Augen ablesen, was ich bräuchte. Und wer sollte das wohl besser können als der Mann, der mich liebte? Ich setzte so viele Erwartungen und Hoffnungen in Alfred. Wenn er ihnen nicht entsprach, zog ich mich beleidigt zurück. Ich sah in ihm den Verursacher für meine schmerzhafte Enttäuschung und war überzeugt, dass er sein Verhalten ändern müsse.

„Unglaublich, wie wir uns in diesem Verlangen nach Geliebt- und Verstandenwerden ähnlich waren" bemerkt Rosi dazu. „Mein Anspruch war ganz ähnlich. Ich habe später, als ich dann auch verheiratet war, erwartet, dass mein Mann meine Wünsche erraten konnte, nein, ich habe es förmlich verlangt. Warum erkennt er meine Bedürfnisse nicht, habe ich mich immer wieder gefragt. Auch ich bin immer beleidigt gewesen, wenn ich enttäuscht von ihm war. Wenn er sich dann erkundigt hat, was denn los sei mit mir, habe ich ihm keine befriedigende Antwort gegeben. ‚Mir fehlt nichts!'

‚Ich sehe doch, dass du was hast'.

‚Nein'.

Ich wollte eigentlich nur, dass er mich in den Arm nimmt und mir sagt, dass er mich liebt und dass er bereit ist, mir meine Wünsche zu erfüllen. Dann hätte ich gelacht und ihn dafür geliebt. Aber das hat er nicht getan. Er wollte, dass ich ihm sagte, warum ich beleidigt war, damit er angemessen darauf reagieren konnte."

„Ich erkenne das Muster. Zum Glück habe ich noch meinen Beruf als Lehrerin gehabt. Das war sehr wichtig für mich."

„Stimmt, und die Direktorin deiner Schule hat dich auch sehr unterstützt, oder?"

Frau Brunner, die Direktorin der Schule, in der ich unterrichtete, erkannte in mir eine zielstrebige junge Frau. „Mach doch die Prüfung zur Sonderschullehrerin", schlug sie mir vor. Ich hatte bereits darüber nachgedacht, und so saß ich bald Abend für Abend über meinen Büchern und lernte für meine Sonderschulprüfung. Der Lernstoff interessierte mich sehr, vor allem die medizinisch-heilpädagogischen Fächer, aber auch die Methodik und die Didaktik. In der Schule hatte ich das Glück, alles sofort umsetzen und die entsprechenden Fragen, die ich in der Ausbildung hatte, unmittelbar stellen zu können. Genauso stellte ich mir Lernen vor: nicht zuerst die Theorie und dann irgendwann nach Jahren die Praxis, sondern beides ineinander verschränkt. Obwohl man für diese Zusatzausbildung normalerweise zwei bis drei Jahre benötigt, konnte ich alle Prüfungen bereits nach einem Jahr abschließen und wurde Sonderschullehrerin.

Nur wenige Wochen, nachdem wir gemeinsam auf meinen Erfolg angestoßen hatten, rief mich Frau Brunner in die Kanzlei. Als ich ihre Miene sah, wusste ich sofort, dass etwas nicht stimmte. Ihre Hiobsbotschaft: „Klara, bei mir ist Nierenkrebs diagnostiziert worden. Ich weiß nicht, wie lange ich noch arbeiten werde können." Das traf mich hart. Sie war doch erst fünfzig Jahre alt! Ich liebte und verehrte sie. Sie war anders als die Frauen in meinem unmittelbaren Umfeld und daher auch ein Vorbild für mich. Sie war eine Frau, die genauso selbstbestimmt lebte, wie ich mir mein Leben vorzustellen begann, sie war selbstbewusst und politisch aktiv. Von einer erfahrenen Frau an der Hand genommen und gefördert zu werden, das gab mir das Gefühl, Wurzeln schlagen zu können. Ihr nächster Satz nahm mir dann den Atem: „Ich möchte dich als meine Nachfolgerin vorschlagen. Ich bin der festen Überzeugung, dass nur du die Schule in meinem Sinne weitführen kannst."

Was für ein Wechselbad der Gefühle! Ich hatte einen dicken Kloß im Hals, wenn ich daran dachte, dass diese starke Frau bald operiert werden musste und dann gleich eine Chemotherapie beginnen sollte. Gleichzeitig freute ich mich, dass sie mir diese Aufgabe zutraute – ich war damals gerade erst 25 Jahre alt. Mir wurde bewusst, dass ohne meine Zusatzausbildung diese Position für mich gar nicht möglich gewesen wäre. Und hätte Alfred nicht so viel Zeit bei seinen Eltern verbracht, hätte ich vermutlich die Sonderschulprüfung noch gar nicht absolviert und wäre so als Direktorin gar nicht infrage gekommen. Welche Wendung das Leben doch nahm!

Rosi hebt beide Daumen hoch: „Dass du Direktorin geworden bist, habe ich von Mutter erfahren. Ich muss zugeben, dein beruflicher Erfolg hat mich überrascht, gleichzeitig habe ich mich natürlich darüber gefreut. Ich wollte jedoch weiterhin keinen Kontakt mit dir aufnehmen. Dazu war schon zu lange Funkstille zwischen uns. Ich erinnere mich daran, dass ich dich mittlerweile vermisst habe, aber es war einfach zu viel Distanz zwischen uns. Ich habe diesen Schritt einfach nicht gewagt … Da war ja immer die Angst, abgelehnt zu werden. Dann es lieber gar nicht versuchen."

„Schade – aber manches braucht eben seine Zeit."

„Wegen deiner Direktorinnenstelle – das war sicher sehr herausfordernd, oder?"

„Oh ja …"

Eine solche Position als junge Frau zu übernehmen, bedeutete damals, Mitte der Siebzigerjahre, vor allem eines: sich in einem von konservativen Männerbünden geprägten Umfeld durchsetzen zu müssen und sich nicht kleinreden zu lassen. Als ich mich auf meine erste Schulausschusssitzung vorbereitete, wandte ich mich an meinen Vater. Als Bürgermeister kannte er die Welt der Ausschüsse: „Wie ist das, wie funktioniert das mit dem Budget?" Seine Antwort: „Du machst das schon." Von dieser Seite hatte ich also keinen Rat zu erwarten.

Ganz anders mein Schwiegervater, der als Gemeindearzt ebenfalls dem Schulausschuss angehörte. Als ich ihm gestand, schon ein wenig nervös zu sein wegen des Schulausschusses, verstand er sofort meine Lage. „Ich lass dich nicht allein in diesen Löwenkäfig!", sagte er, schloss am Tag des Ausschusses seine Ordination, indem er eine Nachricht für seine Patienten an der Tür hinterließ, und kam mit mir mit.

Der Schulausschuss tagte halbjährlich im Gemeindeamt. Hier wurde das Schulbudget ausgehandelt und beschlossen. Mein Schwiegervater und ich waren etwas vor der vereinbarten Zeit dort, damit ich mich noch kurz sammeln und vorbereiten konnte. Dann trafen nach und nach die Gemeinderatsmitglieder ein, ausschließlich Männer, die zum Schulsprengel gehörten. Ich schlug mich wacker an diesem Tag – aber ich war froh, immer wieder den aufmunternden Blick und das zustimmende Nicken meines Schwiegervaters suchen zu können. Vor allem, als es um notwendige Ankäufe von Fachliteratur ging und Herr Brandner, ein örtlicher Bauunternehmer, fragte: „Dafür brauchen Sie doch kein Geld. Die Bücher können Sie sich doch in der örtlichen Gemeindebibliothek ausborgen?" Für einen Moment verschlug es mir die Sprache. Dass ein in meinen Augen so banales Anliegen überhaupt hinterfragt wurde! Dann erklärte ich höflich und freundlich, dass es schulische Fachliteratur dort nicht gäbe und es für uns Pädagoginnen sehr wichtig sei, sich weiterzubilden. „Wir wollen den Kindern ja die beste schulische Bildung zukommen lassen“, schloss ich. Herr Brandner blickte zwar noch immer etwas skeptisch, aber der Bücherkauf wurde großmütig durchgewunken.

Auch in der Schule erwarteten mich nicht wenige Herausforderungen. Ganz zu Beginn meiner Direktorinnentätigkeit passierte es, dass ein Schüler bei offenem Fenster am Fensterbrett im ersten Stock saß, provokant am äußersten Rand. Die anderen standen rauchend im Klassenzimmer. Alle warteten auf den Religionslehrer, einen älteren Pfarrer aus der Nachbargemeinde. Als er die Klasse betreten wollte, trat ein Schüler vor ihn hin: „Der Franzi sitzt am Fensterbrett. Wenn Sie jetzt hineingehen, springt er.“ Völlig aufgelöst kam der Pfarrer zu mir in die Direktion. Ich wusste nicht, wie ich reagieren sollte. Sollte ich die Feuerwehr anrufen, damit sie mit einem Sprungtuch vorbeikämen? Das würde viel zu lange dauern. Also ging ich zu der Klasse, riss die Tür auf und sagte mit lauter, fester Stimme: „Franzi, sofort herunter vom Fenster!“ Und tatsächlich, es wirkte. Wieso, weiß ich bis heute nicht. Ein paar Jahre nachdem ich den Schuldienst verlassen hatte, erfuhr ich, dass derselbe Schüler bei einer ähnlich waghalsigen Aktion tödlich verunglückt war.

Nach drei Jahren Ehe fanden Alfred und ich, dass es an der Zeit war, eine Familie zu gründen. Kaum hatten wir diesen Entschluss gefasst, wurde ich auch schon schwanger. Ein Kind in mir heranwachsen zu fühlen und eine Geburt zu erleben, empfand ich als das größte Wunder, das es für uns Menschen zu erleben gibt. Unsere Tochter Cäcilie kam zur Welt. Es war eine unkomplizierte Geburt, obwohl man mich im Krankenhaus mit meinen 26 Jahren als „alte“ Erstgebärende eingestuft hatte.

„Zu der Zeit war ich bereits in München“, wirft Rosi ein. „Nach deiner Hochzeit habe ich sechs Monate in der französischen Schweiz verbracht, wo ich in einem Hotel an der Rezeption gearbeitet habe. Hier habe ich zwei Männer aus Österreich kennengelernt. Damals habe ich immer gleich zwei Männer kennengelernt, bis sich dann daraus jeweils eine längere Beziehung entwickelt hat. So war das letztlich auch mit Ludwig und Gerhard, die ich in München getroffen habe. Gerhard war der Ruhigere, der Intellektuellere, und Ludwig der Temperamentvollere, Sportlichere. Ludwig war derjenige, der sich mehr um mich bemüht hat, der intensiver drangeblieben ist. Schließlich habe ich mich für ihn entschieden und gespürt, dass ich nun endlich angekommen war. Ich war verliebt in ihn und habe mich nun auf ein gemeinsames Leben an seiner Seite konzentriert. Drei Jahre später haben wir schließlich genauso konventionell geheiratet wie du und Alfred.

Ich habe mein Kunstgeschichte-Studium begonnen und Reiseleitungen übernommen. Im Unterschied zu dir habe ich noch absolut keine Familienplanung im Kopf gehabt. Ich habe mir keine Gedanken darüber gemacht, wie meine Zukunft aussehen könnte. Ich habe immer alles auf mich zukommen lassen und mich dann kurzfristig für das eine oder andere entschieden."

„Wieder mal ganz anders als ich! Doch zurück zu meinen ersten Jahren als Ehefrau und Mutter."

Auch wenn Alfred und ich glücklich und zufrieden mit unserem Leben und vor allem mit unserem Töchterchen waren, wollten wir doch noch unbedingt ein zweites Kind. Simon erblickte zwei Jahre später das Licht der Welt. Meine Bilderbuchvorstellung, die ich schon mit siebzehn Jahren gehabt hatte, hatte sich nun erfüllt. Alles war genauso eingetreten, wie ich mir das als junges Mädchen ausgemalt hatte. Mein Glück schien vollkommen!

Auch bei der Erziehung der Kinder wollte ich alles richtig machen. Als ob das möglich wäre! Ich las ein Buch nach dem anderen über Kindererziehung und war fest entschlossen, für unseren Nachwuchs ein fürsorgliches, liebevolles Umfeld zu schaffen. Ich versuchte, mich von meinen Eltern abzuheben: Meine Kinder sollten anders aufwachsen als ich. Ich wollte bei Cäcilie und Simon alles gutmachen, was mir und meinen Schwestern angetan worden war, ich wollte ihnen geben, was uns vorenthalten worden war. Ich wollte meinen eigenen Kindern meine ganze Aufmerksamkeit, Kraft und Liebe schenken.

Ich hatte meine Tage gut organisiert. Ich leitete auch als Mutter nach wie vor die Schule. Am Vormittag betreute eine Frau aus dem Ort die Kinder und packte auch im Haushalt mit an. Der Nachmittag gehörte dann den Kindern und mir. Wir gingen spazieren, eislaufen, schwimmen, fuhren Rad. Wir hatten sehr viel Spaß miteinander. Ich genoss die Zeit mit Cäcilie und Simon uneingeschränkt, denn am Vormittag in der Schule hatte ich meine Arbeit geleistet und mein Geld verdient. Auch das bedeutete mir viel. Da war es auch egal, wenn ich am Abend noch Vorbereitungen schreiben und Schulaufgaben korrigieren musste. Wäre ich den ganzen Tag bei meinen Kindern zu Hause gewesen, hätte mich das zu einem unzufriedenen, unerfüllten Menschen gemacht. Ich genoss die Anerkennung, die ich in meiner Arbeit erfuhr.

Als Hausfrau wäre das sicher nicht der Fall gewesen, denn Hausarbeit sieht man bekanntlich nur, wenn sie nicht gemacht ist.

Es waren wunderschöne und bereichernde Jahre mit meinen Kindern, und ich möchte keinen Augenblick davon missen. Heute denke ich, dass Cäcilie und Simon vielleicht etwas zu sehr umsorgt wurden, aber auch sie breiteten irgendwann ihre Flügel aus und flogen los.

Mit 32 Jahren lebte ich genau das familiäre Leben, das ich mir in meiner Jugendzeit erträumt hatte. Ein großes Haus, zwei Kinder und eigenes Geld, damit waren meine Erwartungen erfüllt. Damals dachte ich, wenn ich tüchtig bin, alles möglichst perfekt organisiere und mich immer weiter verbessere, mich im Verhalten und der äußeren Erscheinung optimiere, dann hätte ich mein Leben im Griff.

„Viel Geld zu verdienen, war mir nie wichtig“ sagt Rosi mit dem für sie so typischen Schulterzucken. „Ich war mit meiner freiberuflichen Tätigkeit sehr zufrieden. Sie macht eine kurze Pause und ich sehe sie erwartungsvoll an. „Das war auch die Zeit, in der wir beide begonnen haben, einander wiederzuentdecken. Wenn ich zu den Eltern nach Dormus gekommen bin, habe ich dich in deinem trauten Heim besucht. Unsere Kinder – ich habe inzwischen ja auch einen Sohn bekommen – haben gern miteinander gespielt. Allerdings ist bei mir alles anders gewesen als bei dir. Ich habe keine Hilfe für Cornelius gehabt, Ludwig ist viel unterwegs gewesen, ich habe alles alleine gemacht, daneben noch studiert und gejobbt. Ich habe Tag und Nacht gearbeitet oder war mit meinem Kind und dem Haushalt beschäftigt. Ich habe Ludwig beneidet, weil er seine Zeitung im Büro lesen hat können und seine Kaffeepausen, seine Geschäftsreisen und Geschäftsessen in tollen Restaurants gehabt hat. Andererseits hätte ich mir in diesen Jahren eine so anspruchsvolle Tätigkeit nicht zugetraut. Erst viele Jahre später bin ich mir meiner beruflichen Qualitäten bewusst geworden.“

„Während ich mich zu dieser Zeit ganz und gar in meine Arbeit gestürzt habe – zumindest als unsere Kinder der intensivsten Betreuungsphase entwachsen waren. Davon handeln die nächsten Seiten.“

Als die Kinder ein wenig größer waren, begann ich, mich beruflich wieder mehr zu engagieren, zum Beispiel leitete ich die Lehrerfortbildung in unserem Bezirk. Dass mir einmal ein Beruf so viel Freude machen würde, damit hatte ich in meiner Jugend nicht gerechnet. Während der nächsten Jahre ging ich ganz in meiner Rolle als Direktorin auf. Sie bot mir die Möglichkeit, eigene Projekte zu verwirklichen, das umzusetzen, was ich für richtig und notwendig hielt. Ich führte den

Schulversuch „Differenzierte Sonderschule" ein und organisierte, dass begabtere Schüler in einzelnen Gegenständen die Hauptschule besuchen durften. Ich plante Vorträge und Auftritte mit den Schülern, etwa für Weihnachtsfeiern oder fürs Jugendsingen, um die Arbeit an einer Sonderschule bekannter und öffentlicher zu machen. Und ich baute Kontakte zu Firmen auf, um Arbeits- und Lehrstellen für Schulabgänger zu organisieren. Fast alle meine Schüler konnte ich an solchen Stellen unterbringen, und das erfüllte mich mit großer Freude.

Ich teilte mir die Arbeit so ein, wie ich es für richtig hielt. In der Sonderschule hatten wir mehr Freiraum, den Unterricht zu gestalten, als an anderen Schulen. Da gab es zum Beispiel einen künstlerisch sehr begabten Kollegen. Er war kreativ und spielte mehrere Instrumente, ihm überließ ich einen Großteil des Gestalterischen. Dass er im organisatorischen Bereich manchmal chaotisch agierte, war mir egal. Jeder sollte sich seinen Stärken gemäß einbringen können, fand ich.

„Ich vermute, es gibt bis heute wenige Leute, die über die Schwächen von Menschen hinwegsehen können, um sie ihre Stärken ausleben zu lassen, wie du das damals schon getan hast mit deinem Kollegen. Bei mir war das ganz anders. Um mein berufliches Weiterkommen habe ich mich nicht gekümmert. Das, zumindest heute sehe ich das so, war ein großer Fehler. Ich hätte sicherlich Chancen gehabt, Karriere zu machen. Aber damals war mir das nicht bewusst", wirft Rosi ein.

„Für mich war die Schule mein Freiraum. Ich habe meine Umgebung noch stärker zu beobachten begonnen. Ich habe meinen künstlerischen Lehrerkollegen mit seiner unkonventionellen Art gesehen. Er scherte sich keinen Deut darum, was ‚man' tat oder nicht tat."

„Da ist etwas in dir aufgebrochen, nicht wahr? Ich bin gespannt, wie du das beschreibst!"

Ich verbrachte immer mehr Zeit mit Gerhard, einem jungen Schulinspektor, der ebenso wie ich vor Ideen sprühte, um den Schulalltag zu verbessern. Bei diesen gemeinsamen geistigen Höhenflügen stachelten wir einander gegenseitig an, machten einander Mut, Grenzen zu sprengen, die ein damals noch sehr konservatives Schulsystem vorgab. Ich merkte, dass ich genau das wollte: über den Tellerrand hinausblicken, für das kämpfen, woran ich glaubte, nicht auf Konventionen achten zu müssen, die mir hohl und falsch vorkamen. Ich glaube, die Voraussetzung für meine Entwicklung war, erstmals eine verlässliche Beziehung erlebt zu haben, und diese Basis erlaubte es mir, Dinge, an die ich bisher geglaubt hatte, auch wieder infrage zu stellen.

9.

Meine Schwester Veronika arbeitete in den Siebzigerjahren als Flugbegleiterin bei der AUA. In dem Jahr, das erste große Veränderungen in mein Leben bringen sollte, ergab es sich, dass sie in der ersten Ferienwoche im Sommer nach Teneriffa flog. „Flieg doch mit mir mit", meinte sie. Ich war Feuer und Flamme von der Idee, auf die Kanarischen Inseln zu kommen. Das würde eine Abwechslung zu Grado darstellen, wo wir Jahr für Jahr hinfuhren. Nur wie sollte ich das meiner Familie beibringen?

Mein Ansinnen, allein ein paar Tage Urlaub zu machen, stieß bei meinem Mann und meinen Schwiegereltern auf völliges Unverständnis, sie versuchten mit vereinten Kräften, mir die Idee auszureden. Sich ihnen offen zu widersetzen, war ein Ding der Unmöglichkeit. Also beschloss ich, das Schicksal entscheiden zu lassen.

Unsere Großmutter lag im Sterben. Falls sie vor unserer Abreise sterben und auch das Begräbnis noch davor stattfinden sollte, würde ich fliegen. So kam es dann auch, und ich setzte meinen Willen durch. Alfred fand sich mürrisch mit meiner „lächerlichen Idee" ab. „Deinetwegen hat die Großmutter sterben müssen", sagte meine Schwester danach oft im Spaß zu mir.

Als ich im Flugzeug saß, fühlte ich mich genauso, wie es Reinhard Mey in seinem bekannten Lied *Über den Wolken* beschreibt. Es heißt darin: „Über den Wolken muss die Freiheit wohl grenzenlos sein, alle Ängste, alle Sorgen, sagt man, blieben darunter verborgen, und dann würde, was uns groß und wichtig erscheint, plötzlich nichtig und klein". – Dies war ein neues Lebensgefühl, eine völlig neue Art, Urlaub zu machen … Es war ein Flug in die Freiheit.

Bei diesen Worten seufzt Rosi vernehmlich „Ja, ich finde das Lied von Reinhard Mey auch wunderschön. Mir ist es ganz genauso gegangen beim Fliegen: Ich habe mich so frei gefühlt. Es hätte alles passieren dürfen. Ich war im Flugzeug oft in einer ähnlichen Stimmung wie auf einem Gipfel in den Bergen: Grenzen lösen sich auf, und ich fühle mich sicher. Später habe ich von einem Guru in Indien erfahren, dass all unsere Ängste auf unserer Todesangst beruhen. Wenn wir diese überwinden, dann verschwinden auch alle übrigen Ängste. Ja, so habe ich das immer beim Fliegen erlebt. Die Todesangst hat sich aufgelöst. Es war ein sonderbares Freiheitsgefühl."

„Fliegen war ja damals auch noch etwas Besonderes, es hatte einen gewissen Nimbus."

„Allerdings. Aber deine Reise war auch aus anderen Gründen etwas Besonderes, oder?“

Wir waren eine bunt zusammengewürfelte, unternehmungslustige Truppe, die eine Woche gemeinsam in Teneriffa verbringen wollte. Neben meiner Schwester Veronika und ihrer Kollegin Marion waren da noch der Flugkapitän, sein neunzehnjähriger Sohn Niklas und der Co-Pilot Werner. Wir kamen spät am Abend an, und nach einer kurzen Taxifahrt bezogen wir unsere Zimmer in einem Hotel direkt am Strand.

Als ich am nächsten Morgen aufwachte, lief ich als Erstes auf den kleinen Balkon, schloss die Augen und sog tief die Luft ein – diesen unvergleichlichen Geruch von Meer, Strand und Abenteuer. Nur wenig später betrat ich gut gelaunt das Restaurant und sah Niklas bereits beim Frühstück sitzen. Er lächelte mir zu und winkte mich an seinen Tisch. „Guten Morgen, Klara! Du musst unbedingt die Ananas probieren, die ist köstlich“, begrüßte er mich und strahlte mich an. Niklas mit seinen blitzenden Augen, seinen wilden Locken und seiner Begeisterungsfähigkeit hatte etwas ungemein Fröhliches, das ansteckend war. Er erzählte, dass er bereits zum zweiten Mal mit seinem Vater auf die Kanaren mitgeflogen sei, beschrieb in leuchtenden Farben den Vulkan Teide, den ich unbedingt sehen müsste, das kleine Fischlokal in unserem Ort, wo er den besten Fisch seines ganzen Lebens gegessen hätte … Mit seinen 19 Jahren war er schon mehr herumgekommen als ich. Als die anderen nach und nach zum Frühstück erschienen, hatten Niklas und ich bereits Pläne für den Tag geschmiedet. Wir wollten ein Auto mieten und zum Teide fahren. Der Vater von Niklas wollte den Tag am Strand verbringen, die anderen jedoch wollten mit uns kommen. Niklas und ich organisierten das Auto, und wir quetschten uns zu fünft hinein. Zuerst ging es die Küste entlang, dann hinauf in die Berge, vorbei an den karstigen Gesteinsformationen und immer näher heran an den markanten Kegel des Teide. Eine Seilbahn brachte uns fast bis zum Gipfel. Das Wetter meinte es gut mit uns an jenem Tag, und so ließen wir das spektakuläre Panorama auf uns wirken, den Blick bis hinüber nach Gomera, Gran Canaria und La Palma.

Niklas wich nicht von meiner Seite. „Was habe ich dir gesagt? Ist es nicht überwältigend?“ – Ich verstummte angesichts der großartigen Aussicht, immer das Meer im Hintergrund, darüber der samtig blaue Himmel. Ich dachte an unsere Familienurlaube in Grado, die mir jetzt so bieder erschienen, so ereignislos. Natürlich hätte ich all diese Schönheit gerne meinen Kindern gezeigt, gleichzeitig war dieses In-den-Tag-Hineinleben so befreiend, dass ich den Gedanken an zu Hause gleich wieder abschüttelte. Hier wollte ich einfach nur Klara sein, nicht Ehefrau, nicht Mutter. Ich wollte mich spontan der Freude am Dasein hingeben. Ich wandte mich entschlossen Niklas zu: „Du hast gesagt, es gibt noch andere Aussichtspunkte?“ „Si, Señora!“ Niklas ergriff meine Hand, und ich ließ mich lachend mitziehen. Nein, ich wollte hier nicht grübeln, einfach nur genießen, und wenn es Niklas Spaß machte, mir als Mittdreißigerin den Fremdenführer zu geben, dann spielte ich gerne mit. Dass das ein Spiel mit dem Feuer war, war mir damals nicht bewusst, oder vielleicht doch, ich gestand es mir nur nicht ein. Noch nicht.

Immer selbstverständlicher glitt ich hinein in diese unbeschwerte Art zu leben. Den nächsten Tag verbrachten wir am Strand und abends tanzten wir in einer Diskothek, bis die Lichter ausgingen. Auf dem Heimweg zog Niklas mich zur Seite: „Komm, wir gehen an den Strand. In einer halben Stunde geht die Sonne auf, das können wir uns nicht entgehen lassen.“ Seite an Seite auf einer Sonnenliege, die aufgehende Sonne vor Augen küssten wir uns das erste Mal.

Hatte ich ein schlechtes Gewissen? Nein, ich war überrascht – von mir selbst, von Niklas, von der Wendung, die mein Leben gerade nahm. Gleichzeitig fühlte ich, dass hier etwas Wichtiges mit mir passierte: Mein Körper und meine Seele waren offen für ein neues Leben.

Die folgende Nacht verbrachten Niklas und ich gemeinsam. Diese Nacht erfüllte mich mit großem Staunen: So also konnte körperliche Liebe auch sein! Am nächsten Morgen war mir klar, dass ich darauf nicht mehr verzichten wollte. Doch wie sollte das praktisch aussehen? Darauf wusste ich keine Antwort.

„Ich habe gerade Gänsehaut. Wie schön, dass du das erleben hast dürfen.“ Rosi sieht mich lächelnd an. „Ich verstehe nun, dass du ein neues Leben beginnen hast müssen. Du warst ausgehungert nach Erlebnissen. Ich habe vor meiner Ehe schon meine Erfahrungen gemacht und so habe ich leicht über eine sehr lange Phase treu bleiben können. Ich habe nun dieses biedere Leben gelebt, das ich davor abgelehnt habe, und ich habe mich dabei wohl gefühlt. Und du hast den Hippie in dir entdeckt! Allerdings hat es damals in meiner Beziehung zu Ludwig auch zu kriseln begonnen. Ich habe mich zu wenig anerkannt und geschätzt gefühlt für das, was ich gemacht habe. Ludwig hat immer seine wichtige Rolle für die Familie betont. Er war es ja, der das Geld verdient hat. Das hat er immer wieder betont. Er hat mich spüren lassen, dass das, was ich gemacht habe, nicht so wichtig war. Das hat mich gekränkt. Hat er denn nicht bemerkt, dass ich alles gegeben habe, um die Familie und meinen Beruf so gut wie möglich zu vereinen?"

„Der ewige Kampf um Anerkennung. Kommt uns das nicht bekannt vor?"

Rosi sieht für einen Moment überrascht aus, dann hebt sie in gespielter Hilflosigkeit die Hände. „Väter und Töchter, Männer und Frauen … Aber wie ist es bei dir weitergegangen nach deinen romantischen Liebesnächten?"

Die restlichen Tage vergingen viel zu schnell. Ja, ich vermisste meine Kinder, aber die Tage waren so angefüllt mit Aktivitäten, dass diese Sehnsucht immer nur kurz dauerte. Zurück zu Hause erwarteten mich ein gekränkter Ehemann und konsternierte Schwiegereltern. Nur die Kinder freuten sich uneingeschränkt über meine Rückkehr und die Geschenke, die ich ihnen mitgebracht hatte.

Trotz der Irritation, die mein Urlaub bei Alfred und seinen Eltern ausgelöst hatte, spielte sich unser Alltagsleben erstaunlich schnell wieder ein. Nach außen hin schien alles in Ordnung zu sein. Ich begann jedoch damit, mein Leben zu teilen in ein sicheres Familienleben und in eines, in dem ich mich selbst verwirklichen konnte. Nur so glaubte ich, eine Familie mit zwei kleinen Kindern, einen verantwortungsvollen Beruf und meine neuen Freiheitsgedanken unter einen Hut bringen zu können.

Ich ließ mich dann noch auf ein paar Abenteuer ein. Doch mit der Zeit konnte ich dieses Doppelleben immer weniger ertragen. Mehr und mehr begann ich, mir Sinn- und Wertefragen zu stellen, überlegte, wie meine Zukunft aussehen sollte. Die Spannung zwischen Angepasst-Sein und den eigenen Wünschen ließ im Laufe der Jahre ein eigensinniges Pflänzchen in mir wachsen. Immer öfter tauchte der Gedanke auf, ob es das schon gewesen sein sollte. Ich fühlte mich an meine Zeit auf dem elterlichen Bauernhof erinnert, an dieses Gefühl, dass da draußen eine ganze Welt auf mich wartete, die es nur zu entdecken galt. Mein Zuhause empfand ich mehr und mehr als beengend, denn ich stand ständig unter Beobachtung. Wollte ich mit dem Auto wegfahren, musste ich zuerst aus der Garage hinaus und dann durchs Tor. Bis ich das geschafft hatte, kam so gut wie jedes Mal jemand und fragte mich, wohin ich denn wollte. Wenn ich zufällig einmal bei der inzwischen ritualisierten Sonntagsjause bei meinen Schwiegereltern nicht dabei war, kam das einem Akt der Rebellion gleich. All das fing an, mir auf die Nerven zu gehen.

In meiner Hilflosigkeit wandte ich mich an einen Astrologen. Seine

Diagnose: „Dass du Lehrerin bist und Schuldirektorin, das passt schon ganz gut. Deine eigentliche Bestimmung ist es jedoch, Psychotherapeutin zu sein, und da solltest du dich vor allem auf die Arbeit mit Gruppen konzentrieren." Ich hatte ihm zwar zugehört, es jedoch bald darauf wieder vergessen – bis mich drei Jahre später meine Bestimmung einholen sollte.

Damals begann man gerade, Beratungslehrer für Schulen in Wien auszubilden. Mein Kollege Gerhard, wie immer an neuen Entwicklungen interessiert, meldete sich zu einem Fortbildungsseminar an. Ich leitete zu dieser Zeit die Lehrerfortbildung in unserem Bezirk, und als Gerhard dann doch nicht teilnehmen konnte, fragte er mich, ob ich einspringen wolle. *Der Umgang mit verhaltensauffälligen Kindern* war der Titel des Seminars, zweifellos ein Thema für die Sonderschule. Damals waren die Schülerzahlen an den Sonderschulen rückläufig, da die Volksschulen mit uns zu konkurrieren begonnen hatten. Wir kämpften gewissermaßen um jeden Schüler. In der Sonderschule landeten nur noch diejenigen, die neben schwächeren Leistungen auch in ihrem sozialen Verhalten sehr anstrengend waren.

Bei diesem Seminar schlüpfte ich probeweise in die Rolle eines sogenannten schwierigen Schülers. Ich war ein zehnjähriger Bub, der immer wieder plötzlich vom Platz aufsprang und auf andere Kinder losging. Bei dieser Übung konnte ich nun zum ersten Mal mit allen Sinnen spüren, wie sich so ein Kind fühlte, das auffällig geworden war, weil es unsicher und überfordert war oder weil es das Gefühl hatte, in seiner Unsicherheit nicht gesehen zu werden. Schlagartig wurde mir klar, dass solche Kinder zusätzliche Zuwendung von mir brauchten. Plötzlich hatte ich einen völlig neuen Zugang zu solchen Kindern entdeckt, was mir die Arbeit ungemein erleichterte. Ich wusste nun, was zu tun war, ich musste solche Kinder immer im Blick behalten und beim kleinsten Anzeichen reagieren. Diese Anzeichen lernte ich auch schnell im Schulalltag zu erkennen. Wenn ein Kind plötzlich den Stift weglegte und sein Heft auf sein Pult warf, dann setzte ich mich zu ihm und sagte: „Schau, ich bleib jetzt bei dir sitzen, bis du das schaffst. Du kannst das!"

Die Erfahrung in dem Seminar ließ mich perplex zurück. Ich hatte doch so viel gelesen und nachgedacht über das Verhalten schwieriger Schüler. Doch erst als ich in die Rolle eines solchen Kindes schlüpfte, konnte ich plötzlich spüren und begreifen, was in seinem Inneren vor sich ging. Was nutzte alle Theorie, wenn man jemanden in seinem Wesen nicht erfassen konnte? Genau das faszinierte mich später auch an der Gestalttherapie, das Faktum, etwas in seiner ganzen Tiefe zu verstehen, sich auf Menschen und Situationen einzulassen und nicht nur darüber zu reden. Das ermöglicht ein ganz anderes Verstehen.

Gleich nach dieser prägenden Erfahrung in der Fortbildung rief ich Gerhard an: „So etwas muss unbedingt in die Lehrerfortbildung“, meinte ich begeistert. Ich stieß bei Gerhard auf offene Ohren. So begannen wir mit der Planung von Supervisionseinheiten. In dem Seminar war uns auch Fortbildung in Selbsterfahrung empfohlen worden. Das entsprach dem Zeitgeist, war aber für mich Terra incognita. Als zufällig in der ersten Ferienwoche im Rahmen der Lehrerfortbildung ein Workshop mit zwei Gestalttherapeuten angeboten wurde, meldete ich mich an. Prompt lief mir ein Altbekannter, mein Sonderschulinspektor, ein älterer, recht konservativ eingestellter Herr, gleich zu Beginn des Workshops über den Weg und sagte: „Was machen Sie denn heuer für ein Seminar? Sind Sie denn nicht bei der Sonderschulfortbildung?“ Ich antwortete darauf etwas verunsichert: „Ich mache ein Selbsterfahrungsseminar.“ – „Aber Frau Kollegin, wenn man in Ihrem Alter noch nicht weiß, wer man ist …“, war seine überhebliche Antwort.

Auch wenn ich mich über ihn ärgerte, hatte er einen wunden Punkt in mir getroffen. Vorgegebene Rollen und Erwartungen zu erfüllen, das konnte ich gut. Aber wer war ich wirklich? Ich war entschlossen, dieses Seminar für meine Entwicklung zu nutzen. Bei der Vorstellungsrunde fasste ich mir ein Herz und fragte: „Kann ich wirklich offen über alles reden?“ Die beiden Psychotherapeuten, die das Seminar leiteten, versicherten mir, dass Offenheit unumgänglich war, wollte man maximal von dem Seminar profitieren. „Nichts von dem, was wir hier besprechen, verlässt diesen Raum“, fügten sie noch hinzu.

Das lockte mich aus der Reserve und ich ließ mich voll und ganz darauf ein. Dass man sich in der Gestalttherapie mit den augenblicklichen Problemen beschäftigt und nicht ausschließlich mit der Rekonstruktion der Biografie, das kam mir sehr entgegen. So konnte ich von meinen Sorgen und Ängsten berichten. Es fiel mir leichter als gedacht, mich zu öffnen und mein Innerstes preiszugeben. Die beiden Therapeutinnen waren zugewandt, sie urteilten nicht und konnten meine Schwierigkeiten nachvollziehen. Ich spürte, wie sich für mich so mancher Nebel lichtete.

In der Gestalttherapie geht es um Erleben und um die Einsichten, die man daraus gewinnen kann. Es wurde mir ein Experiment vorgeschlagen. Es ging um meine Beziehung zu Alfred. Dieses Experiment verlief folgendermaßen: Ich stellte einen Sessel vor mich hin, stellte mir auf diesem Platz Alfred vor und beschrieb ihn kurz. Dann sprach ich ihn direkt an und teilte ihm meine Gedanken und Emotionen mit. Alles, was sich in mir angestaut hatte, brach aus mir hervor. Ich konnte deutlich fühlen, dass eine Veränderung in mir nicht mehr aufzuhalten war. Ich hatte mich immer mehr von Alfred entfernt, gleichzeitig spürte ich jedoch auch, wie mir diese 17 gemeinsamen Jahre Sicherheit und Geborgenheit gegeben hatten. In dieser kurzen Sequenz erkannte ich: Wir sind nicht mehr das füreinander, was wir wirklich brauchen.

Rosi hat mir aufmerksam zugehört, aber jetzt sehe ich, dass ihr eine Frage unter den Nägeln brennt. Ich halte inne.

„Tief in deinem Inneren hast du das doch sicher schon geahnt, oder?"

„Irgendwie schon, doch dieses bewusste Erkennen und Benennen hat Klarheit geschaffen, eine Klarheit, die sehr schmerzhaft war."

„Und wie genau ist nun dieses Experiment mit dem Stuhl verlaufen?"

„Man stellt sich eine Person vor, sei es nun eine aktuell wichtige Bezugsperson oder eine aus der Vergangenheit, die auf dem leeren Stuhl sitzt. So kann man die Beziehung in direkter Begegnung klären. Dabei entscheidet man nach Gefühl, wie man den Sessel positionieren möchte – seitlich, gegenüber, dahinter – und achtet auch auf Nähe und Distanz. Dann stellt man sich das Gegenüber so konkret wie möglich vor, spricht alles direkt aus und lässt seinen Gedanken und Emotionen freien Lauf."

„Das heißt, man kann alles aussprechen, ohne sich Gedanken oder Sorgen um das Gegenüber machen zu müssen."

„Das ist das Wichtigste dabei. Man lernt dadurch, aufmerksam für das eigene Erleben zu werden. Wenn man immer das sagt, wonach einem ist, erweitert sich der Erlebnisraum, und das kann Klärung für Probleme bringen. Allein durch rationale Überlegungen kommt man oft nicht weiter."

„Aber danach warst du einen Schritt weiter?"

Ich lese weiter.

Ich war fasziniert, wie einfühlsam das Experiment begleitet wurde. Diese Art und Weise, Dingen auf den Grund zu gehen, sprach mich ungeheuer an – hier fühlte ich mich zu Hause. Ich wusste, dass das mein Zugang war. Gestalttherapie entsprach genau meinem Wesen. Ich habe später auch in andere Therapierichtungen hineingeschnuppert, aber keine hat mich so fasziniert wie die Gestalttherapie.

An eine weitere Übung erinnere ich mich auch noch gut: Wir gingen ins Freie, um dort für unseren momentanen Gefühlszustand ein

Symbol zu finden. Wir sollten einfach nur achtsam sein, mit offenen Sinnen gehen und schauen, was uns ansprach. Ich ging an den Häusern vorbei bis zu einer Wiese, zog mir die Schuhe aus und genoss das Barfußgehen. Ich spürte das Gras unter meinen Füßen und die warme Sonne darauf. Versunken sah ich auf meine Füße, und fast hätte ich die Aufgabenstellung vergessen. Als ich wieder aufblickte, merkte ich, dass ich vor einem Kirschbaum voll roter, reifer Herzkirschen stand. Ich pflückte mir zwei Paare und hing sie mir übers Ohr, wie wir das als Kinder immer gemacht hatten. Mit diesem Symbol, dem leuchtenden Rot und dem festen Fleisch der Kirsche, dem Geruch nach Erde, nach dem Bauernhof meiner Kindheit, fühlte ich mich mit meiner Kraft verbunden. Ich spürte eine Sicherheit in mir aufsteigen: Ich werde wissen, wie es weitergeht, auch wenn ich jetzt noch nicht weiß, wie. Irgendetwas in mir ist stärker als die Schwierigkeiten, die sich mir in den Weg stellen.

Rosi schmunzelt: „Was so eine Kirsche alles bewegen kann."

„Symbole sind mit ihrer Kraft nicht zu unterschätzen. Wird ein Symbol bedeutsam für unser Leben, dann stellen wir einen Bezug zu unserer aktuellen Lebenssituation her. Mit dem Symbol erinnern wir uns wieder an frühere Ereignisse und Emotionen und versuchen zu verstehen, welche Bedeutung es für unser Leben jetzt haben könnte. Gleichzeitig kann es aber auch über die jetzige Situation hinauswirken, weil wir mit Zuversicht auf das Kommende blicken."

„Und die hast du wohl gebraucht, in deiner Situation."

„Allerdings, denn als Erstes habe ich die Erkenntnis verarbeiten müssen, dass meine Ehe am Ende war. Das war keine einfache Angelegenheit. Die Atmosphäre zu Hause ist immer beklemmender geworden. Mein Mann hat gespürt, dass ich mich von ihm entfernt und damit begonnen hatte, mich zu kontrollieren. Er wollte immer genauer wissen, wohin ich ging, und hat sich über meine häufige Abwesenheit beschwert. Meine neuen Erfahrungen haben ihn misstrauisch gemacht. ‚Wozu soll denn dieses ganze Selbsterfahrungszeugs gut sein? Kümmere dich lieber um deine Familie', war seine Haltung."

„Das habe ich später auch von Ludwig gehört", greift Rosi meinen Erzählfaden auf. „Ich habe ja begonnen, mich mit spirituellen Themen auseinanderzusetzen, mit Meditation, Yoga und Buddhismus. Mir ist bewusst geworden, dass es mehr geben musste als das Erfüllen unserer Aufgaben. Wenn ich in meine Meditationsgruppe gegangen bin, dann hat Ludwig mir das vorgehalten, als ob das was Schlimmes wäre. Als ich in späteren Jahren zu Ludwig gesagt habe: ‚Wenn das so weitergeht bei uns, dann verlasse ich dich', da hat er nur gemeint: ‚Ich weiß gar nicht, was du hast, es ist doch alles in Ordnung. Ich glaube, dir geht's zu gut.' Er wollte gar nicht wissen, was mich bewegt hat, er hat es nur als eine Spinnerei abgetan."

Ich kann Rosis Empörung gut nachvollziehen. „Dabei können sich durch solche Interessen Türen in eine völlig neue, faszinierende Welt öffnen. Mir zumindest ist es so gegangen."

Diese neue Welt verhieß mir den Ausstieg aus meinem engen Lebenskorsett, aus diesem Panzer, der mich gefangen hielt. Jeden Tag wurde mir klarer, dass ich meinen Beruf und mein Umfeld ändern wollte. Aber wie sollte es weitergehen, wenn ich mich von Alfred trennte? Nächtelang grübelte ich. Ich wusste, dass Alfred in diesem neuen Leben keinen Platz mehr hatte. Wir hatten jedoch zwei kleine Kinder, acht und zehn Jahre alt. Im Falle, dass ich Alfred verlassen würde, könnte ich auf kein Verständnis rechnen. Niemand würde es nachvollziehen können. Nach außen hin sah ja alles perfekt aus. Wieso konnte ich also nicht zufrieden sein? Was war nur mit mir los? Wieso hatte ich diesen starken Wunsch nach Veränderung, nach Freiheit, danach, noch einen anderen Beruf zu erlernen?

Was hatte die Ehe, wie ich sie führte, noch für einen Sinn? Was hatte überhaupt mein Leben für einen Sinn? Würde ich altern und sterben, ohne jemals noch ein ganz anderes Leben, das ich mir noch nicht konkret ausmalen konnte, gekannt zu haben? Wohin sollte ich gehen? Würde es eine Zukunft voller existenzieller Sorgen sein, einsam, verbunden mit dem Gefühl, mich falsch entschieden zu haben? Einen Weg zurück gab es dann sicher nicht mehr.

Dieses Gedankenkarussell zerriss mich förmlich, es raubte meine ganze Energie, also zog ich mich immer mehr in mich zurück. Nach außen hin funktionierte ich weiterhin, aber innerlich war ich nicht bei der Sache. Dieser Zustand zermürbte mich, ich konnte mich jedoch zu keiner Entscheidung durchringen.

Gleichzeitig fühlte ich, dass die Rettung nur aus mir selbst kommen konnte. Ich brauchte eine Antwort, ich brauchte etwas, das mir sagte, was ich tun sollte. Da hatte ich einen unvergesslichen Traum. In ihm sprang ich aus dem ersten Stock der Wohnung meiner Schwiegereltern. Erschrocken lag ich auf dem Boden und hatte Angst aufzustehen, denn ich war mir sicher, dass ich mir alle Knochen gebrochen hatte. Ich schreckte auf und war hellwach.

Was wollte mir dieser Traum sagen? Noch verwirrt von den Bildern der Nacht rief ich den Gestalttherapeuten vom Selberfahrungsseminar an, und wir vereinbarten einen Termin. In der Therapiestunde wies er mich an, den Traum so zu erzählen, als würde ich ihn in diesem Moment erleben. Dadurch sollte ich ein Verständnis dafür entwickeln, die Stimmung spüren und das Erleben in die Gegenwart holen. Ich versuchte mein Bestes, und er achtete nicht nur auf das, was ich erzählte, sondern auch darauf, wie ich es erzählte. Als ich mit dem Erzählen fertig war, sagte er: „Nun identifiziere dich mit der Person, die am Boden liegt, und drücke alles aus, was du gerade erlebst."

Ich kauerte mich auf den Boden wie am Ende des Traumes und fühlte mich niedergedrückt von all den Verpflichtungen, denen ich nachkommen sollte. Ich fühlte den inneren Konflikt, nicht gehen zu können aus Verantwortungsgefühl meinen Kindern gegenüber, gleichzeitig jedoch diese unfassbare Sehnsucht nach Veränderung. All die Fragen, die sich wie ein Berg vor mir auftürmten! Sollte ich diesen Sprung ins Ungewisse wagen, ohne Sicherheit, mit all dem Negativen, das von außen auf mich niederprasseln würde – von meinen Eltern, Geschwistern, Freunden, Verwandten und den Bewohnern am Land? Wie würde ich damit zurechtkommen?

In Wahrheit war die Entscheidung längst gefallen: Ich konnte und wollte meine Bedürfnisse mit meiner Umwelt nicht mehr in Einklang bringen! Ich wollte nicht mehr in diesem großen Haus leben, wollte mein Leben nicht mehr einem Haus widmen! Ich lag schluchzend, heulend, in völliger Verzweiflung mit gesenktem Kopf auf dem Boden, und meine Ängste hatten mich fest im Griff. Mein Körper war ein einziger Hilferuf.

Da tauchte ich plötzlich in eine Stille ein, die meine Angst zu vertreiben schien. Meine Tränen versiegten, und ich hörte eine Stimme, die aus meinem tiefsten Inneren kam. Sie klang gelassen und mitfühlend, warm und zärtlich. „Steh auf und geh ein paar Schritte." Das war das Einzige, was ich jetzt tun sollte: nicht am Boden liegen bleiben, sondern ein paar Schritte gehen? Ich hörte diese Stimme in mir zum ersten Mal. Langsam löste ich meine Stirn vom Boden, blickte auf und richtete mich vorsichtig auf. Allmählich spürte ich Sicherheit in mir aufkommen und wagte ein paar zaghafte Schritte. Es fühlte sich gut an, und der Boden unter mir trug mich. Vor mir tauchte plötzlich ein Regenbogen auf.

Der Therapeut gab mir ein Zeichenblatt und Malstifte und bat mich, diesen Regenbogen zu zeichnen. Während ich noch versunken an dem Bild arbeitete, wuchs in mir die felsenfeste Sicherheit, dass ich diesen Sprung wagen musste. Ich wusste nun, dass mich diese Schritte in eine neue Freiheit führen würden. Der Therapeut war sich noch unsicher, aber in mir hatte sich eine absolute Gewissheit ausgebreitet. Ein wenig erschrak ich selbst über das Tempo, mit dem diese folgenschwere Entscheidung gefallen war.

„Letztendlich war es also ein Traum, der dir die Sicherheit gegeben hat, dich von Alfred trennen zu können“, schlussfolgert Rosi.

Ich nicke. „Träume können klare Botschaften transportieren. Schließlich ist die Deutung von Träumen ein uraltes Kulturgut.“

„Ja, da hast du natürlich recht, in den Hochkulturen sämtlicher Länder hat man sich mit Traumdeutung beschäftigt. Erfindungen, Formeln, Ideen und Kunstwerke sind oft von Träumen inspiriert worden.“

„Ganz genau. Träume können unterschiedliche Funktionen haben: Im Traum kann Erlebtes aus dem Tag, die Psychologie spricht von ‚Tagesresten‘, in verdichteter Form noch einmal vorkommen, ein Traum kann aus dem Körpererleben kommen, er kann biografisches Material enthalten, es können jedoch auch Zukunftsahnungen darin auftauchen. Die Traumsprache ist der Kunst, den Märchen und den Mythen sehr nahe, denn auch sie ist nicht an Zeit und Raum gebunden. Laut C. G. Jung können sich Bilder, Erfahrungen und Symbole, die aus anderen Zeiten und Kulturen stammen – aus dem Erleben anderer Menschen, also aus dem sogenannte ‚kollektiven Unbewussten‘ – mit Lebensmustern eines Träumenden verbinden.“

„Und dir hat der Traum also eine Botschaft geschickt“, resümiert Rosi.

„Ja, das ist nicht so ungewöhnlich. Fritz Perls, der Begründer der Gestalttherapie, meint, dass ein Traum sogar eine existenzielle Botschaft enthalten kann.“

„Ein bisschen habe ich mich auch für Träume interessiert“, besinnt sich Rosi, „aber mich nicht wirklich damit beschäftigt. Erzähl mir doch von deinem Verständnis von Träumen und ihrer Funktion.“

„Der Traum ist einerseits von unserer Lebensgeschichte geprägt und gleichzeitig von unserem augenblicklichen Befinden beeinflusst. Jeder Traum ist mein Traum, ich bin verantwortlich dafür.

Hier unterbricht mich Rosi. „Als ich erfahren hatte, dass jede Person in meinem Traum ein Teil von mir selbst ist, da ist mir ein Licht aufgegangen, und ich musste über frühere Vorwürfe, die man jemandem gemacht hat, lachen. ‚Ich habe von dir geträumt und du warst so und so‘. Das gilt ja dann alles nicht. Aber erzähl weiter.“

Ein Traum kann uns zeigen, was uns im Leben fehlt, kann uns auf bisher wenig beachtete Seiten unserer Persönlichkeit hinweisen. Wir können durch Träume auch Klarheit über unser Handeln bekommen, sie sind Inspirationen, wir sollten ihre Bedeutung erforschen."

„Wie können wir das tun?", fragt Rosi nach.

„Die Psychotherapie spricht von Traumarbeit, es geht darum, die Botschaften aus den Tiefen der Seele ins Bewusstsein zu holen. Dafür muss man sich erneut auf das Traumgeschehen einlassen – denn es geht nicht nur um den Traum im Schlaf, sondern um das, was Therapeutin und Klient dann gemeinsam dazu erarbeiten. Träume sind immer höchst individuell, deshalb kann es keine allgemein gültigen Deutungen geben. Träume wichtig zu nehmen, das stärkt unsere Intuition und Kreativität. Dann können auch der Mut und die Sicherheit wachsen, uns von Träumen und inneren Botschaften leiten zu lassen. Wenn wir auf diese Stimme hören, kann sie uns bei der Lösung von Lebensfragen unterstützen."

„Und das hast du getan."

„Ja, aber bis ich mich von Alfred trennen konnte, ist noch einige Zeit vergangen."

Ich nehme mein Manuskript wieder zur Hand und lese weiter.

In meiner Ehe fühlte ich mich von meiner Lebendigkeit, meiner Lebenslust abgeschnitten und in meiner Entwicklung blockiert. Mein Leben schien unter der Last von Moralregeln, Normen und Vorschriften zu ersticken! Doch was mich davon abhielt, sofort aus meiner Ehe auszubrechen, war der Gedanke an meine Kinder. Konnte ich ihnen das Zerbrechen unserer Familie antun? Es war mir immer wichtig gewesen, meinen zwei Kindern einen geschützten familiären Rahmen zu bewahren. Aber was wollte ich eigentlich meinen Kindern weitergeben? Ich formulierte es damals so: „Man kann auch ehrlich durchs Leben gehen – es kostet nur mehr Mut!"

Ich fühlte mich wie eine große, starke Pflanze in einem viel zu kleinen Blumentopf. Meine ungelebten Sehnsüchte beschäftigten mich immer mehr. Ich wollte eine eigene Identität haben, ganz ich selbst sein können und mein Frausein unabhängig von der Zuordnung zu einem Mann erleben.

Irgendwann wurde mir aber doch klar, dass ich so schnell wie möglich aus der familiären Sicherheit herausmusste. Es musste doch irgendwo eine Welt, eine Lebensweise geben, die für mich stimmig war. Diese Vorstellung war einerseits aufregend, andererseits aber auch schmerzlich. Mein neuer Weg würde mich von vielen geliebten Menschen und meinem gewohnten Umfeld entfremden.

10.

Ich schmiedete nun allerlei konkrete Pläne: Als ersten Schritt wollte ich nach Wien ziehen und allein leben, um all den Fragen, die mich bewegten, möglichst fernab von konventioneller Moral und gängigen Meinungen auf den Grund zu gehen. Ich wollte mich nicht mehr einschränken und kontrollieren lassen, sondern über mein Leben selbst bestimmen, ich wollte so leben, wie es sich für mich richtig und wichtig anfühlte. Ich wollte meine eigenen Ziele verfolgen und mir zutrauen, dass ich mein Leben auch allein meistern konnte.

„Bei mir war dieses Bedürfnis, allein zu leben und mein Leben allein zu meistern, nie da. Ich wollte immer gerne mit einem Partner zusammen sein", erzählt Rosi. „Ich glaube auch nicht, dass dies bei einer unserer anderen Schwestern der Fall war. Ich glaube, der Unterschied zwischen uns ist, dass ich früher freier gelebt habe als du und diese Sicherheiten, die du anfangs in deiner Ehe so wichtig gefunden hast, für mein Leben nie zugelassen hätte. Nach deinem ‚Befreiungsschlag' bist du in ein anderes Extrem gegangen, ein Extrem, dass ich nie hätte leben wollen."

„Trotzdem haben wir damals begonnen, wieder aufeinander zuzugehen."

„Unsere innersten Wünsche und Bedürfnisse hätten wir uns aber in der Zeit noch nicht erzählt. Vertrauen war noch lange keines da", erinnert Rosi sich. „Du bist also nach Wien gezogen."

„Oh, das hat noch eine Weile gedauert – und ist dann doch ganz schnell gegangen."

Viele Fragen beschäftigten mich in dieser Zeit. Wie sollte ich mir eine Wohnung in Wien leisten können? Wo sollte ich leben? Würden die Kinder mit mir kommen oder bei ihrem Vater bleiben wollen? Inmitten dieser Phase des Brütens kam mir wieder einmal der Zufall – oder eine wundersame Fügung – zu Hilfe. Emilie, eine gute Freundin, erzählte mir, dass ihr Mann seine Zweitwohnung in Wien vermieten wollte. Ich überlegte nicht lange und weihte sie in meine Pläne ein. Dass ich mich gefangen und eingeschränkt fühlte, das wusste sie bereits. Also war sie nicht sehr überrascht, als ich ihr von meinen Gedanken berichtete. Emilie war eine praktisch denkende und zupackende Frau. „Die Wohnung können wir dir natürlich vermieten. Aber ich rate dir, bereite dich gut vor. Hol dir das Geld, das dir zusteht, und richte damit die Wohnung ein, bevor du von zu Hause ausziehst." Ich hatte zwar etwas Geld in die Ehe gebracht und auch immer sehr gut verdient, aber dieses Geld hatten wir in unser Haus und unser gemeinsames Leben investiert. Alfred würde mich wohl kaum auszahlen. Also musste ich schauen, wie ich zu dem finanziellen Ausgleich kommen konnte, der mir zustand.

Zwei Tage später fuhr Alfred wie jeden Donnerstagnachmittag nach Wien, um Einkäufe für das Geschäft zu erledigen. Kaum hatte er die Haustür zugeschlagen, schickte ich die Kinder hinauf in die Wohnung der Großeltern. Wie eine Diebin schlich ich mich in Alfreds Büro, um mir aus dem Tresor unser gemeinsames Sparbuch zu holen. Mein Herz klopfte wie verrückt, da mich jederzeit jemand dabei überraschen konnte. Aber alles ging gut.

Während der darauffolgenden Tage brachte ich ein paar Dinge aus unserer Wohnung nach Wien. Kleider, Wäsche, Geschirr – all das, was entweder mir gehörte oder wovon ich wusste, dass es in unserem gemeinsamen Zuhause nicht fehlen würde. Mein Mann und meine Schwiegereltern registrierten zwar mit einigem Erstaunen, dass ich ständig in der Wohnung herumräumte, aber ich gab vor, Frühjahrsputz zu machen.

Ich erinnere mich genau an den Moment, als ich das erste Mal meine Wohnung in Wien betrat. Dieser schöne Altbau mit seinen Parkettböden, hohen Wänden und großen Fenstern würde mein neues Domizil werden – und das mitten im Zentrum von Wien. Das Gespräch mit Alfred schob ich immer wieder auf. Ich fürchtete mich vor diesem letzten Schritt, vor dem Schmerz, den ich ihm zufügen würde, und vor der Konfrontation mit ihm und den Kindern. Dann hatte ich erneut einen Traum. Alfred öffnete darin meinen Kleiderschrank und sah, dass meine Kleider weg waren. In dem Moment war mir klar, dass der richtige Augenblick gekommen war.

Gleich am nächsten Morgen bat ich Alfred um ein Gespräch. Er nickte nur zerstreut. Untertags legte ich mir meine Worte sorgfältig zurecht. Es würde eine lange Rede werden. Ich erinnerte Alfred daran, dass ich mich schon seit Längerem eingeengt fühlte, dass mir klar geworden war, dass wir Unterschiedliches vom Leben erwarteten, dass ich nach Wien ziehen und vielleicht Therapeutin werden wollte, dass ich einen neuen Beruf ergreifen würde, für den er kein Verständnis aufbrachte. Alfred fiel zusehends in sich zusammen. Als ich fertig war, hatte er Tränen in den Augen. „Du willst alles wegwerfen? Unsere Ehe, unser Familienleben, deinen Beruf?“, fragte er fassungslos.

„Ich muss, sonst kann ich nicht mehr ich selbst sein.“

„Ich will aber nicht ohne dich leben.“

Damit hatte ich nicht gerechnet. Alfred musste doch auch gespürt haben, wie weit wir uns voneinander entfernt hatten! Aber er war entschlossen, um unsere Ehe zu kämpfen. „Ich kann mit dir nach Wien kommen."

„Was willst du denn dort tun? Dein Leben ist hier, und du bist doch glücklich hier – im Unterschied zu mir."

„Die Kinder brauchen uns beide."

„Sie werden keinen von uns verlieren, nur weil wir uns trennen."

So ging das eine ganze Weile. Wir argumentierten, stritten und weinten gemeinsam über das Zerbrechen unserer Ehe. Es war klar, dass es zu Ende war. Alfred erkannte, dass mein Entschluss unumstößlich war und dass ich etwas tun würde, das er niemals für möglich gehalten hätte, dass ich ihn verlassen würde. Irgendwann fragte er: „Wie willst du dir überhaupt eine Wohnung in Wien leisten? Ich zahl dir sicher nichts."

Nun war der Augenblick meines Geständnisses gekommen. „Das habe ich bereits geregelt und mir das Sparbuch aus deinem Tresor geholt."

„Das hätte ich dir sowieso gegeben."

„Super, denn ich habe das Geld schon ausgegeben."

Ich konnte sehen, wie Alfred schluckte. „Wofür denn?

„Ich habe die Ablöse für eine Wohnung bezahlt und sie ein wenig eingerichtet."

Alfreds Stimme klang bitter: „Du hast also alles bereits in die Wege geleitet, um gleich ausziehen zu können?" Alfred war traurig, verletzt und gekränkt, dass ich ihn verließ. Nach diesem Gespräch war ich einmal mehr froh um Emilies Rat. Hätte Alfred mich in finanzieller Hinsicht unter Druck setzen können, dann hätte er es in dieser Situation vermutlich getan.

Am Tag darauf sprachen wir mit unseren Kindern. Bald war klar: Simon, abenteuerlustig und neugierig wie immer, wollte mit mir nach Wien kommen. Die eher introvertierte Cäcilie, der Veränderungen grundsätzlich ein Gräuel waren, blieb bei ihrem Vater und ihren Großeltern in ihrer vertrauten Umgebung.

Obwohl die Trennung schwierig und schmerzlich war, konnten Alfred und ich uns darauf einigen, auch in Zukunft gemeinsam die Verantwortung für unsere Kinder zu übernehmen. Wir trafen uns wöchentlich, um zu besprechen, wer welches Kind wann besuchen oder zu sich nehmen sollte. Damals gab es das geteilte Sorgerecht noch nicht, und so übernahm jeder von uns die finanzielle Verantwortung für je ein Kind.

Ein weiterer schwieriger Schritt stand mir noch bevor: Ich musste meine Eltern über die Trennung informieren. Für meine Mutter war Alfred immer der ideale Schwiegersohn gewesen. Ich war mir sicher, dass sie für meinen Schritt kein Verständnis aufbringen würde, zumal sie sich in ihrer Ehe mit vielem abgefunden hatte und bei ihrem Mann geblieben war. Selbst wenn sie gewollt hätte – und dafür sprach einiges –, wo hätte sie mit so vielen Kindern hingehen sollen?

Auch mein Vater hatte viele Zugeständnisse gemacht. Für meine Eltern war der Satz „… bis dass der Tod euch scheidet“ unumstößlich. Dieses Versprechen hatten sie einander gegeben, und daran hielten sie fest. Wie also ihnen meine Entscheidung erklären? Ich beschloss, als Erstes meinen Vater einzuweihen. Denn die Sorge, dass er den Kontakt mit mir abbrechen würde, wenn ich nicht seinen Vorstellungen entsprach, war groß. Wenn es mir gelänge, ihm auch nur ein bisschen Verständnis abzuringen, dann hätte ich schon viel gewonnen. Vater schätzte klare Entscheidungen und eindeutige Haltungen. Kompliziertes Hin und Her, Feigheit, Unentschlossenheit und unaufrichtiges Getue, das war ihm ein Gräuel. Ich wusste, bei Vater würde es ein klares Ja oder Nein geben: Entweder er stand zu mir oder er verwies mich des Hauses.

Ich fuhr also zu meinen Eltern nach Hause, wir tranken Kaffee, und als mein Vater ankündigte, dass er in der Scheune noch zu tun habe, folgte ich ihm.

„Vater, ich möchte dir etwas sagen.“

Er erkannte an meiner Stimme, dass es hier um eine ernsthafte Angelegenheit ging, und legte sofort die Säge, die er in seiner großen, schwieligen Hand hielt, weg. „Worum geht's?“

Ich legte los. Erzählte, wie unglücklich ich in meiner Ehe war, dass ich mein Leben von Grund auf ändern und in Wien leben wollte.

Mein Vater hörte zu, ohne mich zu unterbrechen. „Du wirfst also vierzehn Jahre Ehe weg?“, sagte er schließlich.

„Die Zeit unserer Ehe ist vorbei, das weiß ich genau. Es war eine gute Zeit, ich möchte sie nicht missen, aber nun muss etwas anderes kommen.“

Ich konnte sehen, wie es in meinem Vater arbeitete. Er stellte noch ein paar Fragen, wie ich mir das alles vorstellen würde, und ich erzählte, dass ich bereits eine Wohnung in Wien hätte. Meine Idee, eine Ausbildung zur Psychotherapeutin zu machen, erwähnte ich nur kurz. Immerhin wusste ich selbst noch nicht, wie ich das finanzieren und organisieren wollte.

Dass ich ihn als Ersten ins Vertrauen gezogen hatte, überraschte ihn sehr, denn üblicherweise besprachen wir immer alles erst mit Mutter.

Ich glaube, er schätzte das so sehr, dass er trotz seiner konservativen Wertvorstellungen zu mir stand. Er bot mir sogar an, mit den Kindern ins Elternhaus in den ersten Stock zu ziehen. Auch wenn ich dieses Angebot ausschlug, war ich ihm sehr dankbar dafür. Die quälende Frage, wie es wohl mit seiner Liebe zu mir aussähe, wenn ich mein Leben nach ganz anderen Wertvorstellungen als den seinen ausrichten würde, war damit beantwortet. Ich wusste, dass auch meine Mutter über eine Scheidung entsetzt sein würde, aber ihrer Liebe konnte ich mir immer sicher sein.

Rosi hat meinen Schilderungen konzentriert zugehört. „Genau das habe ich bei unserem Vater so einmalig gefunden", meint sie nun. „Es hat ja überhaupt nicht seinen Wertvorstellungen entsprochen, und trotzdem war man bereit, zu ihm Vertrauen zu haben, nicht nur zur Mutter zu gehen, sondern erst einmal ihn zu informieren. Über solches Vertrauen hat er sich besonders gefreut. Das hätte er sich, glaube ich, grundsätzlich von uns gewünscht. Leider hat er uns durch seine Erziehungsmethoden diese Möglichkeit erst mal nicht gegeben." Gedankenverloren schwenkt sie ihr Weinglas. „Mutter war ja eher so, dass sie immer alles getan hat, um uns auf ihre Seite zu ziehen. Ich glaube, die beiden wollten sich vor allem unserer Liebe zu ihnen gewiss sein", meint sie schließlich und fährt fort: „Als mir bewusst geworden ist, dass Vater die schönsten Jahre seines Lebens im Krieg verbringen hat müssen und erst mit 24 Jahren wieder aus dem Krieg zurückgekommen ist, da habe ich begonnen, Mitgefühl und sogar Mitleid für ihn zu entwickeln, und ich habe ihm überhaupt nicht mehr böse sein können, egal, was er gemacht hat. Ich war damals sechzehn Jahre alt, als uns in der Schule von den Gräueln des Krieges erzählt worden ist. Welches Elend, welches Leid, welche Herausforderung! Ich habe aus Erzählungen gewusst, dass unsere Familie gegen die Nazis eingestellt war, und trotzdem hat Vater sogar nach Stalingrad müssen. Nun, du warst sicher froh, dass Vater so reagiert hat, oder?"

„Ja, denn nach dem Gespräch mit Vater war mir eines klar: Er würde mich nicht fallen lassen. Ich war so erleichtert, aber auch völlig erschöpft."

„Und Mutter?"

„Natürlich hat sie mich sofort gefragt, was ich denn mit Vater so Wichtiges zu besprechen gehabt hätte. Ich habe ihr die Situation mit wenigen Sätzen erklärt – für mehr hat mir einfach die Kraft gefehlt. Gleich drauf habe ich mich verabschiedet. Ich habe sie förmlich sagen gehört: ‚Aber der Alfred ist doch so ein guter Mann! Nix hat er sich zuschulden kommen lassen, und du verlässt ihn, aus Jux und Tollerei.'"

„Ich weiß noch, dass du irgendwann untergetaucht bist und keinen Kontakt mehr zu Mutter gehabt hast. Mutter hat mich angerufen und beschworen, Kontakt zu dir aufzunehmen und dich zur Vernunft zu bringen. Ich hätte gerne mit dir geredet damals. Aber ich wollte dich nicht beeinflussen oder dir von Mutter ausrichten, dass du zurückgehen sollst."

„Ja, Mutter war tief gekränkt, dass ich zuerst Vater eingeweiht habe. Ganz wie ich erwartet habe, hat sie meine Entscheidung verurteilt. Sie hat mir auch einen Brief geschrieben. Warte, den habe ich auch irgendwo in dem Manuskript. Ah, hier, sie schreibt: ‚Habe mir viele Gedanken gemacht. Du weißt, wir haben dich immer gern. Obwohl unsere Ehe nicht beispielgebend war, legte ich immer großen Wert auf das Wort ‚Liebe' und glaubte, dieses Wort, in Taten umgesetzt, müsse alles Böse besiegen. Liebe ist: den Menschen, den man sich auserwählt hat, so anzunehmen, wie er ist. Ich könnte dir jetzt viele Beispiele von meinen Verwandten anführen, die ein heldenhaftes Durchhaltevermögen haben, das immer wieder zum Guten geführt hat. Es grüßt dich deine dich immer liebende Mutter.'

Rosi und ich schweigen einen Moment in Gedanken an unsere Mutter.

„Das Schöne ist, dass wir uns der Liebe unserer Mutter immer sicher sein konnten. Sie hätte uns nie im Stich gelassen, egal, was wir getan hätten", meint Rosi dann. „Sie hat großen Wert auf das Wort Liebe gelegt und sie auch in die Tat umgesetzt – zumindest uns Kindern gegenüber. Unserem Vater gegenüber habe ich nicht so viel gespürt. Sie hat ihn nicht angenommen, wie er war. Sie hat ihn so oft kritisiert, obwohl er tüchtig und vor allem auch sehr fleißig war. Wie hast du auf Mutters Brief reagiert? "

„Ich habe ihr auch einen Brief geschrieben. Für eine Konfrontation von Angesicht zu Angesicht habe ich mich noch nicht bereit gefühlt. Ich habe Folgendes geantwortet: ‚Du hast recht, liebe Mutter, es geht darum, einen Menschen in Liebe so anzunehmen, wie er ist. Ich glaube allerdings, die Grundvoraussetzung dafür ist, sich selbst zu akzeptieren. Das braucht jedoch Jahre der Reifung und der Auseinandersetzung mit sich selbst. Alfred und ich müssen jetzt erst einmal getrennte Wege gehen. Vielleicht können wir uns dann in unserem So-Sein akzeptieren. Ich habe einfach eine Beziehungsform übernommen, ohne mir Gedanken darüber zu machen, wie meine ganz persönliche Form aussehen könnte. Ich will mich ausprobieren und neu entdecken. Jetzt sind erst einmal ich und mein Leben dran. Über das ‚heldenhafte Durchhaltevermögen' reden wir noch. In Liebe, deine Tochter Klara.'"

Ich hebe den Kopf, um Rosis Reaktion zu sehen.

Sie nickt. „Du hast ehrlich geantwortet, gut so. Wie geht es weiter?"

Simon und ich lebten uns erstaunlich schnell in Wien ein. Wir genossen die Weltoffenheit, die Leichtigkeit und den fließenden Lebensrhythmus in der Großstadt. Ach, wie hatte ich Kunst, Kultur und die Kaffeehäuser vermisst! Japanisch, Chinesisch, Französisch, Italienisch, Spanisch – es gab so viele Möglichkeiten, verschiedene Esskulturen kennenzulernen.

Jeden Tag frühmorgens fuhren wir gemeinsam in die Schule. Mehr und mehr spürte ich jedoch, dass meine Zeit an der Schule vorbei war. Ich wollte weg von der Schule, raus aus dem ländlich-konservativen Umfeld. Ich hatte Angst, geistig zu verkümmern. Das Amt des Landesschulinspektors würde demnächst vergeben werden, und ich wurde gefragt, ob mich das interessieren würde. Ich fühlte mich geehrt, mein Berufswunsch ging jedoch in Richtung Psychotherapie, auch wenn die Ausbildungskosten sehr hoch waren. Diese Pläne musste ich vorerst wohl noch aufschieben.

Im Mai ließen Alfred und ich uns scheiden. Es war ein nüchterner Akt, sehr formell. Wir setzten unsere Unterschriften auf das Dokument und gingen anschließend einen Kaffee trinken – in elterlicher Verbundenheit, denn allein schon um der Kinder willen war es uns beiden ein Anliegen, so gut wie möglich miteinander auszukommen. Alfred hatte in den vergangenen Monaten auch gemerkt, wie glücklich ich mit meinem neuen Leben war. Er hatte die Trennung nach und nach akzeptiert.

Als im Juli die Sommerferien anbrachen, gönnte ich mir ein paar Tage Urlaub. Die vergangenen Monate waren furchtbar anstrengend für mich gewesen. Ich sehnte mich nach Ruhe, nach Ausspannen und Natur. Vier Tage verbrachte ich an einem See im Salzkammergut, ging baden, spazieren, las und dachte nach: über die vergangenen Monate, über meine Zukunft – und über Niklas. Seit einigen Wochen hatten wir wieder Kontakt. Wir hatten uns in Wien getroffen, und die alte Leidenschaft war sofort wieder aufgeflammt. Wenigstens war ich nun geschieden, und so konnte ich ohne schlechtes Gewissen unsere Affäre leben. Wir waren uns beide einig, dass wir keine feste Beziehung wollten, und genossen dieses luftig-leichte, von Spontanität, Leidenschaft und Spaß geprägte Verhältnis.

Nach diesem erholsamen Wochenende am See stieg ich entspannt in den Zug nach Wien. Ich freute mich auf meine Kinder, auf Niklas, auf meine Wohnung. Der Zug war voll, Sonntagnachmittag, Heimreisetag offensichtlich nicht nur für mich. Das Abteil teilte ich mit zwei jungen Mädchen und einem Paar in meinem Alter. Die Gespräche zwischen den vieren plätscherten gemächlich dahin; ich beteiligte mich kaum daran. Ich wollte in Ruhe meinen Gedanken nachhängen, aus dem Fenster blicken und das Wochenende ausklingen lassen. So streifte mein Blick auch nur kurz den Mann, der im Vorübergehen in unser Abteil spähte. Wir hatten für den Bruchteil einer Sekunde Blickkontakt, dann wandte ich mich ab. Er kam jedoch in unser Abteil und nahm freundlich in die Runde grüßend Platz. Kurz bevor wir Wien erreichten, erzählte er mir, dass ihm dieser kurze Blickwechsel genügt hatte, um zu wissen, dass er mich kennenlernen wollte.

Georg war Generaldirektor einer amerikanischen Firma, die ihren Sitz in Holland hatte. Als gebürtiger Tscheche hatte er den Kommunismus erlebt, lange Zeit in arabischen Ländern gelebt und war nun wieder in Europa zu Hause, und zwar in Den Haag. Gewohnt, sich unter unterschiedlichsten Menschen zu bewegen und auf sie einzugehen, hatte er bald alle im Abteil in ein Gespräch verwickelt. Ich hörte anfangs nur halbherzig hin, aber schließlich musste auch ich über seine amüsanten Anekdoten und Geschichten lachen. Als ein Mitarbeiter des Speisewagens an unserem Abteil vorbeikam, bestellte Georg Champagner für alle. Mit Schwung öffnete er die Flasche, schenkte uns allen ein und erhob sein Glas: „Auf eine fröhliche Zugfahrt mit netten Menschen!“ Dabei blickte er mich an.

Die beiden Mädchen und auch das Paar stiegen wenig später aus. Überschwänglich bedankten sie sich bei Georg für die Einladung. „Das war unser erster Champagner, Herr Georg“, kicherten die beiden Mädchen. „Dann behaltet mich mal in guter Erinnerung“, lächelte er. Dann saßen nur noch wir beide im Abteil. Georg reichte mir ein weiteres Glas Champagner. „Erzählen Sie mir von sich!“, forderte er mich auf. Ich erwähnte anfangs nur ein paar Eckdaten, behauptete außerdem, dass ich verheiratet sei. Mir war dieser Charmeur mit seinem weltmännischen Auftreten nicht ganz geheuer. Er hörte so aufmerksam zu, fragte und kommentierte mit so aufrichtigem Interesse, dass wir umgehend ein intensives Gespräch führten. So erfuhr ich auch einiges über ihn. Georg hatte in seinem Leben verschiedene politische Systeme und Kulturen kennengelernt: Für ihn hatten all diese Systeme mit ihren unterschiedlichen Normen keine Relevanz mehr. Diese Tatsache, dass er Normen keine Bedeutung beimaß, übte auf mich eine große Faszination aus. Wir verabschiedeten uns herzlich und tauschten Telefonnummern aus.

Als Georg einige Wochen später wieder nach Wien kam, rief er mich sofort an und lud mich zum Abendessen ein, ins Hilton am Stadtpark. Ich war neugierig auf dieses Wiedersehen. Georg saß bereits im Restaurant, als ich es betrat. Mit einem strahlenden Lächeln sprang er auf, umarmte mich und drückte fest meine beiden Hände. „Ich freue mich so sehr, dich wiederzusehen, Klara!“ Ich merkte, dass auch ich mich aufrichtig freute. Georg war zwanzig Jahre älter als ich, hatte kluge, neugierig blickende Augen, schon etwas schütteres Haar, und ein kleiner Bauchansatz ließ das Sakko etwas spannen. Nein, er war nicht unbedingt attraktiv, aber Georg strahlte viel Wärme und Herzlichkeit aus, das berührte mich sehr.

Georgs Interesse an mir war nicht zu übersehen. An diesem Abend beschloss ich, rückhaltlos ehrlich zu ihm zu sein. Ich beichtete, dass ich eigentlich gar nicht mehr verheiratet war, ein Verhältnis mit einem wesentlich jüngeren Mann hatte und mich derzeit nicht binden wollte. Georg hörte zu, ohne mich zu unterbrechen. Ich beendete meinen Vortrag mit einem Seufzer: „So sieht's aus bei mir.“ Georg beugte sich über den Tisch, nahm meine Hand und sah mir in die Augen: „All das spielt keine Rolle. Ich will mit dir zusammen sein.“

„Georg war wirklich lieb zu dir“, seufzt Rosi. „Er hat dich geliebt. Er war sehr erfahren und hat natürlich gewusst, dass er dies alles akzeptieren musste, wenn er dich gewinnen wollte. Und das wollte er.“

„Viel wichtiger war, dass Georg meine Kinder geliebt hat und sie ihn. Georg war in jeder Hinsicht großzügig. Ich habe an seiner Seite ein sehr luxuriöses Leben gelebt – mit Fünf-Sterne-Hotels und Armani-Kostümen. Das gehörte ab nun zu meinem Lebensstil.“

„Und was war mit Niklas?“

„Mit Niklas habe ich mich weiterhin getroffen. So sehr ich Georg geschätzt, ja geliebt habe – Niklas war inzwischen ein Teil meines Lebens. Er hat diese andere Seite von mir verkörpert, die jung, spontan und übermütig sein wollte. Heute bin ich Niklas außerdem dankbar, weil ich durch ihn den Absprung in mein neues Leben geschafft habe.“

„Wie das?“

Niklas war inzwischen Co-Pilot geworden. Kurz vor Weihnachten sollte er auf die Malediven fliegen. „Komm doch mit“, meinte er, „ich bin eine Woche dort, wir könnten eine herrliche Zeit miteinander verbringen.“

Ich schüttelte bedauernd den Kopf: „Das ist mitten im Schuljahr. Ich kann nicht einfach weg."

„Schade", seufzte Niklas.

Damit hätte diese Idee eigentlich vom Tisch sein sollen. Doch da war noch eine Stimme in mir, die sich nicht zum Schweigen bringen ließ. Sie flüsterte: Und wenn du es doch einfach tust? Wenn du kündigst, eine Woche Urlaub mit Niklas genießt und dann machst, was du eigentlich schon lange willst, nämlich die Ausbildung zur Gestalttherapeutin? Irgendwann musst du auch diesen Sprung wagen, wenn du deinen Traum verwirklichen willst. Und ich wagte den Sprung! Ich sagte mir: Diese Gelegenheit mit den Malediven kommt nicht zufällig. Das ist jetzt der richtige Moment, endgültig das Kapitel Schule abzuschließen. Ich kündigte. Beim Abwickeln der Formalitäten entdeckte ich, dass die Abfindung, die man mir ausbezahlen würde, die Kosten meiner Ausbildung zur Gestalttherapeutin decken würden. Damit war ich zumindest eine Sorge los.

Die Woche auf den Malediven war ein Traum aus türkisem Meer, weißen Stränden, exotischen Früchten und ausgelassenen Tagen und Nächten. Manchmal streifte mich die Sorge um meine Zukunft: Wie würde das alles finanziell aussehen? Mit der Abfindung konnte ich zwar meine Ausbildung bestreiten, nicht aber meinen Lebensunterhalt. Immerhin hatte mir der Direktor des Pädagogischen Institutes, als er von meiner Kündigung erfuhr, angeboten, weiter in der Lehrerfortbildung mitzuarbeiten. Zusätzlich hatte Georg mir den einen oder anderen kleinen Job in Aussicht gestellt, darauf hoffte ich sehr. So gelang es mir immer wieder, diese trüben Gedanken zu verscheuchen.

Braun gebrannt und erfüllt von Sonne und Meer kehrte ich nach Wien zurück. Georg, dem ich noch nichts von meiner Kündigung erzählt hatte, würde in wenigen Tagen nach Wien kommen. Zeit, auch ihn über meine Entscheidung ins Bild zu setzen. Er reagierte genauso, wie ich das erwartet hatte: „Du lebst deinen Traum, das finde ich gut." Dann der überraschende Satz: „Lass mich dir helfen. Ich könnte die Miete zahlen."

Ich war völlig perplex. „Aber Georg, das kann ich nicht annehmen!"

„Natürlich kannst du das. Das ist die beste Verwendung für mein Geld, die ich mir vorstellen kann."

Georg blieb hartnäckig, und ich ließ mich schließlich gerne darauf ein. Seine großzügige Geste bedeutete eine enorme Erleichterung für mich, und dafür war ich ihm sehr dankbar.

Der nächste Schritt, der nun für mich anstand, war die Anmeldung zum Auswahlseminar für die Gestalttherapie. Ich rief den Verantwortlichen an, einen Herrn Wasilek. Das Gespräch verlief seltsam. Nachdem ich Herrn Wasilek erzählt hatte, dass ich bei dem Selbsterfahrungsseminar Feuer gefangen hatte und nun gerne die Ausbildung in Gestalttherapie machen wolle, stellte er mir einige Fragen, vor allem über meine Erfahrungen im Therapiebereich, und da hatte ich natürlich nicht viel vorzuweisen. Irgendwann kam auch meine private Situation zur Sprache, und er fragte mich: „Halten Sie es wirklich für eine gute Idee, so knapp nach der Scheidung und all den Veränderungen in Ihrem Leben eine Ausbildung zur Gestalttherapeutin zu machen?"

„Ich habe mir das gut überlegt und halte den Zeitpunkt für den richtigen", antwortete ich konsterniert.

„Nun, ich melde mich bei Ihnen, wenn wir mit allen Interessenten gesprochen haben."

Ich war irritiert. Das Gespräch war anders verlaufen, als ich es mir vorgestellt hatte. Ich beschloss, erst mal eine Nacht darüber zu schlafen. Das ungute Gefühl war jedoch auch am nächsten Morgen noch da. So wollte ich das alles nicht stehen lassen. Beim Frühstück beschloss ich, nach Salzburg zu fahren, um persönlich mit Frau Wanner zu sprechen, die das Seminar leiten würde. Als ich ihre Praxis betrat, telefonierte sie gerade und deutete mir mit einer Handbewegung, mich zu setzen. Sie war mir auf Anhieb sympathisch: ein lebhafter, offener Blick, ein freundliches Lächeln. Das Gespräch mit ihr verlief dann auch viel entspannter als jenes mit Herrn Wasilek. Als wir uns verabschiedeten, meinte sie: „Ich würde mich freuen, Sie im Seminar begrüßen zu können, und ich werde das bei Herrn Wasilek deponieren." Erleichtert fuhr ich zurück nach Wien.

Um nicht völlig ohne Therapieerfahrung das Gestaltauswahlseminar anzutreten und zumindest etwas vorweisen zu können, schrieb ich mich für ein Gruppendynamikseminar ein. Es dauerte vier Tage, am vierten Tag sollte dann mein Auswahlseminar für eine Gestaltausbildung beginnen. Das war natürlich ungünstig, ich ging jedoch davon aus, erklären zu können, dass ich einen Tag früher wegmusste. In diesem Punkt hatte ich mich allerdings gründlich geirrt. Der Leiter des Gruppendynamikseminars reagierte höchst aufgebracht, als ich ihm mitteilte, dass ich am Ende des dritten Tages abreisen müsste. „Das ist nicht akzeptabel und völlig unprofessionell", schnauzte er mich an. „Unter diesen Umständen werde ich Ihre Teilnahmebestätigung nicht unterschreiben." Ich blickte ihn entsetzt an. „Aber auf diesem Gestaltseminar ruht meine ganze Hoffnung. Dass sich die Termine überschneiden, ist einfach dumm gelaufen."

Er brummelte noch eine Weile vor sich hin, aber schlussendlich unterschrieb er das Zertifikat doch. Aufgewühlt von diesen drei Tagen reiste ich anschließend nach Salzburg, wo das Gestaltauswahlseminar stattfand.

Rosi hat ihren Kopf auf ihre Hände aufgestützt und sieht sinnierend in die Ferne. „Ich war nicht so mutig wie du. Früher war ich immer die Mutigere, aber das, was du damals in der Zeit zustande gebracht hast – da war und bin ich bis heute weit davon entfernt. Ich glaube, ich hätte auch gar nicht das Bedürfnis gehabt, so ein Leben zu führen. Ich habe mir das immer so erklärt, dass ich mich in jungen Jahren halbwegs ausgelebt habe … bis zu meiner Heirat. Und deshalb bin ich dann bereit gewesen, lange Zeit nur mit Ludwig zusammen und ihm treu zu bleiben, sogar damals noch, als wir uns schon auseinandergelebt haben.“ Sie räuspert sich. „Wie war denn dann dieses erste Gestaltseminar?“

Das Seminar begann damit, dass wir unser Lebenspanorama zeichnen mussten. Das war in meiner damaligen Situation keine einfache Aufgabe, dennoch war die Sonne ein zentrales Element in meiner Zeichnung. Anschließend stellten wir einander unsere Lebenspanoramen vor. Als ich an der Reihe war, kam alles, was mich beschäftigte, zur Sprache: die Trennung von Alfred, die Sorge, wie meine Kinder die Trennung der Eltern und auch die voneinander verkraften würden, meine Zukunftsängste, meine Eltern, der Tod meines Bruders. Es war ein Kraftakt, danach fühlte ich mich jedoch wie gereinigt. Umso mehr traf mich der Kommentar von Stefan, einem der Seminarteilnehmer: „Als du vom Tod deines Bruders gesprochen hast, habe ich keine Trauer gespürt.“ Das war wie ein Schlag vor den Kopf. Bevor ich etwas sagen konnte, griff der Seminarleiter ein. „Damit wird sich Klara – wenn sie es für richtig hält – in der Ausbildung beschäftigen. Wir haben viel Zeit für solche Prozesse.“

So verlief mein Einstieg. Ich bekam eine leise Ahnung davon, was mich erwartete, war jedoch bereit für die große Auseinandersetzung mit mir selbst. Ich war dabei, mein Leben neu zu gestalten, und hatte in meiner Ausbildung die Möglichkeit, das zu reflektieren. Ich war dabei, mich auszuprobieren, konnte über meine Erfahrungen in den Seminaren und meiner Lehrtherapie erzählen und erhielt das Feedback anderer. Es war die optimale Begleitung. Ich wurde gefordert und gleichzeitig auch aufgefangen.

Tief drinnen in meiner katholisch geprägten Seele schlug ich mich noch mit den Normen herum, die mein Leben zwar einerseits beschränkten, ihm aber auch Form gegeben hatten. Konnte und durfte ich mich von all dem befreien und lossagen? Das war eine Lebensaufgabe, eine, die nicht geradlinig verlief.

„Ich glaube, da bist du am weitesten von uns Schwestern gegangen", meint Rosi mit etwas Bewunderung in der Stimme. „Am frühesten hat sich wohl Martha von den Fesseln unserer Kindheit befreit. Sie ist, als sie noch sehr jung war, nach München gegangen und aus der Kirche ausgetreten, was in unserer Familie ziemlichen Mut erforderte. Johanna hat sich zwar von den Normen des Elternhauses gelöst, ist jedoch sofort in eine neue Rolle geschlüpft, in der sie bis heute gefangen ist. Und Katharina lebt ja sowieso ein konservatives Leben, das war schon immer so. Sie hat das auch nie infrage gestellt. Veronika lebt im Grunde auch ein konventionelles Leben. Sie denkt möglicherweise etwas unkonventionell, lebt aber innerhalb der gesellschaftlichen Normen. Veronika ist der Familienmensch schlechthin. Das Wichtigste ist ihr der Familienzusammenhalt. Was mich betrifft", so meint Rosi weiter, „so frei, wie du in dieser Zeit gedacht und gelebt hast, habe ich nie denken oder leben können und wollen. Gleichzeitig hätte ich mich nie so beschneiden lassen können oder wollen, wie du das in deinen vierzehn Ehejahren getan hast. Du hast unglaubliche Extreme gelebt und dich darin wohl gefühlt."

Nach einigen Monaten stellte ich Georg auch meinen Eltern vor. „Ein g'scheiter Mensch, und trotzdem so bodenständig", meinte Vater. Meine Mutter merkte nur an, dass Georg doch sehr viel älter sei als ich. Georg erreichte, dass der Wein unseres Vaters im Hilton Plaza in Wien und im Sheraton Hotel in Salzburg verkauft wurde. Damit gewann er die besondere Hochachtung meines Vaters.

Eine Episode aus der Zeit mit Georg ist mir besonders in Erinnerung geblieben: Wir waren in Salzburg, wo wir uns meistens nach meinen Ausbildungswochenenden am Fuschlsee trafen. Ich probierte in einer exklusiven Boutique in der Innenstadt von Salzburg ein extravagantes Kleid aus oranger Moiréseide an. Es kostete 10 000 Schilling, ein kleines Vermögen, weil es mir jedoch so ausnehmend gut gefiel, bat ich Georg, sich das Kleid mit mir anzusehen. Er war nicht sehr angetan davon und fand, dass es viel zu auffällig war. Damit ich nicht auf die Idee käme, dass es am Geld lag, bot er mir an, mir in Wien ein Kleid auszusuchen, das er dann bezahlen würde. Ich stöberte in Wien in mehreren Geschäften, kein Kleid hielt jedoch dem Vergleich mit diesem Traum aus oranger Seide in Salzburg stand. Also rief ich dort an und fragte, ob sie mir das Kleid schicken würden. Ohne irgendeine Garantie sandte die Geschäftsinhaberin mir das Kleid per Bahnexpress zu, und ich packte es freudestrahlend aus. Jetzt musste ich es nur noch Georg beibringen, der am Nachmittag in Wien ankommen würde. Für den Abend hatten wir Karten für die Staatsoper: Lohengrin-Premiere mit Placido Domingo. Da wollte ich das Kleid anziehen. Als ich mich Georg präsentierte, war er begeistert. Vor allem davon, wie mir dies alles ohne Anzahlung und ohne Garantie gelungen war. Er kaufte mir sogar noch Schuhe und eine Tasche dazu. In der Oper flüsterte er mir zu: „Du siehst toll aus in dem Kleid!“ In diesem Kontext gefiel es ihm nun auch. So war er, unkonventionell denkend, großzügig und glücklich darüber, mit mir und den Kindern zusammen zu sein.

„Georg ist ein Traumprinz gewesen, so was gibt es eigentlich nur im Film. Andererseits hätte ich so einen Mann auch nicht geheiratet. Er war ja so alt wie unsere Mutter. Erstaunlich, wie frech du warst, dass du dir das Kleid so selbstverständlich hast schicken lassen und es dann auch noch Georg präsentiert hast, damit er es bezahlt“, merkt Rosi etwas kritisch an.

„Bloß, dass ich mich nicht binden und frei leben wollte, hat Georg nur widerwillig akzeptiert. Er hat nie die Hoffnung aufgegeben, dass ich mich eines Tages doch noch ganz für ihn entscheiden würde. Mir war aber meine Freiheit wichtig, und ich war zu dieser Zeit schonungslos ehrlich. Ich wollte mich nicht mehr verstecken und Zugeständnisse machen.“

„Darüber, dass du mehrere Beziehungen gleichzeitig gelebt hast, haben wir uns ja später öfter unterhalten. Für mich wäre das nie infrage gekommen. Bis heute denke ich so. Wenn eine neue Beziehung beginnt, dann gebe ich die alte sofort auf. Beziehungsweise lass ich eine neue nur zu, wenn eine alte zu Ende gegangen ist.“

„Ich habe damals keine moralischen Bedenken gehabt, zwei Beziehungen gleichzeitig zu führen. Ich wollte dieses bürgerliche Denken einfach hinter mir lassen“, versuche ich Rosi zu erklären. „Aber weil Georg anders gedacht hat als ich, hat es sich manchmal wie ein Drahtseilakt angefühlt, oder wie kunstvolles Jonglieren. Die folgende Episode veranschaulicht das sehr deutlich.“

Zu Weihnachten wollte Georg mir einen Ring kaufen. Er wohnte wie immer, wenn er nach Wien kam, im Hilton am Stadtpark mit Blick auf den Stephansdom. Georg liebte schöne Ausblicke, deshalb stieg er in

Genf auch immer im Intercont ab, er hatte dort die Suite mit Blick auf den Mont Blanc, in Paris eine Suite mit Blick auf den Eiffelturm. Ich war mit Georg zum Frühstück im Hilton verabredet und am Abend davor früh ins Bett gegangen. Mitten in der Nacht läutete es an der Tür. Verschlafen fragte ich durch die Gegensprechanlage: „Wer ist da?"

„Hier ist jemand, der vor Sehnsucht nach dir vergeht!", schallte mir Niklas' Stimme entgegen. Natürlich brachte ich es nicht übers Herz, ihn einfach wegzuschicken. Ich öffnete die Haustür und hörte, wie Niklas rasant die Treppen zu meiner Wohnung hinaufsprintete. Bevor ich etwas sagen konnte, hatte er mich schon in seine Arme gerissen, küsste mich und flüsterte in mein Ohr, wie sehr ich ihm gefehlt hätte – und schon lagen wir im Bett.

Am nächsten Morgen schlüpfte ich unter der warmen Bettdecke hervor, kramte meine Kleidung aus dem Schrank und schloss leise die Tür meines Schlafzimmers. Niklas schlief tief und fest. Ich musste zum Frühstück mit Georg, bevor wir dann bei einem Wiener Juwelier einen Ring aussuchen wollten. Georg begrüßte mich wie immer liebevoll, wir frühstückten gemütlich, erzählten einander, was während der letzten Wochen alles geschehen war, und gingen dann Arm in Arm zum Juwelier, um mein Weihnachtsgeschenk zu kaufen. Unter normalen Umständen wären wir danach zu mir nach Hause gegangen, aber da lag Niklas vermutlich noch in meinem Bett. Ich erfand eine Ausrede. „Ich muss noch etwas erledigen", sagte ich, und obwohl ich sehen konnte, wie enttäuscht Georg war, verabschiedete ich mich. „Lass uns am Abend zusammen essen, ja?", fragte Georg.

Wie vermutet, räkelte sich Niklas noch genießerisch in meinem Bett. Unwiderstehlich. Ich verbrachte verrückte, leidenschaftliche Tage und Nächte mit Niklas. Mit ihm gab es immer Spontanaktionen. Mal gingen wir um zwei Uhr nachts noch aus, ein anderes Mal flogen wir um vier Uhr früh mit einem seiner Flugschüler nach Dubrovnik oder mit der Crew kurzfristig auf die Malediven, nach Dubai oder Skifahren … Was hatte ich davor doch für ein durchgeplantes Leben geführt!

Genauso gerne war ich mit Georg unterwegs, meinem Fels in der Brandung. Er verwöhnte mich und die Kinder mit Urlauben in teuren Hotels und ermöglichte uns ein Leben in ungewohntem Luxus. Mit niemandem sonst konnte ich so ausdauernd streiten wie mit ihm: über unterschiedliche Lebensansichten, politisches und soziales Verhalten, oft aber auch nur über Kleinigkeiten. Es war ein Schlagabtausch, keiner gab nach. Ich dachte, er müsste doch vernünftiger sein, schließlich war er der Ältere. Die Argumente flogen hin und her, und ich genoss es, nicht einzulenken, sondern hartnäckig meinen Standpunkt zu vertreten. Georg war niemals beleidigt.

Für meinen Sohn Simon schien es normal zu sein, dass es verschiedene Männer in meinem Leben gab. Mit einer nicht so beständigen dritten Beziehung konfrontierte ich ihn dann allerdings nicht mehr. Meine Tochter sowieso nicht, denn für Cäcilie war mein Leben eine einzige Provokation. Sie wünschte sich eine Mutter, die ein ruhiges, beschauliches Leben führte, nicht eine, die alle Konventionen infrage stellte. Als ich einmal eine Bemerkung über Georgs Eifersucht machte, meinte Cäcilie: „Aber Mama, er ist es ja zu Recht!"

Während Simons Pubertät hatte ich volles Verständnis für all seine Eskapaden, Experimente und Ideen, für das Schuleschwänzen und das Basteln an seiner Vespa bis in die Nacht hinein. Schule sahen wir beide als etwas, wo man durchmusste, aber auf gar keinen Fall sollte man dadurch das Leben versäumen. Simon gestaltete jedes Jahr den Schulalltag bis zum Schulschluss aufregend, denn nur eine Prüfung zwischen vier und fünf war für ihn interessant. Ich fand dieses Draufgängertum toll. Mir wäre das in meiner Schulzeit zu aufreibend gewesen: Ich hatte zumindest ausreichend gelernt, um am Schulschluss keinen Stress zu haben.

Rosi schmunzelt. „Sogar in der Erziehung deiner Kinder hast du dich verändert. Ich habe meine Kinder von Anfang an sehr frei erzogen. Du und Alfred, ihr seid diesbezüglich viel traditioneller gewesen. Und dann bist du so frei und großzügig geworden.

„Stimmt, als Simon und ich in Wien gelebt haben, da ist es bei uns zu Hause sehr entspannt zugegangen. Das hat sich auch bei seinen Freunden schnell herumgesprochen. Sie haben sich wohl bei uns gefühlt, und meine Wohnung in der Innenstadt ist zu einer Art Übernachtungsquartier geworden. Mir haben ihre oft pubertären, aber noch offenen Ansichten gut gefallen. Und persönliche Freiheit ist mir als das höchste Gut erschienen. So hat es von meiner Seite für die Burschen ein paar grundlegende Regeln einzuhalten gegeben und dazwischen ganz viel Freiheit. Für die meisten von ihnen mehr, als sie von zu Hause gewohnt waren.

„Da warst du vermutlich bei vielen Eltern dementsprechend schlecht angeschrieben, oder?", fragt Rosi.

„Ach, das hat mich wenig gekümmert. Andere Eltern sind auch froh gewesen, ihre Söhne, mit denen es unter Umständen gerade Probleme gegeben hat, bei mir abgeben zu können. Einmal haben zwei Burschen über die Osterferien bei mir gewohnt. Zu den Osterfeiertagen habe ich sie dann ins Auto gesetzt und den überforderten und dankbaren Eltern zurückgebracht."

„Da bist du aber ganz schön locker geworden. Das war sicherlich für die Entwicklung von deinen Kindern sehr gut", meint Rosi zu dieser Episode. „Wie schön, dass du machen hast können, was du wolltest. So frei war es natürlich bei mir nicht, denn wenn man in einer Beziehung lebt, muss man sich einfach mehr abstimmen. Aber in gewisser Weise habe ich auch immer für gewisse Freiheiten gekämpft."

„Dabei war mein Leben trotzdem gut durchgeplant, obwohl ich es viel freier gestaltet habe. Immerhin musste ich drei Beziehungen auseinanderhalten, halbwüchsige Kinder aufziehen, eine intensive Ausbildung absolvieren und einen neuen Berufseinstieg planen. Ich bin heute noch erstaunt, wie ich das alles in dieser Zeit geschafft habe. Zum Glück habe ich über all das mit meinen Freunden in meiner Ausbildung reden können und mich austauschen können und beraten lassen."

„Zu der Zeit, als du dein aufregendes Leben mit drei Männern geführt hast, ist Chiara auf die Welt gekommen", stellt Rosi fest. „Bei mir hat damit der zweite Abschnitt eines biederen Familienlebens begonnen. Cornelius hat sich immens über das kleine Mädchen gefreut, er war zärtlich zu ihr, hat sie herumgetragen, sie gewickelt und sich viel mit ihr beschäftigt. Seine ersten Worte, als er seine kleine Schwester zum ersten Mal gesehen hat, waren: ‚Kannst noch ein paar kriegen?' Was für ein lieber Bruder! Es ist mir gar nicht bewusst gewesen, dass er sich so sehr ein Geschwisterchen gewünscht hat", erzählt Rosi etwas traurig. „Wäre mir das eher klar gewesen, hätte ich ihm zuliebe schon viel früher noch ein Kind bekommen. Aber ich war so verunsichert, weil ich beruflich dann noch weniger hätte machen können und Ludwig nie den Wunsch nach einem weiteren Kind geäußert hatte."

„Während ich beseelt davon war, genau das Leben zu führen, das ich wollte, mit den Möglichkeiten, die es mir gegeben hat, zu experimentieren und gleichzeitig in meiner Ausbildung darüber sprechen zu können."

„Ich vermute, Verhaltensweisen kann man nur verändern, wenn das tiefe Bedürfnis in einem vorhanden ist, ein anderes Leben zu führen. Wenn das nicht vorhanden ist, dann komme ich doch gar nicht auf die Idee, etwas zu ändern. Bei dir war das ganz besonders ausgeprägt. Das war ja förmlich ein Drang …"

„Das hat mich aber auch an meine Grenzen geführt. Gleichzeitig war mir klar: Wenn wir lernen zu erkennen, wie weit wir gehen können und was wir uns wirklich zutrauen können, dann übernehmen wir auch selbst Verantwortung für diese Veränderungen. Therapeuten können uns bei solchen neuen Erfahrungen begleiten, doch wie diese konkret aussehen, welche Bereiche sie wirklich betreffen, das bestimmt der Mensch, der in Therapie geht."

„Nun, neue Erfahrungen hast du ja gerade zur Genüge gemacht."

11.

Nach dem Auswahlseminar war mir klar, dass ich während der Ausbildung zur Gestalttherapeutin auf allen Ebenen mit mir selbst konfrontiert sein würde, mit meinem Leben, meinen Ängsten und Wünschen, Fehlern, meinen Stärken und Schwächen. Das ängstigte mich einerseits, beeindruckte mich andererseits jedoch auch und erfüllte mich mit großer Freude. Ich wollte all dem, was mich geprägt und zu dem Menschen, der ich war, gemacht hatte, auf den Grund gehen. Mir war klar, dass das auch schmerzhaft sein würde, aber dem wollte ich mich stellen.

Ich vertiefte mich in die Bücher von Fritz Perls. Die Gestalttherapie nach Fritz und Laura Perls war Teil einer neuen soziokulturellen Bewegung, in der Autonomie und Kreativität gefördert wurden. Es ging darum, sich vom erstickenden gesellschaftlichen „Sollte“ und von den Familiennormen zu befreien, um dadurch das Vertrauen in das eigene Potenzial zu gewinnen. Wenn wir uns zu sehr anpassen, dann verlieren wir unseren Weg, er ist dann von fremden Werten geprägt und entspricht nicht unserem Selbstausdruck. Fritz Perls meint, man kann nur das verwirklichen, wofür das Potenzial vorhanden ist: „Das Weizenkorn wird sich als Weizenpflanze verwirklichen, aber nie als Roggenpflanze.“

Drei Jahre lang sollte ich nun einmal pro Monat abwechselnd an verschiedene Orte in die Gestaltausbildung und in die Bioenergetikfortbildung fahren. Ich erinnere mich noch gut an das erste Ausbildungswochenende. Neugierig, aber auch etwas ängstlich betrat ich das Landgasthaus, in dem die Ausbildung stattfand – und das mir in den folgenden Jahren so vertraut werden sollte. Es liegt etwas außerhalb eines reizenden kleinen Ortes. Vieles ging mir durch den Kopf: Was würde mich hier erwarten? Wie würde ich – mit meiner geringen Erfahrung mit Therapie und Selbsterfahrung – die Konfrontation mit mir, meinem Leben, meinen Unzulänglichkeiten, meinen Ängsten erleben? Würde es ein schmerzhafter Prozess sein? Würde ich die Fähigkeiten haben, eine gute Psychotherapeutin zu werden?

Unser Ausbildungsleiter, der uns die nächsten zwei Jahre begleiten sollte, stand an der Tür und begrüßte jeden Einzelnen mit einem festen Händedruck und einem freundlichen Lächeln. Als Walter sich mir zuwandte, dachte ich, dass es sich bei ihm um einen geerdeten und dabei trotzdem feinfühligen Menschen handelte. Das war mein erster Eindruck, und der bestätigte sich auch später. Die Ruhe und Gelassenheit, die er ausstrahlte, nahmen mir etwas von meiner Nervosität, und ich fasste sofort Vertrauen. Bereits zuvor hatte ich gehört, dass er sich ernsthaft mit spirituellen Themen auseinandersetzte, und auch das nahm mich für ihn ein.

Ich lernte auch die anderen Teilnehmerinnen und Teilnehmer des Lehrgangs kennen, wir waren insgesamt sechzehn Personen unterschiedlichen Alters und mit unterschiedlichen beruflichen Erfahrungen. Ich war unter den Älteren in der Gruppe. Um damals eine Psychotherapieausbildung machen zu können, musste man Arzt oder Psychologin sein oder zehn Jahre in einem pädagogischen oder sozialen Beruf gearbeitet haben. Einige der Teilnehmer waren mir sofort sympathisch. Ich erkannte in ihnen dieselbe neugierige Aufgeregtheit, die auch in mir selbst war.

Durch das gemeinsame Interesse an der Ausbildung gerieten wir schon bald in sehr intensive Gespräche. Dennoch verhielt ich mich am Anfang zurückhaltend und hörte vor allem zu. Das erste Seminar war ziemlich unstrukturiert, und das irritierte mich. Walter erklärte uns, dass in einer dreijährigen Ausbildungsgruppe etwas anderes erforderlich sei als in einem einmaligen Seminar. „Deshalb beginnen wir bewusst langsam, mit wenig Struktur“, sagte er in seiner bedächtigen Art, „denn dadurch können Ängste und Spannungen gespürt und beachtet werden. Mit zu viel Struktur würde man das übergehen. Uns geht es darum, das zu erkennen, was wir vermeiden.“

Den anderen Teilnehmern war die Art, wie ich zuvor gelebt hatte, fremd. Ich hatte noch nie einen Joint geraucht, schlug mir nicht die Nächte in Diskotheken um die Ohren, hörte nur klassische Musik und ging manchmal sonntags zur Kirche. Für die meisten unvorstellbar damals. Menschen wie ich waren gemeinhin nicht die, die sich für eine Psychotherapieausbildung entschieden. Die Welt der anderen war eher von den 68er-Jahren geprägt, das trifft auch auf die Gestalttherapie zu. Diese ungestüme Zeit war an mir in meiner Jugend fast unbemerkt vorübergegangen. Ich merkte, dass ich langsam in diese neue Welt hineinwachsen musste. Ich musste herausfinden, wo mein Platz war, wann ich bereit war, mein Innerstes preiszugeben. Vorsichtig tastete ich mich heran; anfangs noch etwas unsicher, doch zunehmend selbstbewusster.

Bereits an diesem ersten Wochenende war mir klar, dass hier ein aufregender Lebensabschnitt begann, ein Prozess der Veränderung. Die Gestalttherapie mit ihrem optimistischen Menschenbild und mit der grundgelegten Annahme, dass sich der Mensch in einem ständigen Prozess des Wachstums befinde, war genau das Richtige für mich. Ziel war ein erfülltes Leben, in dem man seine Fähigkeiten und Begrenzungen erkannte, und genau das suchte ich. Jetzt ging es um mich selbst, um meine Entwicklung. Die Träume meiner Jugend hatte ich realisiert, ich hatte eine Familie gegründet und war beruflich erfolgreich. Mein innerstes Wesen zu erkennen und diesem zum Ausdruck zu verhelfen, das stand mir aber noch als große Aufgabe bevor. Dabei würde mir diese Ausbildung helfen, dessen war ich mir sicher.

Rosi blickt nachdenklich aus dem Fenster. „Jetzt, wo ich das höre, frage ich mich, ob ich die Träume meiner Jugend realisiert habe. Welche Träume habe ich gehabt? Ehe und Kinder haben für mich eigentlich keine Priorität gehabt. Ich glaube, ich habe gar keine Träume gehabt." Rosi wirkt etwas ratlos, aber dann lächelt sie. „Doch, einer fällt mir ein: Ich wollte sehr gerne Schauspielerin werden. Ich habe mich aber nicht für begabt genug gehalten und es dann gar nicht ausprobiert. Außerdem habe ich mir dafür von zu Hause keine Unterstützung erwartet, obwohl mich Mutter sogar einmal explizit danach gefragt hat, ob ich nicht Schauspielerin werden wollte. Ich habe mit ‚Ja, vielleicht' geantwortet. Da sie dann aber nichts dergleichen für mich unternommen hat, ist auch nichts daraus geworden. Da kannst du jetzt vielleicht darüber lachen, aber ich war es irgendwie gewöhnt, dass alles für mich in die Wege geleitet wurde", berichtet Rosi.

„Natürlich lache ich nicht darüber", entgegne ich empört.

Rosi blinzelt mir zu. „Das weiß ich doch. Was mir noch einfällt: Es gab eine Eiskunstläuferin, die mir besonders gefallen hat, eine gewisse Regine Heitzer. So etwas hätte ich auch gerne gemacht. Dafür müssen aber die Voraussetzungen in einer Familie geschaffen werden, damit du bereits als Kind zum Trainieren angeleitet wirst. Aber das war ja bei uns nicht vorhanden. Und wie gings bei dir weiter?"

Es war wohl am dritten Ausbildungswochenende, als es um das Thema Selbstwert als Frau ging. „Ich möchte mich sehen, wie ich bin, und auch so gesehen werden", erklärte ich den anderen Teilnehmerinnen beinahe trotzig. Walter bat mich daraufhin, von einer konkreten Situation zu erzählen. Ich berichtete von dem Brief meiner Mutter und von der Forderung des „heldenhaften Durchhaltevermögens". Offen und neugierig hörten mir die anderen zu. Sie registrierten, was ich erzählte und auch wie ich es erzählte. Walter leitete mich an, lediglich meinen Zustand, meinen Ärger über meine Mutter und ihre Forderung zu beschreiben. Ich fühlte mich durch die Aufmerksamkeit der anderen Gruppenmitglieder beim Erzählen unterstützt, bis mich Walter mit folgenden Worten unterbrach: „Halte an dieser Stelle inne und schau dir das einmal genauer an. Seit einiger Zeit sitzt du vorneübergebeugt und blickst mich an, als wolltest du eine Frage stellen. Gibt es etwas, das du gerade von mir erwartest?"

Nachdenklich sagte ich: „Vielleicht erwarte ich, dass du mich in meiner Sehnsucht bestärkst, wie ich es mir von meiner Mutter wünsche. Ich möchte meine Mutter für etwas zur Verantwortung ziehen, was tatsächlich aber meine Verantwortung ist. Das ist mir gerade klar geworden."

Und Walter entgegnete: „Um dieses Thema weiter zu erforschen, möchte ich dich gerne auf ein Experiment einladen."

Walter stellte dafür zwei Stühle auf und bat mich, sie in passender Distanz gegenüberzustellen. Er forderte mich auf, mir diese inneren Anteile, um die es ging, auf diesen Stühlen vorzustellen und, angeleitet durch ihn, in einen Dialog zu gehen. Auf dem einen saß die „Durchhalterin", die am Vertrauten festhalten wollte, und auf dem anderen die Frau mit der „Sehnsucht nach einem individuellen Weg", mit der Angst, den Boden unter den Füßen zu verlieren. Ich setzte mich auf den Sessel der Sehnsucht, auf den der Aufbruchsstimmung. Es fühlte sich aufregend, etwas unstabil, aber dennoch gut an. Zuversicht, Energie und Freude durchströmten mich, ich atmete, spürte meine Füße auf dem Boden und fühlte, wie aufgeregt mein Herz schlug. Dann meinte Walter: „Und von diesem Platz und von deiner momentanen Stimmung aus schau jetzt hinüber zu der anderen Seite und sprich aus, was du dabei empfindest." Ich sagte zur Durchhalterin „Du belastest mich auf meinem neuen Weg. Ich will, dass du nicht mehr da bist mit deinen Ansprüchen und Schuldzuweisungen!"

„Und nun wechsle auf die andere Seite", bat mich Walter.

Ich setzte mich auf den Platz der Durchhalterin und formulierte spontan: „Du willst mich vertreiben und merkst nicht, wie sehr du mich brauchst. Ich gebe dir schon lange Halt. Ohne mich hättest du in deinem Leben vieles nicht geschafft. Dein Wunsch nach Sicherheit und danach, deinen Kindern ein geborgenes Heim zu geben, ist sehr groß. Durch mich hast du gelernt, dich nach dem Wunsch der anderen zu richten, um nicht in Konflikt zu geraten, um dich nicht der Gefahr auszusetzen, dass dir andere ihre Liebe entziehen."

Schließlich bat mich Walter: „Spüre in deinen Körper hinein. Was nimmst du dort wahr?"

„Ich spüre Angespanntheit in meinem Brustbereich. Ich atme flacher, und es fühlt sich wie ein Korsett an. Diese Zugehörigkeit bedeutet nämlich auch, in der Unfreiheit zu verharren."

„Wechsle wieder auf die Seite der Sehnsucht", forderte mich Walter auf.

Mit geschlossenen Augen sagte ich: „Ich spüre, wie das starre Festhalten und das Angepasst-Sein mich lähmen, aber ich spüre auch die Angst, nirgendwo mehr dazuzugehören. Ich weiß, dass ich auf meinem neuen Weg dein Durchhaltevermögen sehr wohl gebrauchen kann, mich aber auch mit der Angst vor der Einsamkeit auseinandersetzen muss." Während ich das sagte, fühlte ich mich wohl in meinem Körper, denn ich wollte ja lernen, mir meine Bedürfnisse und Wünsche zuzugestehen und diese auch zu äußern. Auch das erfordert Konsequenz.

Walter lud nun die Gruppenteilnehmer ein, Rückmeldung zu geben. Die Gruppenmitglieder beschrieben, wie ich mich bewegt und ausgedrückt hatte, und teilten mir die Gefühle und Erinnerungen mit, die bei ihnen aufgekommen waren. Das sollte mir mein Verhalten vor Augen führen und mir dabei helfen, die dahinterstehende Haltung zu erkennen. Der Kommentar einer Teilnehmerin ist mir noch besonders in Erinnerung: „Meine Mutter, die Professorin für Philosophie ist, hat zu mir einmal gesagt: ‚Einmal musst du verheiratet gewesen sein, Kinder solltest du haben, dann lässt du dich scheiden und dann bist du endlich eine freie Frau.'" In diesem Moment hätte ich mir auch so eine Mutter gewünscht! Dadurch, dass andere ihr persönliches emotionales Erleben mitteilten, fühlte ich mich verstanden und entlastet. Ich erkannte, dass mein Problem nicht einzigartig war, sondern andere Menschen Ähnliches durchlebt hatten, und ich fühlte mich gleich weniger exponiert. „Ich glaube, ich kann nun anders damit umgehen", sagte ich dankbar. Mir war auch bewusst geworden, wie sehr ich die Haltung des „Entsprechens" verinnerlicht hatte, wie ich als Kind schon funktionieren hatte müssen, eigene Bedürfnisse wenig Platz gehabt hatten und vorgegebene Aufgaben erfüllt werden mussten. Es gab wenig Zeit für Spiel und Spaß, und Schwächen zuzugeben, war in unserer Familie ein großes Tabu. Wie sehr hatte ich mir diese Verhaltensweise zu eigen gemacht, ohne darüber auch nur nachzudenken.

Walter erklärte uns, was jetzt passierte: „Wenn wir uns für einen bewusst gestalteten Entwicklungsweg entscheiden, dann heißt das auch, dass man sich mit ungeliebten und ungelebten Anteilen seiner Persönlichkeit auseinandersetzen muss und sich ihnen offen stellen soll. Durch das Experiment mit den zwei Stühlen hat Klara sich mit ihren beiden inneren Anteilen, der ‚Aufbrecherin' und der ‚Durchhalterin' auseinandersetzen können. Der Vorwurf an ihre Mutter ist letztlich wieder bei ihr selbst gelandet, denn durch die Erkenntnis, dass man sich nur selber verändern kann und nie jemanden anderen, kann wieder etwas in Bewegung kommen. Der Brief von Klaras

Mutter anlässlich der Trennung zeigt deutlich, was die familiäre und gesellschaftliche Tradition von Klara verlangt: durchzuhalten – und das ‚heldenhaft'. Sie gestattet keinerlei Recht auf einen individuellen Entwicklungsweg. Gegen diese Normen im Außen hat sie gekämpft und ihre Kraft für den Widerstand eingesetzt. Durch die Auseinandersetzung mit dem Brief der Mutter ist ihr immer klarer geworden, wie sehr die zwei einander widersprechenden Bestrebungen auch in ihr selbst waren, wie dieser äußere Konflikt auch in ihrem Inneren präsent war. Denn auch sie hat den Anspruch, ihren Kindern weiterhin ein geborgenes Heim zu bieten und dafür eigene Wünsche zu unterdrücken. Diese Anforderung an sie kommt nicht ausschließlich von außen, und sie kann nicht nur andere dafür verantwortlich machen." Und zu mir gewandt sagte Walter: „Dadurch, dass du unabhängig und eigenständig leben wolltest, ist der Rückhalt von deinem Umfeld weggefallen. Du musst dich erst in dieser neuen unsicheren Situation zurechtfinden, denn deine alte Umgebung unterstützt dich nicht mehr, und die neue muss erst unterstützend werden. Das bedeutet auch, dass du die alten Regeln und Normen hinterfragen musst, damit du neue aufbauen kannst. Dann erst können Normen Normen sein und deine Kraft braucht sich nicht in Widerstand zu erschöpfen."

„Ich muss zugeben, dass ich so einen Schritt nicht hätte machen können", gesteht Rosi. „Auf der einen Seite hätte ich Ludwig gerne verlassen, auf der anderen Seite waren da die beiden Kinder. Um ehrlich zu sein, hatte ich auch gar nicht das Bedürfnis, unabhängig zu leben. Da waren die Stimmen in meinem ‚Hinterstübchen', die mir zugeflüstert haben, mich nicht in so eine Unsicherheit zu begeben."

Ich weiß, was Rosi meint – schließlich war es auch für mich eine schwere Entscheidung, alles aufzugeben. „Die Stimmen sind immer da, aber wichtig ist es, sie wahrzunehmen, diese Anteile von dir zu akzeptieren und dafür Verständnis zu entwickeln", gebe ich zu bedenken. „Denn nur aus diesem Verständnis heraus kann ein Dialog geführt werden, der zu einer Lösung führt. Oft sind es die Stimmen der Eltern. Bei solchen Experimenten wie mit den zwei Stühlen tauchen oft typische Familienrollen auf, wie hier etwa die Position unserer Mutter, die zu einem Teilaspekt von mir selbst geworden ist. Durch das Experiment und das Feedback der Gruppe wurde dieser Teil von mir lebendig und in seinem Sinn hinterfragt. Sobald dir diese Dinge bewusst werden, ist schon ein großer Schritt getan. In meinem Fall hat mir das Stuhl-Experiment dabei geholfen, diese Forderung nach dem Durchhalten in mir selbst zu erkennen und auch anzuerkennen.

Dadurch habe ich erst verstehen können, in welchem Maß ich fremdgesteuert war."

„Dabei hat dir die Technik mit den Stühlen geholfen?"

„Ja, sie ist wirklich hilfreich, wenn in uns zwei annähernd gleich starke Tendenzen in Konflikt stehen. Es ist wichtig, diese auseinanderzusortieren, sodass jede ihren eigenen Platz bekommt. So können wir das, was vorher ungreifbar und unbewusst war, anschaulich und bewusst machen. Man beginnt mit dem Anteil, der einem emotional im Moment am nächsten ist, setzt sich also auf diesen Stuhl. Dann wechselt man zum entgegengesetzten Teil. Nachdem man beide Seiten gehört und an beiden Anteil genommen hat, erfolgt so etwas wie ein inneres Nebeneinander. Bestenfalls ist dann aus dem Entweder-Oder ein Sowohl-als-Auch geworden, das beide Sichtweisen erlaubt. In der Mitte ist man selbst, eine Persönlichkeit, die sich entscheiden kann und ihr Handeln auch verantworten kann. Nur so kann sich etwas Neues entwickeln. Kreativität ist ein Prozess, im Neuen scheint das Alte durch, zwischen dem Neuen und dem Alten entsteht etwas anderes. Das ist Entwicklung, und so findet das Leben immer wieder zu einer neuen Ordnung."

„Schade, dass ich die Methode der Gestalttherapie damals nicht gekannt habe. Ich hätte mich auch gerne auf zwei Stühle gesetzt: meine Sehnsucht, das Theaterspielen, auf der einen Seite, mein Alltag auf der anderen Seite. Vielleicht hätte ich dann auch jede Sicherheit und Beschränkung aufgegeben. Ich bin sehr lange in meiner Ehe geblieben, obwohl ich schon längst gehen wollte", gesteht Rosi mit einer gewissen Wehmut in der Stimme.

„Wer kann das schon sagen", versuche ich meine Schwester zu trösten. „Offen bleibt immer, ob so ein kreativer Prozess auch Resultate zeigt, ob eine Idee auch verwirklicht werden kann, ob sich das ereignen kann, was Verena Kast den ‚schöpferischen Sprung' nennt. Veränderung macht uns oft Angst, weil wir uns in einer Situation befinden, die auch Unsicherheit, Verwirrung und Orientierungslosigkeit bedeutet. Mit all dem müssen wir auch umzugehen lernen. Gestalttherapie bedeutet Arbeiten im Hier und Jetzt, also zu erkennen, dass es keine andere Realität als die Gegenwart gibt."

„Hier spricht die Therapeutin", spöttelt Rosi. „Aber weiter zu deinem Weg in der Gestalttherapie."

Das Experimentieren mit den zwei Stühlen unterstützte mich dabei, meinen eigenen Standpunkt zu finden, für den ich auch bereit war, die Verantwortung zu übernehmen. Diese Erkenntnis gab mir endlich den

Mut, mich mit meiner Mutter auseinanderzusetzen. Mutter und ich hatten uns angewöhnt, jeden Mittwoch, nachdem ich Simon zur Schule gebracht hatte, gemeinsam zu frühstücken. Das wurde zu unserem Ritual, bei dem wir uns über alles Mögliche austauschten. Bei einem solchen Frühstück brachte ich das Gespräch auf ihren Brief. Ich erklärte ihr, dass „heldenhaftes Durchhalten" für mich niemals erstrebenswert sein würde. Für mich lautete die Frage: Was steht mir in meinem Leben zu? Wie kann ich Raum schaffen für eine unbekannte Zukunft, um dem Leben und seinen Überraschungen wieder eine Chance zu geben? Sie nickte nur – sie nahm meine Haltung zur Kenntnis. Zumindest äußerte sie keine Kritik.

„Ich vermute, diese Fragen hat sich Mutter nie gestellt. Das muss für sie interessant, aber möglicherweise auch ernüchternd gewesen sein, von dir zu hören, was man aus seinem Leben alles machen kann." Rosis Blick ist gedankenverloren.

„Ich weiß es nicht. Ich habe ihr bei diesen Treffen mittwochs offen von meinem Leben erzählt. Sie hat zugehört und aus ihrer Warte kommentiert. Ich habe nicht mehr den Anspruch gehabt, ihr mein neues Leben näherzubringen, und sie hat wohl auch akzeptiert, dass mein Weg ganz anders war als der, den sie gegangen ist. Als ich ihr von einem neuen Liebhaber berichtet und gemeint habe, dass ich für die Monogamie einfach nicht geboren sei, rief sie: ‚Spinnst du jetzt komplett?' Dann sahen wir einander an und mussten beide lachen."

Rosi lacht. „Ich sehe euch beide da sitzen, die Mutter entsetzt reagieren und dann das gemeinsame Lachen darüber. Kann ich mir alles richtig gut vorstellen. Ja, so war sie. Einerseits spürte man oft ein gewisses Verständnis für alles Mögliche, und andererseits waren die moralischen Wertvorstellungen für sie sehr wichtig."

„Ja, ich bin sehr froh, dass wir in diesen Jahren noch so ehrlich zueinander sein konnten."

Wir nehmen beide einen Schluck Wein und ich lese weiter.

Ich begann mich mehr und mehr auf meine Ausbildungswochenenden und auf meine Lehrtherapie zu freuen. Es war, als würde ich jedes Mal ein wenig von dem Gepäck, das ich in meinem Lebensrucksack mit mir herumtrug, abwerfen. Mein Lehrtherapeut war für mich wie ein Fels in der Brandung. Seinen pragmatischen, lebenspraktischen Umgang mit dem, was ich ihm erzählte, erlebte ich als große Unterstützung. Einfühlsam ging er auf mich ein, und ich fühlte mich verstanden. Er ermunterte mich, geduldig und konsequent bei meiner inneren und äußeren Veränderung zu bleiben. Mit der Zeit merkte ich, wie meine Angst weniger und ich gelassener und entspannter wurde. Fröhlich und selbstbewusst verließ ich meist unsere Sitzungen, entschlossen, mich den neuen Lebensanforderungen zu stellen. Es war ein Weg, bei dem die Erfahrung ganz im Mittelpunkt stand, gewissermaßen ein „learning by doing". Ein wichtiges Element bei all diesen Veränderungen war die Gruppenerfahrung, sie hatte etwas Heilsames für mich.

Drei Jahre lang gingen wir einen gemeinsamen Weg, lernten einander auf eine Art und Weise kennen, wie es im alltäglichen Leben kaum möglich ist. Wir wussten von unseren tief empfundenen Ängsten, von traumatischen Erfahrungen, Enttäuschungen und Hoffnungen. Angeleitet von unserem Ausbildungsleiter, versuchten wir gemeinsam, die Geschichte und die Erlebniswelt jedes einzelnen Teilnehmers zu verstehen und zu bearbeiten. Durch den intensiven Selbsterfahrungsweg in der Gruppe und in der Lehrtherapie konnte ich mich mitteilen und fand Verständnis für meine inneren Nöte. Ich bewegte mich aus meiner Einsamkeit heraus und lernte, über meine inneren Konflikte zu sprechen.

„Ihr seid euch offensichtlich sehr nahegekommen. Deine Kolleginnen haben viel mehr über dich gewusst als ich", meint Rosi im Rückblick „Über unsere Ängste, Enttäuschungen und Hoffnungen haben wir damals wenig geredet", stellt sie fest.

„Ja, schade. Aber das hat sich ja zum Glück geändert."

12.

Parallel zur Ausbildung in Gestalttherapie meldete ich mich zu einer Fortbildung in Bioenergetischer Analyse an. Die meisten Psychotherapien sind gesprächsorientiert, so auch die Gestalttherapie. Wenn wir in den Selbsterfahrungsseminaren unsere Erlebnisse teilten, saßen wir fast ausschließlich. Wir waren aufgefordert, unsere Aufmerksamkeit auf Gefühle und körperliche Empfindungen zu lenken, das heißt, es wurde mit dem Körper, aber nicht direkt an ihm gearbeitet. Aus diesem Grund entschied ich mich zusätzlich zu einer Fortbildung in Bioenergetischer Analyse. Hier verbrachten wir viel Zeit im Freien, spürten die Sonne, den Wind, den Regen, erlebten die Energie des Körpers in Verbindung mit der Natur und lernten, die Weisheit der Natur miteinzubeziehen.

Der Zusammenhang zwischen Körper und Seele lässt sich so erklären: Alles Lebendige, jedes Gefühl drückt sich zunächst in Bewegung aus. Ein kleines Kind freut sich noch mit seinem ganzen Körper! Es wirft die Arme in die Luft, hüpft und strahlt über das ganze Gesicht. Seine Gefühle sind unverhüllt aus Mimik, Haltung und Bewegung abzulesen. Im Laufe seiner Entwicklung lernt es aber, sich zurückzunehmen und seine Gefühle weniger deutlich zu zeigen.

Atmen, fühlen, bewegen – diesen drei lebenswichtigen Funktionen widmet sich die Bioenergetik. Wir sind in vielerlei Hinsicht verkrampft, man spricht vom Charakterpanzer. Dazu gibt es spezielle Übungen. Durch diese Dehnungs-, Vibrations- und Ausdrucksübungen soll die Atmung vertieft und sollen Körperpanzerungen gelockert werden. Die Idee dahinter ist, dass der körperlichen Befreiung eine emotionale folgen kann. Ist der Panzer gelockert, können wir Wut, Zorn, Lust und Freude ungehindert frei ausleben.

Körperarbeit war mit Schweiß und Anstrengung verbunden, das war zu dieser Zeit typisch für die Bioenergetik. Das Motto für uns lautete: „Schmerz und Unlust sind kein Grund, mit den Körperübungen aufzuhören – finde einen anderen."

„Mit dem Körper zu arbeiten, war für mich zu der Zeit auch wichtig", erinnert sich Rosi. „Die Schauspielerei hat mich ja nie losgelassen. Und so habe ich wieder mit dem Theaterspielen begonnen, wie du weißt. Und weil sich Cornelius gerne Taschengeld mit Babysitten verdient hat, hatte ich einen tollen Babysitter zu Hause." Sie erklärt mir, dass Theaterleute wie Grotowski, Stanislawski und Michael Tschechow Methoden entwickelt hätten, die mit Körperarbeit zu tun haben.

„Im Grunde gehen viele in der körperorientierten Schauspieltechnik von jenen Bewegungen aus, die wir in der Kindheit gekannt und später durch Erziehungsmaßnahmen verloren haben", fügt sie noch hinzu. „Wir haben beide, ohne dass wir das voneinander wussten, mit Körperarbeit begonnen", stellt Rosi fest, „ich beim Theater und du in deiner Ausbildung zur Therapeutin. Beim Theaterspielen muss man lernen, sich zu spüren, sich wahrzunehmen und gleichzeitig in Beziehung mit anderen zu gehen. Ich glaube, das hat sehr viel Ähnlichkeit mit Bioenergetik."

„Vielleicht, in der Bioenergetik geht es viel um den Kampf mit den eigenen Widerständen. Da können in der Auseinandersetzung mit sich selbst innere Bilder und Szenen aus der eigenen Lebensgeschichte auftauchen."

„Hast du ein Beispiel?"

„Bei mir war das die frühere Arbeit auf dem Bauernhof. Während einer Übung habe ich mich als Zwölf-, Dreizehnjährige auf einem heißen Dachboden erlebt, auf den Strohballen um Strohballen über ein Förderband in regelmäßigen Abständen hinauftransportiert wurden. Meine Aufgabe war es, die schweren Ballen mit der Mistgabel zum Aufstapeln hochzuhieven. Schweiß ist über mein Gesicht geronnen, das Blut hat in meinen Adern gepocht. Ich habe inständig gehofft umzukippen, denn dann würde Vater endlich erkennen, dass mir das alles zu viel und zu schwer war. Aber ich habe durchgehalten. Durch die Körperübungen ist mir bewusst geworden, wie sehr ich darauf trainiert war durchzuhalten, und wie lange es gedauert hat, bis ich körperliche und seelische Grenzen gespürt habe."

„Die Arbeit auf dem Bauernhof war wirklich schwere Arbeit", schnaubt Rosi. „Die hat wohl so wie vieles andere ihre Spuren hinterlassen. Ich war ja auch meist dabei, aber den Wunsch umzukippen habe ich nicht gehabt. Ich habe mich auch sehr angestrengt, damit ich das alles schaffe. Einmal habe ich Vater reingelegt. Weil ich irgendwas angestellt hatte, hat er mich zur Strafe im Hof einige Runden rauf- und runterlaufen lassen. Nach der zweiten Runde habe ich einen Zusammenbruch vorgetäuscht. Ich habe mich diebisch gefreut, als er gemeint hat, mit seiner Strenge nun zu weit gegangen zu sein. Dass das Ganze nur ein Bluff gewesen ist, habe ich ihm nie erzählt", meint Rosi verschmitzt.

„Mein Wille zum Durchhalten um jeden Preis wird in einer anderen Übung aus der Bioenergetik besonders deutlich."

„Erzähl!"

„Alle dreißig Teilnehmerinnen und Teilnehmer waren aufgefordert, die Position der Liegestütze einzunehmen. Wir sollten so lange wie möglich in der Position verharren und dann, wenn wir es nicht mehr aushielten, den Satz ‚Ich gebe auf' aussprechen und die Position verlassen. Nach ein, zwei Minuten hörte ich, wie die ersten ‚Ich gebe auf' sagten und sich erleichtert fallen ließen. Mir brannten bereits die Arme, mein Atem ging schwer, doch es war mir einfach nicht möglich, den Satz auszusprechen. Auch als die ersten Männer sich stöhnend auf den Boden fallen ließen, hielt ich weiter durch. Es schmerzte höllisch in meinen Armen, aber ich konnte mich noch immer nicht durchringen, den Satz zu sagen. Mittlerweile waren nur noch eine andere Frau und vier Männer in der Liegestütze. Ich hörte die Frau den Satz sagen, gleich darauf einen der Männer, dann noch einen. Ich biss die Zähne zusammen. Noch ein paar Sekunden. Dann verließ mich endgültig die Kraft, und mit allerletzter Anstrengung presste ich heraus: ‚Ich gebe auf.' Neben einem kräftigen Muskelkater brachte mir das vor allem die Erkenntnis, dass die Durchhalterin, die Starke, die nicht aufgab, noch immer fest in mir verankert war."

„Wenn ich mit dabei gewesen wäre, dann wäre ich ziemlich sicher mit dir eine der Letzten gewesen, die durchgehalten hätten", versichert mir Rosi. „Ich sehe ein Bild vor mir, wie wir beide die Letzten sind, und nun geht es darum, wer von uns beiden länger durchhält. Körperlich durchhalten, bis es nicht mehr geht, das haben wir wirklich zu Hause gelernt. Ich gehe noch bis heute oft an meine körperlichen Grenzen."

„Da gab es noch eine besonders intensive Übungseinheit …"

In einer anderen, ebenso intensiven Übungseinheit tauchte eine Erinnerung in mir auf: Ich erlebte mich als Baby, schreiend in der Wiege liegen. Gleichzeitig nahm ich auch den Konflikt meiner Eltern wahr – Mutter, die mich trösten und Vater, der meinem Schreien nicht nachgeben wollte. Unermessliche Wut, Einsamkeits- und Ohnmachtsgefühle stiegen in mir auf, denen ich lautstark Ausdruck verlieh. Als ich alles hinausgeschrien hatte, trösteten, hielten und wiegten mich die anderen Teilnehmer. Ich wurde „nachgenährt". Ich berichtete Mutter von diesem Erlebnis, und sie erzählte mir dazu folgende Geschichte: Kindererziehung war damals, in den frühen Fünfzigerjahren, geprägt von strengen Regeln. Disziplin und Konsequenz galten als die Eckpfeiler. Ich war ein halbes Jahr alt, als ich in einer kalten Winternacht zu weinen begann. Mutter hätte gerne sofort reagiert und mich beruhigt, mich vielleicht sogar zu sich ins Bett geholt, weil sie dachte, ich würde mich schneller in ihrer Nähe und mit ihrem Zuspruch beruhigen. Vater hatte jedoch eine völlig andere Vorstellung: „Kindern darf man nicht immer ihren Willen lassen! Wenn es ihr schon als kleines Kind gelingt, andere Menschen für ihre Bedürfnisse zu benutzen, dann erziehst du sie zu einem kleinen Tyrannen.“ So gab Mutter verunsichert nach, und er stellte mich in meiner Wiege hinaus in das unbeheizte Nebenzimmer. Ich weinte, schrie, brüllte – aber keine Reaktion von meinen Eltern. Die eingeschüchterte Mutter getraute sich nicht, gegen Vaters Willen zu handeln. In dieser Nacht deckte ich mich ab und erfror mir die Zehen. Bis zu meinem vierzehnten Lebensjahr litt ich bei kalten Füßen an heftigen Schmerzen. Ich glaube, damals begriff ich instinktiv, dass nur ein Mann mir helfen konnte. Lange Zeit erschienen mir Frauen hilf- und machtlos. Ich trug aber gleichzeitig den starken Wunsch in mir, eine Frau zu werden, die etwas bewirkte und eigenständig in ihren Entscheidungen war.

Bioenergetische Analyse war nicht die einzige Fortbildung, die ich damals besuchte. Ich hatte zu der Zeit einen Liebhaber, der mich auf eine Weise berührte, wie ich es zuvor nicht gekannt hatte. Er hatte eine Ausbildung in Gestalt-Massage absolviert. Das war die Initialzündung für mich, selbst Gestalt-Massage zu lernen. Hier eröffnete sich für mich ein Weg, um auf liebevolle und wertschätzende Weise mit meinem Körper Freundschaft zu schließen. Über einige Jahre besuchte ich Kurse, bei denen Berühren und Berührtwerden im Mittelpunkt standen. In einer Atmosphäre des Vertrauens und der Wertschätzung erlernten wir Massagegriffe und wandten sie aneinander an. Die Scheu, andere Menschen einfühlsam zu berühren, war schnell überwunden, als ich beobachtete, wie selbstverständlich die Lehrenden mit Nacktheit und Berührung umgingen.

Es brauchte allerdings viel Einsatz, bis ich die etwa dreihundert Griffe und Berührungsarten mit den verschiedenen Druckstärken, Rhythmen und Verbindungen mit dem ganzen Körper sicher beherrschte. Besonders gut fühlte es sich an, wenn meine Hände wie selbstverständlich von einer Massagetechnik zur anderen wechselten, ganz ohne innezuhalten. Daher standen Wiederholen und Assistieren oft auf dem Plan. Diese sanfte und doch tiefe Art der Berührung entspannt und beruhigt, gleichzeitig aktiviert sie auch. Dadurch können sich Blockaden lösen und gestaute Energie kann wieder ins Fließen kommen – so werden auch die Selbstheilungskräfte angeregt.

Allmählich lernte ich, meinen Körper mit seiner Geschichte, die ihn im Laufe des Lebens geformt hat, anzunehmen. Ich spürte, wie achtsame Berührung alte Wunden heilte und mein Grundvertrauen stärkte. Liebe und Wertschätzung über den Weg der einfühlsamen Berührung zu vermitteln, das bereichert jede Beziehung, nährt, gibt Geborgenheit und Wärme. Die Gestalt-Massage war für mich ein genussvoller und heilsamer Weg, um meinen Körper anzunehmen, völlig unabhängig von vielleicht zu vielen Kilos – denn ich liebte es, meinen Körper auf diese Weise zu spüren und neu wahrzunehmen.

„Das mit den Kilos", fällt mir Rosi ins Wort, „das war bei mir ganz anders. Ich habe mich in meinem Körper nur wohl gefühlt, wenn ich ein bestimmtes Gewicht nicht überschritten habe. Ich war immer wieder auf Diät. Bis heute ist es mir wichtig, schlank zu sein", meint sie.

Manchmal fragten mich unsere Eltern, was ich denn „nun schon wieder für eine Ausbildung" machen würde. Ich versuchte, es ihnen zu beschreiben, aber nach ein paar Wochen hatten sie schon wieder vergessen, was ich ihnen gerade erklärt hatte. Es war eine zu fremde Welt für sie. „Zeig uns doch einmal, was du lernst", forderten sie mich eines Tages auf.

„Wisst ihr was, ich mache jetzt einfach eine Entspannungsübung mit euch. Das ist eine der Übungen, die ich während meiner Ausbildung gelernt habe. So könnt ihr euch besser vorstellen, was wir dort so tun."

Ich bat also meine Eltern, sich bequem hinzulegen. Beide legten sich ins Bett. Vater wollte ganz ernsthaft dabei sein, aber Mutter kicherte ständig vor sich hin. Das wiederum verärgerte meinen Vater, denn er wollte sich auf diese Übung einlassen. Ich merkte, dass es ihn interessierte, aber dennoch fühlte ich mich ziemlich unsicher. Weil Mutter die Situation offenbar nur zum Lachen fand, beschlossen wir, dass ich mit Vater alleine weitermachen würde. Mutter waren meine Berufe immer fremd. Sie konnte vor allem nicht nachvollziehen, warum ich mich mit Menschen beschäftigte, die Schwierigkeiten im Leben hatten und gesellschaftlich als schwach angesehen wurden. Das war sowohl in der Sonderschule der Fall als auch jetzt mit meinem neuen Beruf. Also führte ich meinen Vater allein weiter durch diese Übung: „Stell dir vor, du sitzt in einem Theater auf einem roten Samtsessel und schaust auf die Bühne. Der Vorhang geht auf, und auf der Bühne ist ein Tier. Welches Tier siehst du?"

„Ein Reh", antwortete mein Vater, ohne zu zögern. Ich bat ihn zu beschreiben, wie sich das Tier auf der Bühne verhielt. „Das Reh grast. Es schaut mich an, ist sanft und anschmiegsam." Nachdem ich ihn wieder aus der Tiefenentspannung zurückgeholt hatte, sah ich keine Notwendigkeit, mit ihm die Symbolik seines Erlebnisses noch näher zu erörtern. Er hätte diese emotionale Berührung nicht in Worte fassen können und vielleicht auch nicht zugegeben. Mich aber rührte es, diese feinfühlige Seite in ihm zu erkennen. Ich erinnere mich daran, wie wir in der Schule über diese Zeit lernten, in der unser Vater seine Kindheit und Jugend verbracht hatte. 1921 geboren, erfuhr er die Jahre der Not nach dem Ersten Weltkrieg, die politische Spaltung der ersten Republik, die Inflation und die Weltwirtschaftskrise mit ihren horrenden Arbeitslosenzahlen. Dann folgten der Austrofaschismus und die nationalsozialistische Machtergreifung. Anstatt in Unbeschwertheit hatte er die weiteren Jahre seiner Jugend noch im Zweiten Weltkrieg verbracht. Schon damals und auch später begann ich zu verstehen, warum er diese maßlose Härte und Strenge uns gegenüber an den Tag gelegt hatte.

Rosi richtet sich auf. „Das erinnert mich an eine Aufgabe, die ich einmal in einem Seminar gestellt bekam: Ich sollte sämtliche Familienmitglieder als Tiere zeichnen. Vater war für mich ein kleiner Hund und Mutter ein Elefant. Der Hund hat den Elefanten angebellt, aber der dickhäutige Elefant hat sich von ihm überhaupt nicht beeindrucken lassen. Ich bin sogar auf den Gedanken gekommen, dass der Elefant nur sein schweres Bein zu heben bräuchte, um den Hund damit zu zermalmen. Ich habe offenbar den Eindruck gehabt, dass sich Vater aus Hilflosigkeit in der Familie so grob verhalten hat, Mutter jedoch die Manipulative war. Ich glaube, dass Vater sehr gefühlvoll war, es aber nicht zeigen konnte. Frei nach dem Motto *Harte Schale – weicher Kern*. Hat sich etwas verändert, nachdem du diese Entspannungsübung mit Vater gemacht hast?“

„Ab diesem Zeitpunkt ist neben dem Telefon im Elternhaus immer ein Zettel gelegen, auf dem all meine Aus- und Fortbildungen notiert waren. So konnten die Eltern Auskunft geben, wenn sie von anderen danach gefragt wurden.“

Rosi schmunzelt. „Das sieht ihnen ähnlich.“

„Es war ihre Art, Interesse an meinem Leben zu zeigen. Dass sich das Verhältnis zu den Eltern nun wieder so entspannt hat, hat sowohl mich als auch die Eltern glücklich gemacht. Zu dieser Zeit habe ich ganz generell meine Beziehungen zu Menschen und das, was sich in Begegnungen ereignet, als eine große Ressource erlebt. Ich habe im Laufe der Zeit immer aufmerksamer wahrgenommen, was im Kontakt, im Wechselspiel mit anderen Menschen passiert und wie man sich gegenseitig beeinflusst. Berührbar zu bleiben und durchlässig zu werden, das war mir wichtig.“

„Ich habe erst spät erkannt, dass es wichtig ist, sich seiner Ressourcen bewusst zu sein, weil ich ganz gerne immer auf das geschaut habe, was ich nicht so gut gekonnt habe", vertraut Rosi mir an. „Dabei habe ich so viele Ressourcen, wie ein Grundvertrauen in das Leben, viele Interessen, bin begeisterungsfähig, neugierig, es fällt mir sehr leicht, neue Kontakte herzustellen, und ich liebe neue Herausforderungen."

„Das freut mich sehr, dass du nun mehr auf deine Stärken schaust, denn da hast du einiges zu bieten", bestärke ich sie darin und lese weiter.

Natürlich stellte ich mich selbst in dieser Zeit auch immer wieder infrage. Mir wurde klar, wie streng ich mit mir umging und wie viel Druck ich mir dadurch selber machte. Da war so vieles, was sich über die Jahre verfestigt hatte. Gerade in den Begegnungen mit den anderen Teilnehmern der Ausbildungsgruppe lernte ich enorm viel. Ich erkannte, dass ich, und nur ich, für mein Leben zuständig war: Kein Partner darf für Glück und Wohlbefinden verantwortlich gemacht werden. Ich lernte, meine Gefühle zuzulassen und auch zerstörerischem, negativem Verhalten auf den Grund zu gehen. Dabei erlebte ich auch viele Momente der Einsamkeit. Ich ertappte mich dabei, dass ich immer noch damit beschäftigt war, mein Wunschbild von mir verwirklichen zu wollen. Dieses Ich-Ideal, wie es in der Fachsprache genannt wird, ist ein Zukunftsentwurf, der auch seine Berechtigung hat. Wenn es allerdings zu weit von der eigenen Realität entfernt ist, verlieren wir den Kontakt zu unseren gegenwärtigen Gefühlen und zu dem uns entsprechenden Weg.

Gleichzeitig genoss ich es, meinen Interessen ungehemmt nachzugehen, mein Leben so zu leben, wie ich es für richtig hielt. So war ich einerseits sicher verankert und gut eingebunden in meinen Therapiekreis, seine Mitglieder wurden bald zu meinen Freundinnen und Freunden. Hier fühlte ich mich über viele Jahre zu Hause. Andererseits war da noch meine Autonomie, mein Freiheitsstreben, die Lust, meine Einzigartigkeit kennenzulernen und die Gestalterin meines eigenen Lebens zu werden.

Mehr und mehr lernte ich, mich als die Person anzunehmen, die ich im Hier und Jetzt war, und mich meiner ganz eigenen Entwicklung hinzugeben. Durch die Ausbildung zur Gestalttherapeutin lernte ich, viele meiner Einstellungen, die ich durch Erziehung und das Leben mit anderen erworben hatte, auf den Prüfstand zu stellen. Mir wurde zunehmend klar, dass ich durch die Übernahme von Verantwortung mich weniger als Opfer der Umstände, sondern mehr als Gestaltende erleben konnte. All das war anspruchsvoll, zeit- und kostenaufwendig, aber auch beglückend und bereichernd. Es war das Tor zu einem neuen Leben, mit einem neuen Beruf, den ich als meine Bestimmung erkannte.

„Ich glaube, wir haben eine ähnliche Entwicklung durchlaufen, mit dem Unterschied, dass ich noch in einer Beziehung gelebt habe, mit der ich bereits ziemlich unzufrieden war. Und ich habe nie das Bedürfnis gehabt, meinen Freundinnen oder gar meinen Kolleginnen alles über mich zu erzählen. Ich habe immer alles mit mir selbst ausgemacht. In dieser Hinsicht unterscheiden wir uns sehr", stellt Rosi fest. „Gleichzeitig bin aber auch ich mehr und mehr zur Gestaltenden geworden. Ich war froh, dass ich nun die Möglichkeit hatte, mir einen Teil meiner beruflichen Wünsche zu erfüllen, denn meine Ehe wurde schlechter und schlechter", erzählt mir Rosi aus dieser Zeit, „und das hat mir schließlich die Chance gegeben, beruflich mehr und mehr neue Wege zu gehen, weil ich nun nicht mehr alles mit Ludwig besprechen musste. Und so hat alles zwei Seiten", lächelt Rosi. „Aber wie ging es bei dir weiter?"

Alfred machte zu dieser Zeit ebenfalls eine Psychotherapie. Wir trafen uns jeden Donnerstag, um zu vereinbaren, wer die Kinder wann übernahm. Zu dieser Zeit sprachen wir auch viel über uns, unsere Ansichten, unsere Beziehung und wohin sie sich entwickelt hatte. Eines Tages meinte Alfred nachdenklich: „Schon seltsam, jetzt, da wir getrennt sind, können wir viel offener alles ansprechen."

„Klar, jeder geht wieder zu sich nach Hause und hat Zeit, sich mit dem Gehörten und Gesagten auseinanderzusetzen", antwortete ich.

Durch diese für uns so wichtige Distanz zueinander und die gemeinsame Liebe zu unseren Kindern riss der Kontakt nie ab, und wir blieben uns über all die Jahre immer verbunden. Für die Mitverantwortung, die Alfred für die Kinder übernahm, war ich ihm sehr dankbar, denn das ermöglichte mir meinen Weg.

Ich fühlte mich damals am Höhepunkt meines Lebens und glaubte, einen Anspruch auf Selbstverwirklichung und Glück zu besitzen. Fortan interessierten mich nur beherzte Liebhaber, keine Männer, die in herkömmlichen Rollenbildern verhaftet waren. Jetzt hatte ich nicht mehr das Programm „Beziehung" im Kopf, das ich ja siebzehn Jahre lang mit meinem Mann gelebt hatte.

„So weit bin ich noch lange nicht gewesen", seufzt Rosi. „Ich war immer noch eingeengt in unserer Beziehung und hätte nicht gewagt, da auszubrechen. Bis dann eines Tages ein Mann in mein Leben getreten ist, der begonnen hat, mich aufs Heftigste zu umwerben. Es war gerade eine Phase, in der ich sehr unglücklich war in meiner Ehe. Aber ich habe nicht gewusst, wie ich aus dieser Beziehung rauskommen hätte können. Ich habe nun einen kleinen Schritt gewagt, nämlich meine Liebesfähigkeit wieder zu spüren. Allerdings habe ich dann sehr schnell wieder einen Schritt zurück gemacht und diesem Mann gesagt, dass ich nicht weiter gehen könne. Er meinte, er hätte gerne ein Kind von mir. Na ja, ob das überhaupt noch möglich gewesen wäre?" Rosi macht eine kurze Pause. „Ich war aber ohnehin sicher, dass ich das nicht wollte, noch ein Kind von einem anderen Mann. Und so verabschiedete ich mich mit einem klaren Nein."

„Ich habe die Liebe damals als ein größeres, allgemeineres Prinzip erlebt, das sich nicht ein für alle Mal auf einen Menschen beschränken lässt. Je lebendiger und offener ich geworden bin, desto öfter hat sich die Liebe in meinem Leben ereignet und zugleich auch auf mehrere Partner erstreckt. Die Illusion, dass Liebesgefühle für einen Partner ewig bestehen bleiben sollen, war verflogen. Und dennoch wusste ich, dass wir ein Gegenüber brauchen, um die Liebe in uns erfahren zu können. Dazu gehört, aufrichtig und achtsam mit sich und anderen Menschen umzugehen. Deshalb ist es mir in diesem Lebensabschnitt auch möglich gewesen, Beziehungen zu zwei oder mehreren Männern gleichzeitig einzugehen und dazu zu stehen. Sowohl die Beziehung zu Georg als auch jene zu Niklas ist über viele Jahre aufrecht geblieben."

„Für mich wäre so ein Weg nicht möglich gewesen", wirft Rosi ein, „ich weiß, dass es die Liebe gibt, eine Liebe, die länger dauern kann, vielleicht für immer. Es ist mir klar, dass ich mich Normen unterworfen habe, über die du schon längst hinweg warst. Heute denke ich, ich hätte mich eher von Ludwig trennen sollen. Es ist nicht gut, so lange in einer Beziehung zu bleiben, wenn sie nicht mehr stimmt. Wir haben damals vereinbart zusammenzubleiben, bis Chiara das Abitur hat, und ferner haben wir beschlossen, dass wir einander nicht mehr treu zu sein bräuchten. Das hat mich zwar sehr von dieser Bindung an Ludwig befreit, gleichzeitig ist es sehr schwierig, wenn man noch zusammenwohnt, ein wirklich freies Leben zu leben."

„Dann hat es ja auch euer konventionelles Umfeld gegeben, oder?"

„Ja, unsere Freunde sind auch in der ehelichen Beziehung geblieben, obwohl ich von einigen gewusst habe, dass es für sie nicht mehr gestimmt hat. Aber sie haben Haus und Kinder gehabt, also sind sie zusammengeblieben.

„Es braucht ja auch viel Mut und Selbstvertrauen, um sich der Sprengkraft der Liebe zu überlassen", werfe ich ein. „Ich habe immer wieder erlebt, dass Liebe, die nicht den gesellschaftlichen Normen entspricht, abgewertet wird, sogar von den Liebenden selbst. In meiner therapeutischen Arbeit komme ich häufig mit Menschen in Kontakt, denen die Liebe begegnet, die sie aber entwerten, weil sie nicht den persönlichen und konventionellen Beziehungsvorstellungen entspricht. Doch gerade die traditionellen Formen der Liebe verhindern oft die Freiheit, Intensität und Spontanität.

„Ja, in meinem Fall hätte es vor allem Mut gebraucht, der mir damals gefehlt hat. Gleichzeitig habe ich festgestellt, dass Männer oft noch konventioneller waren als wir Frauen", meint Rosi dazu.

„Dabei gibt es so viele Arten von Beziehungen, von Liebe, Zuneigung und erotischem Interesse", seufze ich. „Meine Erfahrung hat mich gelehrt, dass Liebende sich keinen Normen unterwerfen sollten, die bestimmen, wo der Weg hinführt. Vielmehr sollten sie darauf achten, welche Art von Beziehungsform ihnen entspricht, und sich danach orientieren."

„Aber ist es uns überhaupt bewusst, in welchen Normen und Konventionen wir noch stecken? Hast du das für dich gut umsetzen können?", fragt Rosi.

„Für mich war es, als würde mich mein Weg in eine bestimmte Richtung lenken. Es war nicht immer leicht, unter all dem Gestrüpp von Gewohnheiten, Vorstellungen und Befürchtungen mich selbst zu finden. Doch langsam habe ich immer mehr gelernt, nicht gegen konventionelle Vorstellungen zu kämpfen, sondern diese Vorstellungen einfach außer Acht zu lassen. Auf diese Weise bin ich an eine tiefere Schicht in mir herangekommen, die mir mehr und mehr zugänglich und bewusst geworden ist."

Rosis Augen glänzen. „Das stimmt! Es ist nicht einzusehen, dass wir gegen etwas kämpfen müssen. Viel besser ist es, wie du sagst, es einfach sein zu lassen. Dein Leben so zu leben, wie du es gerne möchtest. Danke, das hilft mir sogar jetzt noch!"

„Freut mich zu hören!"

„Ich habe mich ja schließlich nach über dreißig Jahren Ehe von Ludwig getrennt und bin eine neue Beziehung eingegangen, wie du ja weißt. Und heute, nachdem auch diese Beziehung nicht mehr funktioniert hat, lebe ich in einer für mich völlig neuen Lebensform. Bis zu dieser Trennung war ich noch nie in meinem Leben Single." Rosi schüttelt den Kopf. „Kaum zu glauben, oder? Mit sechzehn Jahren habe ich meinen ersten Freund gehabt, und so ist es immer weitergegangen. Das erste Mal lebe ich nun allein und genieße dieses Leben vollauf. Endlich kann ich machen, was ich will. Keiner kontrolliert mich", erzählt Rosi über ihr jetziges Leben. „Ich lass es im Moment auf mich zukommen und vertraue auf das Leben. Dieses absolute Vertrauen fällt mir nicht immer leicht. Ich starte immer wieder von Neuem! Lerne ich einen neuen Mann kennen, so ist es immer noch herausfordernd, meine Wünsche und Bedürfnisse zu äußern."

„Es ist in der Tat nicht immer leicht", bestätige ich. „Unser Gegenüber hat ja auch Wünsche und Bedürfnisse, und die müssen sich nicht unbedingt mit den unsrigen decken. Aber im Austausch mit unserem Gegenüber einen Weg zu finden, heißt, Verantwortung für unsere Lebensgestaltung zu übernehmen." Rosi nickt.

„Ich finde, es ist wichtig, die Dinge auf sich zukommen zu lassen", sage ich. „Sie fügen sich, wenn man auf das Leben vertraut. Mein Leben damals war aufregend und bunt. Ich hatte alles, was ich mir erträumt hatte: interessante Freunde, mit denen ich in ferne Länder reiste, den Beruf als Gestalttherapeutin vor Augen, ich war frei und ungebunden, meine Kinder wurden langsam erwachsen. Ich erlebte Anregung, wohin ich mich wandte – und dennoch: So glücklich und dankbar ich auch war, in meinem tiefsten Inneren nagte noch immer eine mir unerklärliche Unzufriedenheit."

„Was? Das hätte ich jetzt nicht gedacht!" Rosi reißt erstaunt die Augen auf.

„Dann wird dich das Folgende sicher interessieren."

Ich erinnere mich an eine Übung bei einem Seminar, in der man an einen inneren Kraftort geführt wurde. Dort begegnete man einem weisen alten Menschen, um ihm eine wichtige Frage zu stellen. Vor meinem inneren Auge tauchte mein Großvater auf. Da brach meine Herzensfrage aus mir heraus: „Warum kann ich nicht zufrieden sein?" Seine Antwort: „Weil du dein Selbst noch nicht erkannt hast." Diese für mich so essentielle Frage trieb mich an, meinen Weg weiterzugehen. Ich wollte unbedingt wissen, was dieses Selbst in mir eigentlich war.

Walter bot zu dieser Zeit eine Weiterbildung für Psychotherapeuten in Transpersonaler Psychotherapie und Holotropem Atmen an. Er war bereits damals ein wichtiger Mensch in meinem Leben geworden. Sein umfangreiches Wissen, sein ganzheitlicher Zugang zum Menschen und zur Welt als Gesamtes berührten mein Innerstes. Ich wollte unbedingt weiter von ihm und bei ihm lernen. Kurz entschlossen, wie es meine Art war, wenn ich diese innere Sicherheit spürte, meldete ich mich für diese Weiterbildung an. Mein Vertrauen in Walter war so groß, dass ich mich auf dieses Wagnis bedenkenlos einließ, ohne zu ahnen, was auf mich zukommen würde.

13.

Wenige Wochen später begann die Weiterbildung in Transpersonaler Psychotherapie. Gemeinsam mit einer Gruppe von 23 Gestalttherapeutinnen fand ich mich ein in einem heimeligen Seminarhaus im Salzburger Land inmitten der Natur, ideal für diese Art von Arbeit. In dem kleinen Ort wurde nachts sogar die Straßenbeleuchtung abgeschaltet. Das Seminar begann damit, dass wir einander erzählten, warum wir überhaupt daran teilnahmen. Es war mehr als spannend, zu erfahren, was die einzelnen Leute dazu gebracht hatte. Ich schilderte, wie ich durch die intensive Arbeit an mir gelernt hatte, mich innerlich immer mehr zu öffnen. Dann erklärte uns Walter, nach welchen Methoden wir arbeiten würden: „Wir verwenden in der Transpersonalen Psychotherapie die Technik des Holotropen Atmens nach Stan Grof, eine Kombination von Musik und Atmung. Wir werden uns für neue Erlebniswelten öffnen. Es gibt in unserem Innersten eine Entwicklungskraft, einen inneren Bezugspunkt, der unser seelisches Wachstum fördert. Wir nennen ihn die ‚Innere Weisheit' in uns. Durch das Holotrope Atmen können wir einen Zugang dazu bekommen. Eines der wichtigsten Prinzipien der Atemarbeit ist es, alles, was sich zeigt, zu unterstützen, und alles, was hochkommen möchte, zuzulassen. Der geschützte Rahmen unserer Gruppe ist dabei wichtig. Er erleichtert den Zugang zu diesen anderen Ebenen des Bewusstseins. Im festen Gefüge einer Gruppe aufgehoben zu sein, macht es leichter, mit Ängsten und Schwierigkeiten umzugehen, wenn wir intensive innere Erfahrungen machen werden."

Eine der Teilnehmerinnen meldete sich zu Wort: „Wie genau läuft eine Atemsitzung ab?"

„Für die Atemsitzung nehmen wir uns mindestens drei Stunden Zeit. Sie wird in einem sicheren, abgedunkelten Raum stattfinden. Zu Beginn bilden sich Paare, die miteinander arbeiten werden. Der eine der beiden ist der Erfahrende, der in die Atemsitzung hineingeht, der andere begleitet die erfahrende Person. Sie heißt „Sitter". Der Erfahrende liegt auf der Matte und schließt die Augen. Die Atemsitzung beginnt mit einer Entspannungsübung. Diese hilft, körperlich loszulassen und sich dem Kommenden anzuvertrauen. Dann folgt die Anweisung ‚Atme tiefer und schneller, dynamischer und kräftiger und lass dich von der Musik und deinem Atem tragen'. Musik unterstützt die Atmung und hilft uns, das Bewusstsein auf den inneren Vorgang zu richten. Anfangs werdet ihr schnelle Rhythmen hören, im Mittelteil eher dramatische und ethnische Klänge, im Schlussteil mehr entspannende und spirituelle Variationen. Atem und Musik tragen die Erfahrenden auf eine Reise tief in ihr Inneres und können neue Erfahrungsräume eröffnen."

Ein weiterer Teilnehmer, der mit eher skeptischem Gesichtsausdruck Walters Erläuterungen gefolgt war, stellte die Frage: „Und dieser Prozess entfaltet sich eigenständig, ohne Beeinflussung durch außen?"

„So ist es", bestätigte Walter. „Es kann sein, dass eine Sitzung in aller Ruhe stattfindet. Es kann aber auch bei manchen zu intensiven und lebhaften Bewegungen oder zu einem energetisch aufgeladenen Körpergefühl kommen. Der Atem führt uns durch Hindernisse und Blockaden durch. Wenn es zu Schütteln oder Zittern, zu Verkrampfungen, Lachen oder Weinen kommt, sind dies Anzeichen für das Freiwerden von energetischen Blockierungen."

Mit jedem Satz von Walter fühlte ich mich immer unbehaglicher. Worauf hatte ich mich da bloß eingelassen? Zum Glück saß meine Freundin Erna neben mir. Sie hatte relativ gelassen zugehört. Vieles, so erzählte sie mir später, hatte sie an ihre Erfahrungen mit der Methode des Rebirthing erinnert. In der Kaffeepause zog ich sie hinaus in den Garten und beschwor sie: „Du musst unbedingt meine Sitterin sein, sonst trau ich mich das nicht!"

„Wieso das denn?"

„Na, was da alles abgehen kann! Ich habe mich nie damit beschäftigt. Du darfst mich nicht im Stich lassen!"

Erna beruhigte mich und versprach, nicht von meiner Seite zu weichen.

Nach der Pause beschloss ich, erst einmal all diesen beunruhigenden Aussichten keine Beachtung zu schenken, und nahm das Gehörte mit professionellem Blick zur Kenntnis.

„Und was wird mit diesen Erfahrungen weiter geschehen?", fragte ich Walter.

„Die Erfahrungen werden therapeutisch aufgearbeitet. Nach der Atemsitzung werden wesentliche Bilder, Szenen, Körperempfindungen oder Einsichten in einem intuitiven Bild festgehalten, das wir dann gemeinsam besprechen. So können wir die meist intensiven Erlebnisse besser verstehen. Über dieses Verstehen kann es dann zu einer Neuorientierung im Leben kommen. Regelmäßige Meditationen und Rituale unterstützen uns auf dem Weg, das innerste Selbst zu entdecken und Vertrauen in diese Kraft zu entwickeln", so führte Walter aus.

Da war es wieder, die Forderung, das innerste Selbst zu entdecken. Deswegen bin ich doch hier, schoss es mir durch den Kopf. Die Fokussierung auf den Atem war auch in der Gestalttherapie und in der

Bioenergetik schon Thema gewesen, hier konnte ich mit meinen Erfahrungen anknüpfen, denn sowohl in der Gestalttherapie als auch in der Bioenergetik achtete man auf den freien Fluss des Atems. Das flache Atmen hindert uns daran, uns unseren Gefühlen und Erfahrungen hinzugeben. Gleichzeitig kann man sich jedoch von seinem Atem auch beseelen lassen und damit unserer Spiritualität näherkommen. Man lässt den Atem durch den Körper fließen, lässt sich von ihm bewegen. Er ist der Lebensodem, die kosmische Energie, die unseren Körper erhält. Mit dem Atem und der damit verbundenen tieferen Erfahrung können wir unser Bewusstsein erweitern. Das Schöne am bewussten Atmen ist, dass man dafür keine Überzeugung, kein Dogma, keine Autorität benötigt, sondern nur Hingabe und die Bereitschaft, sich zu öffnen. Meine erste Atemsitzung wurde zu einem Schlüsselerlebnis für mich. Es sollte mein Leben für immer verändern!

Ich legte mich auf die vorbereitete Matte, Erna saß schützend neben mir. Sie hielt meine Hand, als Walter die Entspannungsübung mit den Worten einleitete: „Übergib die Regie an die Innere Weisheit und bitte sie, dass sie dir jene Erfahrung zur Verfügung stellt, die deiner Entwicklung am hilfreichsten ist. Die Musik unterstützt die Erfahrung und hilft dir dabei, innere Impulse zum Ausdruck zu bringen. Es ist wichtig, den Prozess zuzulassen und alles zum Ausdruck zu bringen, was sich zeigen will." Er forderte uns auf, den tiefsten Punkt im Körper zu finden, jenen, den wir am intensivsten wahrnahmen. Als ich mich darauf konzentrierte, hatte ich das Gefühl, dass Flammen in meinem Schoß loderten.

Die Musik begann. Ich spürte, wie der Atem in Form einer liegenden Acht in meinem Bauch floss. Diese Bewegung wurde immer schneller und ging in meinen Körper über, bis sie ihn schließlich ganz erfasste. Wenig später trug mich mein Bewusstsein auf einen afrikanischen Dorfplatz. Menschen trommelten und tanzten im Kreis. In der Mitte wurde ein öffentlicher Liebesakt gefeiert. Die Tanzenden bildeten einen schützenden Kreis um die Liebenden und feuerten sie gleichzeitig mit lauten Rufen und Gesängen an. Ich erlebte mich mittendrin, einmal als Frau im Liebesakt, dann wieder tanzte und trommelte ich mit den anderen mit. Ich erlebte es in diesem Moment – oder hatte ich es schon einmal erlebt? Der Gedanke blitzte kurz auf, aber er war nicht von Bedeutung.

Vollkommen von selbst begann mein Körper sich zu bewegen und zu tanzen, ich gab mich ganz der Lust, dieser Freude hin, fühlte mich völlig unbeschwert, tief mit mir selbst verbunden. Ich war in meinem Körper und wusste doch um die Durchlässigkeit meiner Grenzen über den Körper hinaus für alles um mich herum. Ich fühlte mich wach und lebendig, ich hätte stundenlang so weitertanzen können. Dann verstummte das Trommeln, und ich spürte in meinem ganzen Körper Schmerz, der sich in meiner Körpermitte und um mein Herz sammelte. Eine bodenlos tiefe Sehnsucht nach dieser Zeit, in der ich Lust als etwas so Unbeschwertes erlebt hatte, zog mich schwer zur Erde hinunter. Tränen liefen über mein Gesicht. Ich fragte mich, warum ich von dieser Selbstverständlichkeit abgeschnitten war. Warum war mir die Natürlichkeit genommen worden?

Die Antwort gab ich mir selbst, ich erlebte mich plötzlich in einer Zeit, in der Körperlichkeit verachtet wurde. Ich war eine Ordensschwester und bewegte mich auf einer geistig-asketischen Ebene. Mir wurde abverlangt, meine Leiblichkeit zu verurteilen, sie durfte sich nicht entfalten, und mein selbstverständlicher Umgang damit wurde als böse verdammt. Zu meinem Erstaunen hörte ich plötzlich die Orchestermusik aus Wagners *Tannhäuser*. Die Musik und der Inhalt dieser Oper, den ich sehr gut kannte, empfand ich wie die Bestätigung meines Erlebnisses. Die Oper *Tannhäuser* von Richard Wagner hat diese christliche Aufspaltung zum Inhalt. Tannhäuser hatte im *Venusberg* geweilt, das heißt, er hat mit Venus, der heidnischen Göttin der Liebe, die Sexualität in vollen Zügen genossen und sich damit an ihrem christlichen Gegenpol, der Jungfrau Maria, schwer versündigt. Als er sich während des Sängerkrieges auf der Wartburg, dessen Thema das Wesen der Liebe ist, immer mehr in die Verzückung hineinsteigert und schließlich seinen Aufenthalt im Venusberg begeistert gesteht, wollen ihn die anwesenden Ritter töten. Aber die hehre und keusche Elisabeth erbittet, dass er als Pilger nach Rom ziehen darf, um dort Vergebung zu erlangen. Demutsvoll absolviert Tannhäuser seine Pilgerfahrt, bis er schließlich dem Papst seine Sünde beichtet, der ihm jedoch die Vergebung verweigert. Gott aber ist gnädiger als der Papst. Elisabeths reine Liebe hat Tannhäuser erlöst. Sie wurde heiliggesprochen.

Auf einer transpersonalen Ebene kann man mein Erlebnis der rituellen Vereinigung auch als *Heilige Hochzeit* (*Hieros Gamos*) verstehen. Ich war in dieser Atemerfahrung als Einzelperson mit einem Ereignis in Kontakt, das gleichzeitig einem Teil der Menschheitsgeschichte entspricht. Im Matriarchat begann mit dem Ackerbau die Symbolik der Heiligen Hochzeit wirksam zu werden. Die körperliche Liebe zwischen Mann und Frau stand im Dienst einer allgemeinen Fruchtbarkeit.

Um das Pflanzenwachstum anzuregen, feierte man dieses Ritual der *Heiligen Hochzeit*. Es war von Irland bis nach Indien, von Norddeutschland bis nach Afrika verbreitet. Die Priesterin eines Stammes oder Dorfes wurde zur Verkörperung der Göttin. Sie wählte einen jungen Mann zum „König“ und vereinigte sich mit ihm. Manchmal nahmen auch alle Dorfbewohner daran teil, um durch die kollektive Ekstase das Wachsen und Sprießen der Pflanzen magisch anzuregen. Musik und Tanz waren Vorspiel und Begleitung bei der sexuellen Ekstase. Je tiefer, leidenschaftlicher und intensiver die sexuellen Begegnungen zwischen der Priesterin und dem König waren, desto üppiger würden die Feldfrüchte gedeihen. Denn die Natur, nicht nur die menschliche, betrachtete man als belebt und göttlich. Die Vereinigung von weiblicher und männlicher Energie in einer feierlichen Zeremonie, getragen von Vertrauen und Verehrung, wurde zum Segen, der von Gedeihen, Fruchtbarkeit und Lebenskraft erfüllt war. Angeblich wurde dieses Ritual auch in Europa noch lange nach der Christianisierung zelebriert, und zwar am ersten Frühlingsvollmond, dem ursprünglichen Osterfest, das nach der alteuropäischen Fruchtbarkeitsgöttin Ostaria benannt war.

Nachdem ich wieder in die Realität des Raumes zurückgekehrt war, konnte ich in dieser Energie, die so plötzlich und intensiv von mir Besitz ergriffen hatte, sofort eine Verbindung zu meinem unmittelbaren Leben herstellen. Ich dachte daran, wie ich in sexuell erfüllten Begegnungen das Feuer des Lebens gespürt hatte, wie sich dabei mein Körper selbstvergessen geöffnet hatte.

Als ich Walter meine Erfahrungen schilderte, nickte er: „Viele Menschen haben Ähnliches erlebt. Durch das intensivere Atmen wird Unbewusstes und Verdrängtes ans Licht geholt. Wir brauchen einen bewertungsfreien Raum, wo sich all das Verborgene zeigen darf. Wenn wir Nein dazu sagen, zieht es sich wieder zurück. Deshalb ist es wichtig, alles hochkommen zu lassen, was sich ereignet und zeigt – auch Überbewusstes, das Zeit- und Raumgrenzen überwindet und dir das Gefühl gibt, du befändest dich in anderen Zeiten oder Kulturen. Unser Bewusstsein ist in der Lage, Zeit- und Ortsgrenzen zu überschreiten. Es kann uns den Zugang auch zu solchen Erfahrungen eröffnen, die jenseits von Zeit und Raum sind.“

Ich fühlte mich völlig überwältigt von dem Erlebten: Von diesen anderen Dimensionen meines Daseins, unbegrenzt und jenseits von Zeit und Raum, hatte ich bis dahin nichts gewusst.

In meinem alltäglichen Bewusstsein war ich nur mit einem Bruchteil dessen, was ich an Erfahrungen und innerem Wissen in mir trug, verbunden. Unter einer dünnen Schicht von Realität, die ich bisher für das gesamte Potenzial meiner Psyche gehalten hatte, lagen ungeahnte Dimensionen. Ich war fasziniert.

Mein erstauntes und skeptisches Ich hinterfragte gleichzeitig dieses Phänomen. Brauchte ich mich nur einem entsprechenden Reiz auszusetzen, und schon konnte die Betrachtung der Welt eine ganz andere sein?

Ich war so begeistert von diesem Erlebnis, dass ich jedem davon erzählte. Und so musste auch Rosi sich dies alles geduldig anhören. Sie hatte damals eine kleine Tochter und war wohl mit anderen Dingen beschäftigt. Wir begannen jedoch damals, uns wieder anzunähern. Wir verbrachten einen gemeinsamen Urlaub zusammen. Jeden Morgen brachen wir zu einem langen Spaziergang auf. Rosi ging gerne bergauf, sie wollte sich körperlich anstrengen, und ich ging am liebsten schwungvoll in der Ebene. Also einigten wir uns auf einen Weg, der zwar bergauf führte jedoch auch über flache Abschnitte führte. Als ich von meinen Atemerfahrungen erzählte, hörte sie manchmal interessiert und dann wieder nur halbherzig zu. Es kam ihr wohl doch einiges sehr seltsam vor.

„Jahre später hast du mich ermutigt, ebenso eine Erfahrung im Holotropen Atmen zu machen", wirft Rosi an dieser Stelle ein, „Und weil ich ein neugieriger Mensch bin, habe ich es auch ausprobiert. Angeleitet bin ich von Walter worden. Ich erinnere mich noch, dass Walter Fritz Perls zitiert hat: ‚Du musst den Fluss nicht anstoßen. Er fließt von selbst.' Wir sollten uns einfach drauf einlassen und das, was sich zeigte, als Wichtigstes sehen, wie etwa den Schmerz annehmen und dann erst den nächsten Schritt machen." Dann schildert Rosi ihre Atemerfahrung: „Ich sehe nur Weiß. Ich tauche mit dem Becken ein, bewege Arme und meinen Oberkörper in Zeitlupe. Ich tauche immer weiter ein. Ich gehe mit Oberkörper, Kopf und Armen in Kauerstellung, alles wird schwarz. Ich will weinen, kann aber nur leise wimmern, mein Gesicht wird schrumpelig, dann komm ich raus. Ich rolle mich auf den Bauch und schreie – aus Leibeskräften. Ich erlebe ein Gefühl von Verlassenheit und Trauer. Dann fühle ich Geborgenheit, wie wenn mich die Mutter drückt und sagt: ‚Ja komm, ich habe dich lieb, du bist willkommen.' Ich realisiere, dass ich gerade meine Geburt erlebt habe. Früher wurden die Babys an den Füßen hochgehoben, damit sie schreien. Das ist vermutlich dieses Gefühl von Verlassenheit, so habe ich mein Erleben interpretiert."

„Das klingt nach einer sehr intensiven Erfahrung …"

„Ja, das war es, und gleichzeitig habe ich gewusst, dass dies nicht mein Weg sein kann. Diese Erfahrung soll man ja öfters machen, doch mir hat das eine Mal gereicht. Es war mir zu anstrengend, zu sehr angeleitet. Mir hat nicht gefallen, dass man von einer ganzen Gruppe abhängig ist, dass man dafür mehrere Tage ein Seminar besuchen muss, dass man es nicht alleine machen kann. Außerdem war es schwierig für mich, Ludwig davon zu erzählen, weil er es für völlig verrückt halten würde, was ich hier mache. Einige Teilnehmerinnen haben mich beruhigt und gemeint, da wäre ich nicht die Einzige, für die es schwierig sei, zu Hause davon zu erzählen, das ginge ihnen genauso. Ich war jedenfalls überzeugt davon, dass es auch anders möglich sein müsse, solche Erfahrungen zu machen."

„Mich hingegen hat meine Atemerfahrung nachhaltig beeindruckt – und ich habe gewusst, dass ich diesen Weg weitergehen wollte! Ich habe festgestellt, dass es in meinem Unbewussten offenbar ein Bild, einen Ort gab, an dem die Kraft und die Lust einer sexuellen Vereinigung, die in Liebe und Respekt miteinander geteilt wird, eingebettet war in ein spirituelles Ritual, das der Schöpfung dient. Zu diesem Gott, der die Liebe ehrt, habe ich mich hingezogen gefühlt. So habe ich mir angewöhnt, jedem meiner Liebhaber eine Kirche zu widmen. Wenn ich also fortan in der Dominikanerkirche eine Kerze angezündet habe, so sind damit automatisch gute Wünsche für Georg verbunden gewesen, während die Jesuitenkirche ausschließlich Niklas vorbehalten gewesen ist, dann pilgerte ich auch noch in die Franziskanerkirche, nach Maria am Gestade und in den Stephansdom."

„Zum Glück gibt es in deiner nächsten Umgebung viele Kirchen", neckt mich Rosi.

„Ja, und jede Einzelne habe ich mit beglückenden Liebeserlebnissen verbinden und mich dafür bedanken können", gebe ich vergnügt zurück. „Apropos verdrängte Sinnlichkeit, dazu muss ich dir noch etwas erzählen! Im Zuge der Dreharbeiten zu einem katholischen Film über Engel stand damals auf dem Wiener Stephansplatz eine Installation eines Künstlers: riesige Engelsflügel mit einem hohen, schmalen Spiegel dazwischen. Stellte man sich vor den Spiegel, sah man sich als Engel mit den großen aufblasbaren Flügeln. Passanten wurden mit der Frage ‚Glauben Sie an Engel?' angesprochen, auch ich. Und meine Antwort war: ‚Im Laufe meiner spirituellen Entwicklung habe ich immer wieder Engelsbegegnungen gehabt, die mir Botschaften vermittelt haben. Heute weiß ich, dass Engel die Menschen sind, die aus freiem Herzen geben', habe ich voller Überzeugung gesagt. ‚Diese Menschen geben nicht, weil sie sich nicht Nein sagen trauen, und auch nicht, weil sie etwas zurückerwarten oder damit andere manipulieren wollen. Das kann eine Oma sein, die voller Liebe für ihr Enkelkind da ist, aber auch jemand, der mir eine unliebsame Wahrheit sagt. Aber ganz besondere

Engel sind gute Liebhaber und Liebhaberinnen, denn sie geben einem das Gefühl, dass man geliebt und angenommen ist mit seinem Körper, seinem Herzen und seiner Seele. Und mit diesem Grundgefühl geht man ganz anders ins Leben hinaus.' Gerade diese letzte Aussage begeisterte die Filmemacherin und sie nahm sie in ihren Film auf. Als ihre Auftraggeber, allesamt Männer, den Film abnahmen, forderten sie vehement, diese Stelle zu entfernen – was auch geschah."

„Das ist ja unglaublich! Warum haben manche Menschen keinen Humor? Und warum haben sie solche Macht, das zu verbieten? Und warum geben sie dann solche Interviews überhaupt in Auftrag? Um nur das zu hören, was wir schon immer gehört haben?", entrüstet sich Rosi. Sie hebt ihr Glas. „Auf die Gedankenfreiheit! Und auf unsere Engel!", scherzt Rosi lachend. Wir stoßen an.

„Aber nun wieder zurück zu deiner Geschichte!"

Ich war in einer lustfeindlichen christlichen Tradition aufgewachsen, deren Symbole und Riten tief in mir verankert waren. Schon als Kind liebte ich den Duft des Weihrauchs, Maiandachten, Fronleichnamsprozessionen, geschmückte Altäre, gestreute Blumen, Orgelmusik, die Ruhe und Stille, die Kirchen ausstrahlen. Doch wenn ich damals den vorgeschriebenen Beichtspiegel – ein Hilfsmittel zur Gewissenserforschung – durchlas, hatte ich sofort ein schlechtes Gewissen und das Gefühl, meine unreine Seele läutern zu müssen. Im Laufe der Jahre fand ich heraus, dass ein Weg, der die menschliche Natur bekämpft, die Kraft der Erotik nicht mit einbezieht und die Lebensfreude abwertet, für mich nicht infrage kam. Außerdem war die Gleichrangigkeit von Mann und Frau in einer offenen Begegnung, in der sich beide gleich verantwortlich fühlten, für mich Grundvoraussetzung auf einem spirituellen Weg. So entfernte ich mich im Laufe der Zeit immer weiter von der katholischen Kirche und trat schließlich aus ihr aus.

„Jetzt muss ich dich aber unterbrechen", sagt Rosi „Mir ging es da ganz anders mit dem Beichten. Ich fand das eine wunderbare Methode, um mich anschließend so frei und leicht zu fühlen. Jetzt kann ich wieder von vorne anfangen, habe ich jedes Mal danach bei mir gedacht. Das ist wie ein neuer Schulanfang mit neuen Heften. Ich habe das sowieso nie so ernst genommen. Meine Seele war immer rein. Erinnerst du dich noch, als ich in der Kirche, als wir vor der Kommunion den Spruch ‚Herr, ich bin nicht würdig, dass du eingehst unter mein Dach, aber sprich nur ein Wort, so wird meine Seele gesund' sagen sollten, zu dir gesagt habe, dass ich sehr wohl würdig sei? Du hast das damals sehr lustig gefunden."

„Ja", bekräftige ich Rosi, „damals ist mir auch schon vieles bewusst geworden."

Was mich nun beschäftigte, war diese intensive Kraft, die ich in meiner Atemsitzung verspürt hatte. Aus Sicht der Yogatradition konnte diese Kraft als das Erwachen der Kundalini verstanden werden. *Kundalini Shakti*, so nennen viele östliche Richtungen die universelle Kraft, die zielbewusst die Vereinigung mit unserem innersten Selbst anstrebt. Es ist eine Kraft, die in jedem Menschen ruht. In der christlichen Tradition wird sie Heiliger Geist genannt, in östlichen Traditionen Chi oder auch Qi. Es gibt in vielen mystischen Traditionen spezielle Praktiken, um diese Energien zu aktivieren und zu fördern: in Ägypten, bei den Kelten, den Taoisten, in Tibet, im Judentum, bei den indigenen Völkern Amerikas, den Inuit, in den afrikanischen Kulturen, im Schamanismus, im Sufismus und im christlichen Mystizismus.

Meine Atemerfahrung allein würde man wohl noch nicht als spirituelles Erwachen bezeichnen können, und doch war sie der Beginn meiner spirituellen Reise, auf der ich neue Einsichten über den Sinn und Zweck des Lebens erfuhr.

„Es ist so beeindruckend, dass das Bedürfnis dafür schon immer vorhanden gewesen ist. Es muss ganz tief im Menschen verwurzelt sein", bemerkt Rosi gedankenvoll. „Glaubst du nicht auch, dass die Menschen, die absolut nicht daran interessiert sind, vermutlich von ihrem Wesen abgeschnitten sind?"

„Ich sehe das auch so – und habe es auch so erlebt. Für mich war dieses Atemerlebnis der Aufbruch zu einem intensiven inneren Weg, auf dem meine persönlichen Erfahrungen immer im Mittelpunkt gestanden sind. Durch die Auseinandersetzung mit dem Erlebten hat sich mir eine faszinierende Welt eröffnet, die mir völlig neue Einsichten ermöglicht und mein gesamtes Weltbild aus den Angeln gehoben hat. Es ist eine sehr eingeschränkte Sichtweise, nur unser Alltagsbewusstsein als real anzuerkennen! Das ist mir nach diesen tiefgehenden Erfahrungen erst richtig klar geworden. Mich in anderen Zeiten und Kulturen zu erleben, Zustände zu erfahren, in denen sich die Zeit auflöst, wo alles mit allem verbunden scheint – das war der Anfang meines neuen Weges."

„Ich glaube, wir haben beide zwar ähnliche Bedürfnisse gehabt, aber ich habe mich für den ruhigen Weg der Meditation entschieden.

Durch Sitzen und Meditieren bin ich aus der Enge des Tagesbewusstseins in einen weiten Bewusstseinsraum gekommen", erzählt Rosi und fährt fort: „Als ich später gelernt habe, die Stille zu spüren und die Stille zu hören, habe ich begriffen, dass dies der Ort ist, wo man zu Hause ist. Doch das kann nur wahrnehmen, wer auch auf diesem Weg ist. ‚Breath and release the tension in your body' ist ein Zitat von Thich Nhat Hanh, das ich damals immer im Ohr gehabt habe. Es ist die Erkenntnis, dass nur der Moment wichtig ist. Doch wem hätte ich das damals erzählen sollen?" Sie gähnt ausgiebig. „Puh, es ist ganz schön anstrengend, so in deine und meine Lebensgeschichte einzutauchen! Was meinst du, sollen wir für heute Schluss machen?"

„Ja, ich werde auch langsam müde." Wir stehen auf und strecken uns. Ich stelle unsere Weingläser in die Küche, wünsche Rosi eine gute Nacht und falle ins Bett. Ich schlafe fast augenblicklich ein.

14.

Am nächsten Morgen stehen wir beide früh auf. Bereits eine halbe Stunde später schlendern meine Schwester und ich durch die noch ruhige Innenstadt zu einem Kaffeehaus in der Nähe meiner Wohnung. Es ist eines dieser typischen Wiener Innenstadtkaffeehäuser mit ausladenden Bogenfenstern und Säulen, die den großen Raum unterteilen. Als wir durch die Schwingtür treten, ist es noch ruhig. Aus der Küche dringt leises Klappern von Geschirr, der Ober steht an einem der runden Marmortische und plaudert mit einer elegant gekleideten älteren Dame. Wir steuern unseren Lieblingstisch direkt an einem der Fenster an und nehmen auf den mit rotem Chintz überzogenen Stühlen Platz. Während des Frühstücks unterhalten wir uns über unsere Kinder und Enkelkinder, die Filme, die wir in letzter Zeit angesehen, und die Bücher, die uns beeindruckt haben.

Ich lasse den Blick schweifen und entdecke Herrn Csiojka, einen Bekannten in meinem Alter. Als ich ihm zuwinke, erhebt er sich und kommt mit strahlendem Lächeln auf uns zu. „Das ist Herr Csiojka. Ich treffe ihn manchmal hier, und dann trinken wir einen Kaffee miteinander", raune ich Rosi zu.

„Gnädige Frau, wie schön Sie wieder einmal zu sehen!" Herr Csiojka beugt sich galant über meine Hand. Ich stelle ihn meiner Schwester vor und erzähle, dass sie ein paar Tage zu Besuch bleiben wird.

„Ah, schön, Sie haben sich bestimmt viel zu erzählen", sagt Herr Csiojka. „Da will ich nicht länger stören."

„Sie stören überhaupt nicht. Setzen Sie sich doch auf einen Kaffee zu uns", entgegne ich.

Nachdem Herr Csojka bestellt hat, wendet er sich mir zu. „Ich habe Sie nun schon lange nicht mehr gesehen. Hatten Sie viel zu tun?"

„Ja, das hatte ich. Nicht nur beruflich, ich habe auch angefangen, meine Lebensgeschichte niederzuschreiben." Einen Moment lang bin ich über mich selber überrascht. Was hat mich bloß bewogen, das zu erzählen? So gut kennen wir uns ja gar nicht. Auch Rosi blinzelt verwundert.

Die Reaktion von Herrn Csjoka lässt uns dann beide aufhorchen. „Tatsächlich, das ist ja interessant!" Seine Stimme klingt aufgeregt. „Wissen Sie, ich habe das im letzten Jahr auch getan. Wochenlang habe ich daran gearbeitet, sogar einen Titel hatte ich schon!" Er lacht leise auf.

„Und wie lautet der?" Rosi ist nun auch neugierig geworden.

„Mir fielen spontan die Worte meiner Mutter ein ‚Was würden denn die Leute sagen!', antwortet Herr Csojka feierlich. „Ich wollte meinen Lebensbericht meinen Kindern übergeben, als Weihnachtsgeschenk. Alles war bereit, der Text ausgedruckt, gebunden und in Weihnachtspapier eingepackt. Aber dann …" Herrn Csojkas Stimme verliert sich.

„Was ist passiert?", frage ich vorsichtig nach.

„Ich war mir plötzlich nicht mehr sicher, ob ich wirklich möchte, dass meine Kinder das lesen. Es erschien mir plötzlich so intim." Herr Csjoka räuspert sich. „Jetzt liegen die zwei Exemplare im Safe, und meine Kinder können sie lesen, wenn ich einmal nicht mehr lebe. Das erscheint mir – zumindest im Moment – als die bessere Lösung."

„Ja, man gibt viel von sich preis, nicht wahr?", nicke ich ihm zu. „Das unterschätzt man leicht. Mir war manchmal auch nicht ganz wohl, wenn ich mir vorgestellt habe, dass andere lesen, was ich da zu Papier gebracht habe. Aber jetzt ist es beschlossene Sache."

„Sie sind mutiger als ich." Herr Csjoka neigt anerkennend den Kopf. „Aber nun muss ich los. Ich wünsche den Damen noch einen schönen Tag!"

Rosi und ich verabschieden uns herzlich von ihm, und als er gegangen ist, sehen wir einander an. „Es ist ja durchaus verständlich", meint Rosi, „aber trotzdem ist es schade, dass er seinen Kindern nicht die Möglichkeit gibt, seine Aufzeichnungen zu lesen! Vielleicht würden sie ihn gerne zu dem einen oder anderen, was er in seinem Lebensbericht beschreibt, befragen?"

„Möglicherweise braucht er ja nur noch ein bisschen Zeit", mutmaße ich.

„Kennst du den Film *Die Brücken am Fluss*?" Ich schüttle den Kopf. „Ein toller Film mit Meryl Streep und Clint Eastwood. Darin finden die erwachsenen Kinder nach dem Tod ihrer Mutter Tagebücher, aus denen sie erfahren, dass sie vor Jahren eine Affäre hatte – eine große Liebe. Durch das Lesen der Tagebücher können die Kinder ihre Mutter besser verstehen und über ihre eigenen Eheprobleme reflektieren."

Damit wenden wir uns wieder anderen Themen zu, und kurz darauf begleichen wir unsere Rechnung. Auf dem Heimweg besorgen wir noch ein paar Lebensmittel, dann kehren wir in meine Wohnung zurück.

„Zeit, wieder einzutauchen", meint Rosi. Nachdem ich die Lebensmittel verstaut habe, gehen wir ins Wohnzimmer und machen es uns auf der Couch gemütlich.

Ich blättere in dem Manuskript. „Wo waren wir stehengeblieben? Ah, ja – jetzt geht es um das Phänomen Zeit!

Das Phänomen ‚Zeit' einmal ganz anders zu erleben, diese Frage hat wohl schon viele Menschen beschäftigt. Der schon erwähnte Fritz Perls weist immer wieder darauf hin, dass nichts außer dem Hier und Jetzt existiert. Das Jetzt ist als Gegenwart für uns wahrnehmbar. Doch jeder Moment trägt auch unsere Erinnerungen, unsere Zukunftsvorstellungen in sich. Ob wir uns erinnern oder etwas vorwegnehmen – wir tun es immer im Jetzt: Denn Vergangenheit ist nicht mehr und die Zukunft hat noch nicht stattgefunden. Ob bei den Mystikern, bei Fritz Perls, Ken Wilber oder Salomo Friedlaender oder anderen Philosophen – die Grundaussage bleibt immer dieselbe: Die Gegenwart ist die einzige Realität."

„Dieselbe Aussage gab es ja schon sehr viel früher im Buddhismus. Buddha hatte diese Erfahrung schon vor 2500 Jahren gemacht", ergänzt Rosi, die sich schon seit Längerem mit der Tradition des Buddhismus beschäftigt." Ich lese weiter.

Die Sitzung begann mit dem Gefühl des Friedens. Ich sah einen felsigen Berggipfel vor mir, von der Sonne beschienen. Ich hing an einem Seil, und obwohl ich nicht sehen konnte, wo es befestigt war, gab es mir absolute Sicherheit. Ich wusste, dass das Seil mich halten würde. Ich hatte den Gipfel beinahe erreicht, verspürte aber keine Eile – Zeit spielte keine Rolle. Gleichzeitig war ich eine Frau, die in einer Manege am Seil schwang und turnte, eine indische Tempeltänzerin und eine Schlangenbeschwörerin. Alles passierte gleichzeitig, Vergangenheit und Zukunft existierten nicht. Diese tief empfundene Erkenntnis, dass keine Eile notwendig war, weil es keine Zeit gab – alles war im Jetzt –, löste in mir eine unbändige Freude aus. Ich wollte es hinausposaunen und allen sagen.

Mit diesem Gefühl ließ ich mich zu einer Rast nieder und dachte: Ich kann hier bleiben, so lange ich will. Bilder zogen an mir vorbei, alles war jetzt. Ich war beseelt von meiner Erkenntnis, selig, freudig, glücklich. Ich jubelte und wusste, dass dieses Erlebnis von großer Bedeutung für mich war, weil es mich befreite. Am liebsten wäre ich während der Atemsitzung aufgesprungen und hätte meine Erkenntnis allen zugerufen. Alle sollten wissen, wie befreiend sich das zeitlose Jetzt anfühlte.

Beim anschließenden Mittagessen während des Seminars, wieder in der Alltagsrealität angekommen, wurde mir bewusst, dass sich das, was sich zuvor so stimmig angefühlt hatte, nicht so einfach in mein Alltagsleben übersetzen lassen würde. Massive Zweifel tauchten auf. Bestimmte nicht unsere Vergangenheit, wer wir waren und wie wir die Gegenwart wahrnahmen? Und beeinflussten nicht unsere Ziele für die Zukunft unser gegenwärtiges Handeln? Obwohl mir gerade noch dieser Zustand der Zeitlosigkeit so unendlich bedeutsam erschienen war, mich so tief berührt hatte, fragte ich mich ängstlich: Wie sollte sich diese neue, so überwältigende Erkenntnis mit meinem vertrauten Denken und Leben vereinbaren lassen?

In der Nachmittagssitzung wollte ich der Gruppe von meiner Erfahrung erzählen. Ich ahnte bereits, welch große Herausforderung das sein würde, und setzte mich in die Nähe von Walter. Ich schilderte das Erlebte und blickte mich fragend um, ob die anderen die Bedeutung, die diese Erkenntnis für mich hatte, nachvollziehen konnten. Zwei Rückmeldungen habe ich heute noch im Ohr. Ein Teilnehmer sagte: „Wenn ich deine emotionale Beteiligung nicht so deutlich spüren könnte, würde ich sagen: Alles nur heiße Luft und ohne Belang." Eine weitere Teilnehmerin meinte: „Schön, dass du uns das jetzt erzählt hast, ich selbst habe ein ähnliches ganz großartiges Erlebnis gehabt. Tausend Dank, dass du mich wieder daran erinnerst." Diese beiden schlichten Reaktionen drückten genau die Zwiespältigkeit aus, in der ich selbst mich befand!

„Wir brauchen wohl immer wieder die Bestätigung von anderen Menschen, damit wir uns selber glauben. Deshalb lesen wir auch Bücher darüber und freuen uns, wenn wir bestätigt werden in dem, was wir erfahren", wirft Rosi ein.

„Ja, genau das war mir auch wichtig. Damals war es ein erster Weg für mich, mich mit Menschen zu umgeben, die mich unterstützt haben. Ich habe damit begonnen, Texte zu lesen, die mir Mut und Kraft gegeben haben. Dadurch habe ich mir den Raum verschafft, um das Leben als Ganzes zu spüren, das umfassender war als mein Alltag. Damals habe ich auch mit dem Meditieren begonnen, das ich schon vom Holotropen Atmen her gekannt habe. In der Meditation habe ich diesen inneren Frieden gespürt, die Ruhe des Augenblicks. Und doch habe ich immer wieder empfunden, wie fragil dieses neue Erleben noch war. Aber ich habe diese Öffnung erlebt, sie ist in meinem Inneren nun verankert gewesen. Deshalb ist es mir ein tiefes Bedürfnis gewesen, ihr einen festen Platz in mir zu geben. Das hat Geduld benötigt, spirituelle Praxis und Unterstützung."

„Ich habe auch regelmäßig meditiert", berichtet Rosi. „Zwei Meditationsgruppen, die sich regelmäßig getroffen haben, haben meine selbstständige Meditation ergänzt. Dorothea, eine Schülerin von Willigis Jäger und Franz Jalics, hat die eine Gruppe geleitet und der Theologe Daniel die zweite. Beides waren Meditationen in Stille. Damals habe ich auch schon eine eigene Gruppe geleitet."

„Ja, ich erinnere mich. Wir sind beide diesem Geheimnis der Hingabe an das Jetzt auf der Spur gewesen. Uns beiden ist es um die Wahrnehmung des gegenwärtigen Erlebens gegangen, des Entdeckens, des Zulassens und des vollen Bewusstwerdens der aktuellen Erfahrung. Bewusstheit im Sinne von Gewahrsein bedeutet, wach und aufmerksam die auftauchenden Empfindungen, Gedanken und Gefühle zuzulassen ..."

„Sie akzeptieren und ziehen lassen, nichts festhalten wollen", fügt Rosi noch hinzu. „Spüren, dass alles kommt und geht, dass nichts bleibend ist. Der Atem kommt und geht, so wie Gedanken, Gefühle und Empfindungen kommen und gehen. Das ist doch das Schöne", fügt sie noch hinzu.

„Dabei haben in dieser Offenheit das Unangenehme oder der Schmerz genauso Platz wie das Angenehme. Wenn ich die Bewusstheit nicht einschränke, übernehme ich die Verantwortung für das gegenwärtige Erleben und stelle mich dem Aktuellen."

„Den Schmerz will man ja gerne schnell wieder weghaben, aber es ist wichtig, in den Schmerz hineinzugehen, so tief wie möglich – je tiefer, desto mehr erfahre ich", sagt Rosi.

Wir nehmen beide einen Schluck Kaffee und hängen kurz unseren Gedanken nach. Dann sieht Rosi mich an. „Eines würde ich dich noch gerne fragen: Was hat dich letztlich angetrieben, deine Lebenskonzepte immer wieder aufs Neue infrage zu stellen?"

Nach einigem Nachdenken komme ich auf drei Dinge, die mich immer wieder bestärkt haben, meinen Weg zu gehen: „Erstens habe ich durch die Arbeit in der Gestalttherapie gelernt, Vertrauen in meine subjektive Realität zu entwickeln. Das hat mir die Sicherheit gegeben, diese direkten Erfahrungen möglichst unvoreingenommen zuzulassen – ohne sie gleich einordnen oder kategorisieren zu wollen", antworte ich. „Zweitens war mir das Vertrauen wichtig, das ich Walter entgegengebracht habe. Ich habe die Qualität seiner Arbeit schätzen gelernt und auch gesehen, wie ernsthaft und kompetent er sich mit den transpersonalen und spirituellen Themen auseinandergesetzt hat. Und drittens hat mich vor allem meine innere Unzufriedenheit angetrieben. Eigentlich unverständlich, wo sich doch im sogenannten ‚äußeren Leben' alles zu meiner Zufriedenheit entwickelt hatte."

Rosi nickt. „Ja, ich hätte das damals nie geahnt, dass du in so einer Umbruchphase bist."

15.

Während des folgenden Jahres erschütterten Tod und Verlust mein Leben. Durch die Erlebnisse beim Holotropen Atmen kam ich in einer Intensität, die ich bislang nicht erfahren hatte, damit in Kontakt. Vieles hatte sich bereits zuvor in meinen Atemerfahrungen abgezeichnet: Abschied, Schmerz und Sterben waren die Themen, die sich durchgezogen hatten. Eine Atemerfahrung ist mir besonders eindrücklich in Erinnerung: Mein Körper war wie immer in eine tiefe Entspannung versunken. Dann wurde mir jedoch kalt, entsetzlich kalt. Erna, meine Sitterin, hüllte mich in eine Decke ein, und als ich immer noch vor Kälte zitterte, packte sie mich in drei weitere Decken. Ich zog noch einen Pullover an. Plötzlich erlebte ich mich als Mumie in einer Pyramide. Mein ganzer Körper war starr und unbeweglich. Ich atmete kaum noch, hatte nicht die Kraft, mich zu bewegen, obwohl die begleitende Musik sehr rhythmisch war. Ich lag da, erlebte mich als tot, und mir kam jedes Zeitgefühl abhanden. Alle Energie schien aus meinem Körper abgezogen und sammelte sich in der Mitte der Stirn über den Augenbrauen, eine Stelle, die auch als drittes Auge bezeichnet wird. Plötzlich wusste ich, dass ich mich dem Tod hingeben musste. Ich fühlte, dass ich nun bereit für den Tod war. Es war, als sagte eine Stimme in meinem Inneren: „Ich nehme dich an, ich bin bereit, ich erwarte dich, ich begrüße dich, du bist mir willkommen." Dann spürte ich ein Kribbeln im ganzen Körper, als würde sich etwas lösen. Im nächsten Moment fand ich mich im Kreis meiner Atemseminarkolleginnen wieder.

Ich spüre, dass Rosi etwas sagen will. „Weißt du, ich habe ja auch in einem Workshop eine Sterbeerfahrung gemacht. In diesem Workshop mit der koreanischen Schamanin Hiah-Park haben wir uns alle auf den Rücken gelegt und sollten ganz schwer werden, so, als ob wir langsam sterben würden. ‚Je mehr du stirbst, desto glücklicher bist du', so ihre Worte. Ich habe es spannend gefunden, dass man offenbar sterben üben konnte, ohne zu sterben. In der letzten Strophe seines Gedichts *Selige Sehnsucht* spricht Goethe von *Stirb und werde*. Da hat er sicherlich auch den Mythos vom sagenumwobenen Phönix im Blickfeld.

Und so lang du das nicht hast,
Dieses Stirb und werde!
Bist du nur ein trüber Gast
Auf der dunklen Erde.

Ich versteh das so: Das Sterben, das vollkommene Loslassen, ist die Voraussetzung, damit etwas Neues entstehen kann. Ich denke, es ist sehr wichtig, dass man sich zu Lebzeiten bereits intensiv mit dem Tod auseinandersetzt. Doch dann ist der Tod sehr real geworden, nämlich als Tante Grete gestorben ist. Weißt du noch?"

„Diese Zeit ist auch mir noch lebhaft in Erinnerung. Mutter war bereits bettlägerig und einmal hat sie gesagt: „Ich weiß, dass die Gretl mich bald holen kommt." Mutter hat wegen ihres Übergewichts schon lange mit hohem Blutdruck und sämtlichen anderen Begleiterscheinungen von Adipositas zu kämpfen gehabt. Kannst du dich erinnern, sie hat dann mit nur 63 Jahren eine inoperable Entzündung der Herzklappe bekommen."

„Ich habe es unendlich traurig gefunden, Mutter so zu sehen", sage ich, und die Erinnerung an diese Zeit schnürt mir die Kehle zu. Weißt du noch, wir wollten den Ärzten nicht glauben, als sie uns berichtet haben, dass Mutters Krankheit unheilbar war. Wir haben uns an die Hoffnung geklammert, dass sie doch noch gesund werden kann. Dass ich in dieser schweren Zeit Katharina und Veronika vor Ort gewusst habe, hat die Situation ein wenig leichter gemacht."

Etwas aufgebracht meinte Rosi: „Es ist ja völlig richtig, den Ärzten nicht zu glauben, wenn sie von ‚unheilbar krank' sprechen. Wer weiß schon, was unheilbar ist? So mancher ist wieder gesund geworden, der schon für tot erklärt worden ist. Und wenn ich beginne, mir selbst zu sagen ‚Ich bin unheilbar krank', wer soll mir da noch raushelfen?

Ich habe Mutter ja nicht so regelmäßig wie du besuchen können, als sie krank war. Ich bin dankbar, dass ich in dieser Zeit den Weg von München zu ihr immerhin dreimal geschafft habe. Einmal habe ich sie krank im Bett zu Hause gesehen und zweimal im Krankenhaus. Ich habe nicht den Eindruck gehabt, dass sie sehr gelitten hat. Als ich zu Hause an ihrem Bett gesessen bin, hat sie gemeint, es sei alles nicht so schlimm. Angeblich hat ihr Hausarzt gesagt, das würde vorübergehen und sie bräuchte nicht in die Klinik. Ich habe dann selbst bei unserem Hausarzt nachgefragt, weil mir das nicht glaubhaft vorgekommen ist. Er hat mir bestätigt, was ich vermutet habe. Mutter war schwer krank, hätte ganz dringend in die Klinik müssen, sie wollte aber nicht. Das war typisch für unsere Mutter. Ich habe daraufhin mit Veronika gesprochen, und die hat dann ein Bett im Krankenhaus für Mutter organisiert. Bei meinem Besuch im Krankenhaus habe ich dann zu ihr gesagt: ‚Mutter, wenn du leben willst, dann wirst du es schaffen.' Sie hat mir geantwortet: ‚Schau mal Roserl, ich habe dort mein Kind und hier meine Kinder.' Da ist mir klar gewesen, dass sie zu unserem Bruder wollte. Sie war ganz gelöst. Ich habe nichts darauf gesagt. Als ich dann das dritte Mal zu ihr gekommen bin, hat sie nicht mehr sprechen können. Sie ist mir aber entspannt und gelassen vorgekommen. Sie war bereit zu gehen. Vater hat später erzählt, als sie schon im Rollstuhl gesessen ist und nicht mehr reden hat können, dass sie ihm im Krankenhaus aufs Heftigste zu verstehen gegeben hat, dass sie nach Hause wollte. Sie wollte zu Hause sterben. Vater hat nicht die Kraft oder auch nicht den Mut gehabt, seine sehr schwer kranke Frau auf eigene Verantwortung mitzunehmen. Auch er hat offenbar der Medizin vertraut und gehofft, dass sie im Krankenhaus wieder genesen könnte."

„Mich hat Mutters schwere Krankheit, ihr Zustand nach ihrem Schlaganfall, enorm belastet. Darum geht es auch auf den folgenden Seiten."

Mein inneres Erleben von Abschied, Schmerz und Sterben sollte mich auch in meinem äußeren Leben begleiten. Zurück vom Atemseminar belastete mich Mutters schwere Krankheit, ihr Zustand nach dem Schlaganfall, sehr. In meiner Not rief ich Walter an. Ich erreichte ihn sofort, und nachdem er sich geduldig meinen Kummer angehört hatte, riet er mir, jeden Tag zwanzig Minuten zu meditieren. „Sing das *Om Namah Shivaya.*" Das ist ein altes indisches Mantra. Es leitet uns dazu an, unserem tiefsten innersten Selbst zu vertrauen und uns vor unserem Selbst zu verneigen. Dieses große Mantra reinigt den Körper und den Geist.

Ich kannte dieses Mantra von den Atemseminaren. Es hatte mich schon damals berührt. Ich wollte unbedingt die CD haben, auf der das *Om Namah Shivaya* gesungen wurde. Erich, ein Teilnehmer aus den Atemseminaren, der in einer Yogagruppe mit diesem Mantra meditierte, brachte mir vor Weihnachten eine solche CD vorbei. Das war für mich das schönste Weihnachtsgeschenk.

Walter gab mir noch einige Tipps mit auf den Weg: „Wenn du regelmäßig meditieren willst, ist es gut, dir dafür einen ruhigen Platz einzurichten. Ein äußeres Zentrum, mit Blumen und Kerzen arrangiert, kann dir helfen, den Ritus aufrechtzuerhalten." Eine genau festgelegte Zeit, die gut in den Tagesplan passt, erleichtere den Einstieg, meinte er. Der Morgen vor dem Frühstück eigne sich besonders gut. Die Verbindung zu einem subtileren Bewusstseinszustand sei dann noch aufrecht, die äußere Welt stünde noch still, dadurch seien wir offener und empfänglicher für eine innere Ausrichtung. Ich nahm Walters Empfehlungen dankbar entgegen und fragte nach genaueren Anweisungen. Er fuhr bereitwillig fort: „Wichtig ist es, eine Sitzposition zu finden, in der man sich ruhig circa zwanzig Minuten der Meditation hingibt, denn die Ruhe des Körpers wirkt sich auf die Ruhe des Geistes aus. Meditieren kann man prinzipiell in jeder Körperhaltung, dennoch empfiehlt sich ein Meditationskissen auf dem Boden, auf dem man mit gekreuzten Beinen sitzt. Knie und Sitzhöcker sollten dabei ein Dreieck bilden, das gibt dem Körper einen guten Halt. Das Becken und die Lendenwirbel werden leicht nach vorne geschoben, sodass man tief in den Bauch- und Beckenraum hineinatmen kann. In dieser Haltung richtet man nun seine Wirbelsäule auf. Der Scheitel wird zum höchsten Punkt, wenn man das Kinn leicht einzieht und den Nacken breit werden lässt. Jetzt noch die Schultern sanft nach hinten dehnen, um den Brustkorb weit und die Atemräume frei zu machen. Die Hände ruhen sanft auf den Knien, Daumen und Zeigefinger berühren sich, um die Konzentration besser zu halten. Mit geschlossenen Augen richtest du nun dein Bewusstsein nach innen. Wenn du eine Klangschale hast, dann verwende sie. Das Anschlagen einer Klangschale hilft uns, nach innen zu gehen und in uns hineinzuhören. Der Ton beginnt laut und wird leiser, bis er verklingt und uns in direkter Weise in die Stille trägt, hin zu einer Bewusstseinsebene, wo wir unser Inneres entdecken können", meinte Walter.

Gleich nach dem Telefonat legte ich die CD auf und begann mit dem Singen und Meditieren. Ich zog mich immer mehr in meinen inneren Raum zurück, wiederholte das Mantra immer wieder und stimmte mich auf eine Frequenz ein, auf der ich in Kontakt mit etwas trat, das ich als höher und wissender als mich selbst empfand und dem ich mich tief verbunden fühlte. Etwas, das mir und meiner Entwicklung wohlgesonnen war. Schon nach wenigen Minuten hatte ich das Gefühl, als würde all die Verzweiflung, die Hoffnungslosigkeit und das Leid meiner Mutter auf meinen Schultern lasten. Schluchzend sang ich weiter, und dann spürte ich: Über meinem Scheitel gab es eine Verbindung nach oben, zu etwas Höherem, Wissenderem, dem ich mich anvertrauen konnte. Ich wusste, dass ich diese Verbindung nicht verlieren durfte. Von dort strahlte die Kraft aus, die durch mich wirkte. Noch immer liefen mir die Tränen über das Gesicht, doch in meinen Kummer mischte sich das Vertrauen in eine höhere Führung, die uns begleitet und schützt. Ich sprach in Gedanken zu meiner Mutter: „Du darfst das Vertrauen, die Hingabe an diese Kraft nicht verlieren. Da gibt es eine Weisheit, die besser Bescheid weiß." Während dieser Meditation erschien es mir plötzlich, als würden all das Leid und der Schmerz wie in einer äußeren Hülle sitzen und mein tiefstes Inneres gar nicht betreffen. Es war, als sei dieser innere Kern mit einer größeren Weisheit verbunden, die unsere Wege lenkte. An diese Kraft, an diese Weisheit richtete ich mein Gebet: „Erlöse meine Mutter von diesem Leid, wenn es richtig ist."

Das Zurückziehen in diesen inneren Raum, in dem ich diese Kraft spürte, war während der nächsten Tage der einzige Zustand, in dem ich mich aufgehoben fühlte. Der Alltag war durch diese intensiven inneren Erfahrungen belanglos geworden, er erschien mir nur mühsam. Als meine Mutter schließlich starb, empfand ich gleichzeitig Erleichterung und tiefen Schmerz. Die Endlichkeit des Lebens wurde mir bewusst. Davor hatte ich so gelebt, als wäre meinen Eltern das ewige Leben gegönnt. Nun war es mir wichtig, viel Zeit mit meinem Vater zu verbringen. Wer weiß, wie lange ich ihn noch hatte.

„Mir ging es da ganz anders", sagt Rosi. „Mir war schon länger bewusst, dass unsere Mutter nicht sehr alt werden würde. Ich habe mir nicht vorstellen können, dass derart überbelastete Organe nicht versagen würden. Ich habe mehrfach mit Mutter über einen Kuraufenthalt gesprochen, um abzunehmen. Sie wollte nicht. Ich hatte über Jahre immer die Sorge, dass ich einen Anruf mit der Todesnachricht bekommen könnte. Natürlich habe ich gleichzeitig die Hoffnung gehabt, dass ein Wunder geschehen und sie noch lange leben würde. 63 Jahre war dann schon sehr früh.

Nach der Beerdigung von Mutter bin ich dann für eine Woche mit Chiara, die damals gerade einmal eineinhalb Jahre alt war, noch eine Woche bei Vater in Dormus geblieben, um ihn in seiner Trauer nicht alleine zu lassen. Ich habe für ihn alle Tätigkeiten verrichtet, die früher Aufgabe unserer Mutter waren. Gleichzeitig habe ich die Chance genutzt, um Vater vielleicht ein bisschen näherzukommen. Ich habe täglich Mittagessen gekocht, immer in der Gewissheit, dass ich den Kochkünsten der Mutter nicht entsprechen konnte. Er hat nichts gesagt. Ich glaube, er war zufrieden. Er hat ja immer alles als eine Selbstverständlichkeit genommen. Lob und Anerkennung hat es nur für außergewöhnliche Leistungen gegeben. Und während ich das alles gemacht habe, habe ich mich in Mutter hineingefühlt. Wie musste es sich für sie angefühlt haben, mit diesem Mann zu leben? Wie es für Mutter war, habe ich nicht herausgefunden. Für mich wäre so ein Leben trostlos gewesen", erzählt Rosi.

„Das war die Zeit, als sich unser Verhältnis zu verändern anfing." Rosi nickt. „Ja, wir beide haben uns nach dem Tod von Mutter getroffen, und dabei ist all das Negative, das zwischen uns gestanden ist, abgefallen. Mutter hatte es wohl mitgenommen. Sie wollte ja immer, dass wir uns gut verstehen, auch wenn sie jahrelang dafür gesorgt hat, dass zwischen uns keine gute Beziehung entstehen konnte. Aber nun wieder zu deinen Aufzeichnungen."

Aufgrund der Intensität dieser Erlebnisse rund um den Tod meiner Mutter wurde mir das erste Mal in meinem Leben deutlich bewusst, dass es eine Kraft außerhalb meiner persönlichen Grenzen gab. Eine allgegenwärtige Kraft, der man uneingeschränkt Vertrauen schenken, der man sich auf liebevolle Art verbunden fühlen konnte. Ich hatte erfahren, dass diese Kraft durch mich wirken konnte, wenn ich mich ihr anvertraute und öffnete.

Ich sprach später noch mit Rosi über diese besondere Erfahrung. Sie war überzeugt davon, dass diese Kraft existierte. Man müsse sich selbst auf eine hohe Frequenz bringen, weil man ja das anziehe, was man selber sei. Deshalb sei es gut, sehr früh am Tage zu meditieren. Angeblich ginge der Dalai Lama täglich um 19 Uhr schlafen und stand um drei Uhr auf. Rosi erzählte mir auch von Willigis Jäger, der in einer Meditationsanleitung gesagt hatte, dass diese Stille, die man spürte, unser Zuhause sei. Sie las mir noch ein Zitat von ihm vor. Er schrieb: „Hier in der Stille ist der Platz der Begegnung, die Möglichkeit der Kommunion mit dem Gottesbewusstsein, Christusbewusstsein, mit der Leerheit, mit dem Buddhabewusstsein, mit Brahman, mit Allah, da wo alle Namen verschwinden, aber das auftaucht, was die Namen benennen." Jäger zitierte auch Rumi, der sagte: „Ich bin da, sagt Gott, warum schreibst du mir Liebesbriefe? Ich bin doch da, spüre mich doch. Warum liest du mir aus dem Gebetbuch vor? Du brauchst mir nichts zu sagen, du brauchst mich auch um nichts zu bitten." Das schien unserer kritischen Rosi alles logisch und nachvollziehbar.

Fortan sollten meine Erfahrungen in anderen Bewusstseinszuständen und in der Meditation meine höchste Autorität sein. Akribisch begann ich, alles zu dokumentieren und aufzuschreiben, denn diese Erfahrungen wiesen mir den Weg. Ich assistierte Walter bei vielen Atemseminaren und begann auch selbst welche zu halten. Ich empfand ein tiefes Bedürfnis, meine Verbindung zu dieser größeren, inneren Weisheit oder, wie es auch heißt, zum Höheren Selbst, zu verstehen, zu erkennen und in all ihren Formen zu erleben. Als mir meine Frisörin von einer Frau erzählte, die Rückführungen in frühere Leben anbot, war mein Interesse sofort geweckt. Ich hatte damals gerade Bücher von Shirley MacLaine gelesen und war durch die Lektüre auf Chris Griscom, ihre spirituelle Lehrerin, gekommen. Eine Schülerin von Chris Griscom kam nun nach Wien und bot eine begleitete Rückführung an. Ich meldete mich sofort an.

„So etwas Ähnliches habe ich auch gemacht", vertraut Rosi mir an. „Ich war bei einer Frau, der ich erzählt habe, dass ich es schade finden würde, dass wir beide so eine schlechte Beziehung hätten. Das war noch lange vor dem Tod von Mutter. Sie hat mich in einer Tiefenentspannung in die Vergangenheit geführt."

„Und?", frage ich gespannt.

„Ich habe mich in Dormus erlebt, auf dem Markt auf der Hauptstraße, wo es diesen türkischen Honig gegeben hat, den wir so gern gehabt haben. Die Mutter hat uns erlaubt, alleine über den Markt zu schlendern, und dir ein bisschen Geld in die Hand gedrückt. Du solltest für uns beide dort türkischen Honig kaufen. Ich war vielleicht vier und du sechs. Du hast dir aber was anderes für das Geld gekauft, und für mich hat es keinen türkischen Honig gegeben. Die Frau hat gemeint, es könne sein, dass dieses Erlebnis sehr tief sitzen würde. Ob das wirklich stimmt, weiß ich natürlich nicht. Möglicherweise war es ein Grund, warum ich dir nicht ganz vertraut habe", so Rosi sehr ehrlich.

Bestürzt sehe ich Rosi an. Ich erinnere mich zwar nicht an diese Episode, aber bei Rosi scheint sie Spuren hinterlassen zu haben. Ich hebe entschuldigend die Hände. Rosi macht eine wegwerfende Handbewegung. „Ach, spielt doch heute keine Rolle mehr. Lies lieber weiter!"

In einer Rückführung geht es meist um ein Erlebnis, das bis in unsere Gegenwart hinein Nachwirkungen hat und Probleme verursacht. Auf diese Weise können Kindheitserlebnisse oder Erlebnisse im Mutterleib ins Bewusstsein gerückt werden, und vielleicht sogar Erlebnisse aus früheren Leben. Diese Erfahrungen können ein neues Licht auf Schwierigkeiten werfen, mit denen wir immer wieder zu kämpfen haben.

Ich wollte es unbedingt ausprobieren. Während einer dieser Sitzungen wurde ich mittels Cranio-Sacral-Therapie in eine tiefe Entspannung versetzt. In diesem veränderten Bewusstseinszustand sollte ich Kontakt zum Höheren Selbst aufnehmen und es bitten, mir altes Leid, das mich auf meinem Lebensweg belastete, begreiflich zu machen. Weil ich inzwischen darin geübt war, mich auf solche Zustände einzulassen, dauerte es nur wenige Minuten und meine innere Reise begann: Ich befand mich in einer kleinen Stadt mit weißen Häusern, die auf einer Anhöhe am Meer gelegen war. Ich wohnte in einem Haus, von dessen Garten aus ich das Meer sehen konnte. Das Wasser war klar, die Stimmung friedlich. Ich saß weiß gekleidet im Garten und sah meinem Sohn zu, der fröhlich und unbeschwert spielte. Ich spürte, wie mein Herz aufging und mich eine tiefe Liebe zu diesem Kind erfüllte. Mein Sohn war so selbstvergessen und frei. Ich wollte für ihn sorgen, für ihn da sein.

Das Vertrauen in ihn erfüllte als unbeschreibliches Glücksgefühl meinen Körper. Plötzlich war ich allein in dem Haus und trug schwarze Kleidung. Etwas Schreckliches musste passiert sein. Ein grauenvoller Gedanke stieg in mir hoch: Ich hatte dieses Kind verloren. Um mich waren keine Menschen, das Haus war wie tot, die Blumen verdorrt, das Meer grau und schwarz, wild und unwirtlich. Ich empfand nur noch Schmerz und Verzweiflung. Ich haderte mit Gott, ein tiefer Vorwurf an das Schicksal brannte in mir. Ich war darin gefangen und fühlte nur noch Ungerechtigkeit und Grausamkeit. Dann begann sich etwas zu verändern. Ich wollte nicht länger die Rolle der Leidenden annehmen. Irgendetwas in mir befreite sich von dieser schwarz gekleideten Frau. Sie verwandelte sich in ein Bild. Ich verstand sie nicht mehr. Im nächsten Moment sah ich das Bild von Christus am Kreuz, darunter die trauernden Frauen, die in ihrem Schmerz wie erstarrt waren. Ich war eine der Frauen, die um Jesus weinten, und fühlte wieder diese Trauer im Körper. Das war jedoch nicht alles. Ich war zwar im Schmerz gefangen, gleichzeitig war ich aber als Beobachterin abseits des Schmerzes. Ich war die um Christus klagende Frau, dann wieder entfernt vom Leid, das ich wie ein gerahmtes Bild betrachten konnte. Plötzlich durchfuhr mich eine Erkenntnis: Ein Verharren im Leid ist eine Vorstellung, die jede lebendige Entfaltung verhindert. Ich fühlte mich frei. Ich sah meine Mutter in einem hellen Torbogen stehen. Christus war auferstanden, er leuchtete und sprach zu mir: „Du weinst nicht um mich. Deine Tränen sind Selbstmitleid, befreie dich endlich von diesem Schmerz. Die Zeit des Trauerns ist vorbei." Die um Jesus klagenden Frauen brachen in sich zusammen, als ob alle Kraft sie verlassen hätte und alles Leben aus ihnen gewichen wäre. In mir wurde es hell, Licht breitete sich in meinem Körper aus. Über mir war wieder der strahlende Christus, der zu mir sprach: „Auch wenn du immer wieder Schmerz empfinden wirst, wird er nicht von langer Dauer sein. Eines Tages wird er keine Macht mehr über dich haben, weil du dich mit einer anderen Kraft vereint hast." Da war ich wieder die um ihren Sohn trauernde Frau in dem Haus am Meer. Ich ließ bewusst von der Macht des Schmerzes los, söhnte mich mit meinem bitteren Schicksal aus, schloss Frieden. Ich gab mich dem Tod hin. Mein Körper starb. Dieser Vorgang hatte nichts Erschreckendes, ich löste mich in dem großen Ganzen auf, mit dem ich ganz selbstverständlich verbunden war.

Rosi geht etwas angespannt durch den Raum. „Die Auseinandersetzung mit dem Tod ist so wichtig! Ich habe ja schon mit acht Jahren die letzte Ölung bekommen, weil man gedacht hat, ich würde sterben."

„Das war nach den Röteln, nicht wahr?“

„Ja, ich habe Röteln gehabt und bin trotzdem aufgestanden, um mit euch im Hof zu spielen. Wir haben uns gegenseitig mit dem Wasserschlauch abgespritzt, und danach war ich todkrank. Ich habe mich auf einem Bett inmitten des Raumes liegend erlebt. Ihr seid alle weinend um mich herumgestanden. Der Pfarrer hat seine Gebete gesprochen, alle haben um mich getrauert. Ich habe das alles mitbekommen, und es war ein angenehmes Gefühl. Ich habe mich wie die Auserwählte gefühlt. Endlich bin ich einmal wahrgenommen worden. Ich habe gewusst, dass ich nicht sterben würde, und ich habe die Krankheit tatsächlich überstanden. Niemand hat nachher noch darüber geredet.“

„Das ist typisch für unsere Familie. Wenn etwas Dramatisches gut ausgegangen ist, dann ist es einfach nicht mehr erwähnt worden.“

„Genau – es war nicht der Rede wert. Aber weiter zu deinem Erlebnis der Rückführung.“

Was hatte mich dieses überwältigende Erlebnis gelehrt? Ich deutete es damals so, dass mich das Erleben mit dem Schicksal unserer Mutter konfrontiert hatte, denn es fand ein paar Monate nach ihrem Tod statt. Ihr einziger Sohn, auf den sie so lange gewartet hatte, war mit zehn Jahren an einer Gehirnblutung gestorben. Immer wieder fragte sie sich, warum ihr das geschehen war. Ihr Dasein war nur noch ein einziger Vorwurf an das Schicksal, verbunden mit dem Gefühl der Hilflosigkeit, der Angst, der Wut und der Verzweiflung. Wenn man auf die Frage „Warum“ keine Antwort bekommt, wird einem der Boden unter den Füßen weggezogen. Nach dem Tod ihres Sohnes hatte sie immer wieder Marienbegegnungen, die sie uns Kindern heimlich erzählte. Niemand verstand sie. Auch in der katholischen Kirche fand sie keine Unterstützung.

Wenn damals Menschen von religiösen Erlebnissen berichteten, wurde das in der Psychotherapie pathologisiert. Sylvester Walch hatte dazu geschrieben: „Es ist aber nicht sinnvoll, sich die Frage zu stellen, wie real oder irreal solche Erfahrungen sind, sondern anzuerkennen, dass sie für den Menschen, der sie erlebt, eine psychische Realität sind. Jede Erfahrung sagt etwas über einen Menschen aus, und es ist wichtig, diese Erlebnisse zu achten und zu respektieren.“

Wenn es damals Psychiater oder Therapeutinnen gegeben hätte, die solche Prozesse aus eigener Erfahrung gekannt hätten und offen mit solchen Erlebnissen umgegangen wären, dann hätte Mutter von ihren Ängsten und Schwierigkeiten erzählen können, von ihren Begegnungen mit der Gottesmutter Maria und den Hinweisen, die sie von ihr bekommen hat. Solche Erfahrungen brauchen tiefes Verständnis, am besten von Therapeuten, die solche Wege selbst schon gegangen sind, die so eine selbstverständliche Offenheit entwickelt haben. Ich glaube, wenn wir akzeptieren, dass Ungewissheit, Krankheit und Schicksalsschläge zum Leben gehören, dann können wir besser mit Veränderung umgehen.

„Du kannst die Wellen nicht stoppen, aber du kannst lernen, darauf zu surfen" zitiert Rosi an dieser Stelle Jon Kabat-Zinn. „Diese Erkenntnis hat mein Leben enorm erleichtert. Die Voraussetzung dafür ist, dass wir das Leben annehmen, wie es ist, uns nicht dagegenstellen. Damals war ich natürlich noch lange nicht so weit." Sie holt kurz Luft und erzählt weiter: „Ziemlich am Anfang meiner Meditationspraxis habe ich einmal meiner Meditationslehrerin Dorothea scherzend erzählt, dass ich mir wie eine Busfahrerin vorkäme, die die Familie durchs Leben chauffieren würde. Sie hat herzlich über diesen Vergleich gelacht. Ich habe erst lernen müssen, mich auf die unbestimmte Fahrt einzulassen und zu akzeptieren, dass ich nicht alles steuern konnte."

„Ja, das Wichtigste ist, sich das tiefe Vertrauen in die eigene Entwicklungskraft zu bewahren, auch wenn manche Schicksalsschläge schwer zu verkraften sind und es lange dauert, bis wir sie akzeptieren können. Wenn wir nicht gegen die äußeren Umstände ankämpfen, sondern darauf achten, was sie uns zu sagen haben, dann ist das ein wichtiger Schritt in unserer Entwicklung."

„Da stimme ich dir voll und ganz zu", nickt Rosi. „Aber wie war das nun mit der Rückführung? Glaubst du, dass du tatsächlich in ein früheres Leben eingetaucht bist?"

Ich zögere. Wie kann ich das Rosi erklären? Es ist ein sensibles Thema. „Mir berichten Klienten immer wieder von Erlebnissen, die so klar und realistisch sind, dass der Eindruck entsteht, es seien Erfahrungen früherer Leben. Persönlich würde ich den Begriff vergangener Leben nicht zu wörtlich nehmen, nicht unbedingt als die historische Abfolge von individuellen Existenzen. Es ist schwierig, zu unterscheiden, ob es sich um ein rein individuelles Erleben handelt, oder ob das Einflüsse aus dem kollektiven Unbewussten sind. Deshalb würde ich diese Erfahrungen eher allegorisch sehen, als Botschaften, als eine Art symbolischer Verdichtung gegenwärtiger Probleme. Denn jede Erinnerung ist auch immer von unserem lebensgeschichtlichen Hintergrund und unserer augenblicklichen Befindlichkeit beeinflusst. Ganz gleich, wie man diese Bilder deuten mag, haben sie auf jeden Fall einen hohen Erkenntniswert, denn sie bilden eine Brücke zwischen innerer und äußerer Welt. Sie eröffnen uns Dimensionen des Selbst, die nicht an Zeit und Raum gebunden sind."

„Ich bin froh, dass du nicht die Meinung vertrittst, dass wir schon mehrere Leben hatten und noch haben werden. Es interessiert mich überhaupt nicht, in solche Erfahrungsarbeit zu gehen. Ich lebe mein Leben hier, so wie es für mich gut ist, und mache meine Erfahrungen. Was nach dem Tod sein wird oder vor der Geburt war, werde ich doch nicht erfahren, auch wenn manche Menschen das eine oder andere erzählen oder behaupten. Ich bin da sehr misstrauisch. Lassen wir es doch einfach auf uns zukommen ..."

„Ja, eine endgültige Antwort darauf werden wir wohl nie bekommen. Ich lese weiter."

Ich erlebte mich während der Atemsitzung in tiefe Meditation versunken. Ein helles Licht bestrahlte mich. Ich sagte: „Ich bin bereit. Ich vertraue mich deiner Kraft und Weisheit an." Da spürte ich, wie mich ein Lichtstrahl von der Wurzel der Wirbelsäule bis zum Scheitel kraftvoll durchströmte. Im selben Moment, ohne dass ich vorher darüber nachgedacht hatte, formulierte ich die Worte: „Ich will in Verbundenheit mit dir leben." Das war ein Versprechen, in allen Angelegenheiten auf mein Höheres Selbst zu hören. Über dem Lichtstrahl erkannte ich das göttliche Dreieck mit dem Auge. Es wurde mir in einer verkleinerten Form auf mein drittes Auge gelegt, und dieses Lichtwesen sagte: „Das ist das Symbol unserer Verbundenheit."

Ich fragte: „Was soll ich damit machen?"

„Du brauchst nichts zu machen, es wird kommen."

So hatte ich mich also der Führung durch das Höhere Selbst anvertraut. Dieses Versprechen hatte Kraft, es stützte, trug und führte mich auch in schwierigen Situationen, weil es aus meinem tiefsten Inneren kam. Der Entschluss, mich immer und unter allen Umständen, dem Höheren Selbst anzuvertrauen, machte das Leben weder leichter noch angenehmer. Ich sah jedoch mit dem Gedanken an eine innere Führung manches anders. Ich begann, mich mehr und mehr diesem Wissen anzuvertrauen, und wagte es, in Autonomie und Selbstverantwortung, meiner inneren Natur entsprechend, zu leben, oft auch gegen die Überzeugungen meiner Umwelt. So wuchs mit der Zeit die Zuversicht, dass ich immer geführt, getragen und versorgt sein würde.

Rosi unterbricht mich: „Dazu fällt mir etwas ein. Stelle dir zwei Linien vor: Die erste verläuft von der Mitte der Stirn waagrecht durch das Gehirn, die zweite waagrecht von Ohr zu Ohr. Am Kreuzungspunkt dieser beiden Linien befindet sich die Zirbeldrüse. In manchen Traditionen denkt man sich das dritte Auge in Verbindung mit der Zirbeldrüse, in anderen geht man davon aus, dass die Zirbeldrüse das dritte Auge ist. Und dieses ist Ausdruck für Intuition, Erkenntnis und Wahrheit. Die alten Ägypter verehrten das Auge des Horus, das mit dem Einheitsbewusstsein verbunden ist, als Organ der Seele. Nachgewiesenermaßen wirkt sie auf über hundert Körperprozesse ein, stärkt das Immunsystem und verbessert die Zellerneuerung, unterstützt die Regeneration und Verjüngung unseres Körpersystems. Hört sich doch gut an, nicht?

Auf energetischer Ebene ist sie der Schlüssel zur Ewigkeit. Die Zirbeldrüse aktiviert unsere übersinnlichen Fähigkeiten. Sie ist die Verbindung zu den höchsten Ebenen und lichtesten Dimensionen der Ewigkeit. Von hier strömt das Licht in uns ein, um uns aufzuladen, anzuleiten, zu führen und zu beschützen. Und Meditation ist die traditionelle Methode zur Aktivierung der Zirbeldrüse. Auch das Sonnenlicht aktiviert die Zirbeldrüse. Aber da gäbe es noch viel dazu zu sagen. Nun aber zurück zu deiner Atemsitzung. Wie hast du das Erlebte interpretiert?“

An dem Abend, als sie stattfand, ging ich früh zu Bett. Diese Vision wirkte noch lange in mir nach, und ich versuchte, mir einen Reim darauf zu machen. Irgendwie war dieses Erlebnis sehr stimmig, es passte genau zu dem Gefühl, das mich manchmal bei meiner Meditation überkam: Es war, als würden die Sorgen, der Schmerz, der Kummer, das Leid nur in einer äußeren Hülle von mir sitzen, als wäre mein tiefster innerster Kern davon nicht betroffen. Ich erzählte Walter am nächsten Morgen von meinen Gefühlen. Wie erwartet, hatte er eine Antwort für mich: „Weise Menschen sagen, dass das Selbst immer bei uns ist, dass es weder geboren wurde noch sterben wird, unzerstörbar und unverwundbar und von den Zeitabläufen unbeeindruckt bleibt. Diese Kraft leitet und stärkt uns und unterstützt uns in unserer Entwicklung.“

„Du hattest ja immer Walter, den du fragen hast können“, merkt Rosi an. „Ich war zwar immer wieder mal in Sesshins, aber zu keinem Meditationsleiter habe ich ein solches Vertrauen gehabt, dass ich ihn so etwas gefragt hätte. Ich habe immer das Gefühl gehabt, mich selber befragen und mir selber die Antworten geben zu müssen. Ich habe in den anderen oft nur Menschen gesehen, die auch ihre Probleme haben. Ich hatte sowieso immer Vertrauen in diese Welt und ins Leben, aber dieses Vertrauen in eine Kraft, die dich schützt, ist nochmals etwas Größeres."

Ich sage nichts dazu, aber im Stillen gebe ich ihr recht.

„Und zum Höheren Selbst habe ich eine andere Meinung als Walter", meint Rosi weiter. „Wir können zwar darauf vertrauen, dass es immer in uns ist, aber ist es wirklich unsterblich? Ich glaube, wenn wir sterben, dann ist es auch weg. Wo soll es denn sein? Zum Beispiel das innere Selbst von Mutter oder unserer ganzen Ahnenreihe bis in die Anfänge der Menschheit zurück? Wenn das innere Selbst nie stirbt, dann müsste das alles in unser Leben wirken. Das halte ich für unwahrscheinlich."

„Wie auch immer, bei mir war es auf jeden Fall diese innere Kraft, die mir in den kommenden Jahren Halt gegeben hat. Denn dann, wie aus heiterem Himmel, ist ein wichtiges Fundament meines Lebens zusammengebrochen."

„Georg …", sagt Rosi düster.

16.

Ich erwartete Georg von einer Dienstreise zurück. Wir hatten vereinbart, dass er am frühen Abend zu mir kommen würde. Der Abend schritt voran – von Georg keine Spur. Es wurde sechs Uhr, sieben Uhr, acht Uhr, und ich begann, mir ernsthaft Sorgen zu machen. Es sah Georg überhaupt nicht ähnlich, einfach nicht aufzutauchen, ohne jede Erklärung. Telefonisch konnte ich ihn nicht erreichen. Beunruhigt ging ich zu Bett.

Am nächsten Morgen rief ich Jonathan, seinen Kollegen in Den Haag, an, aber er konnte mir nur sagen, dass Georg auch nicht zur Arbeit gekommen war. Er versprach mir, in Georgs Dienstwohnung vorbeizuschauen. Wenige Stunden später klingelte das Telefon. „Klara, ich habe traurige Nachrichten für dich", hörte ich seine belegte Stimme, „wir haben Georg tot in seiner Wohnung gefunden."

Ich konnte im ersten Moment gar nicht glauben, was ich hörte. Georg sollte plötzlich nicht mehr unter uns sein? Erst vor ein paar Tagen hatten wir miteinander telefoniert, gescherzt, gelacht. Ich war wie betäubt. Jonathan berichtete noch, dass vermutlich ein Herzinfarkt die Todesursache gewesen war, aber diese Information konnte ich kaum noch aufnehmen. Den Rest des Tages verbrachte ich wie im dichten Nebel, immer wieder brach ich in Tränen aus und betrachtete die Fotos, die ihn oder uns beide mit den Kindern zeigten.

Irgendwann fragte ich mich, ob wohl Georgs Schwester Jana, die in Brünn lebte, verständigt worden war. Ich griff zum Telefon, und als sie abhob, fragte ich sie vorsichtig, ob sie wisse, was ihrem Bruder zugestoßen sei. Sie fing sogleich an zu schluchzen: „Ach, es ist so schrecklich. Heute Morgen ist seine Leiche hier in Prag aufgefunden worden." Ich war verwirrt. Was war hier los? Ich wollte Jana nicht unnötig aufregen und nahm die Information erst einmal so hin. Wir vereinbarten, am nächsten Tag noch einmal zu telefonieren. In diesem Moment waren wir beide zu aufgewühlt, um einen klaren Gedanken zu fassen. Wir telefonierten dann wie vereinbart, und in diesem Gespräch erfuhr ich einiges über Georgs Leben, das ich bis dato noch nicht gewusst hatte. Die genauen Umstände seines Todes und der Ort blieben für mich jedoch im Dunkeln.

Als ich Jana fragte, ob ich zu Georgs Begräbnis kommen könne, druckste sie eine Weile herum und sagte schließlich, dass sie das nicht beurteilen könne, Georg hätte drei Kinder, die zwar erwachsen seien, aber man wisse ja nie. Sie hielte es für besser, wenn ich nicht käme.

Tatsächlich war das neu für mich. Ich wusste von Familienangehörigen in Prag und auch, dass er zu ihnen jahrelang keinen Kontakt gehabt hatte. Er hatte sich ja noch zu Zeiten des Eisernen Vorhangs während einer Dienstreise ins Ausland abgesetzt. Das bedeutete, er wäre verhaftet worden, hätte er auch nur einen Schritt in sein Heimatland gemacht, das damals noch Tschechoslowakei hieß. Aber es erstaunte mich dennoch, dass er nie von seinen Kindern erzählt hatte.

Ich organisierte dann in meinem Heimatort zu seinem Namenstag eine Gedenkfeier für ihn. Mein Vater, meine Kinder und ich nahmen gemeinsam in einer kleinen Zeremonie Abschied von Georg. Obwohl ich erschüttert war, war ich entschlossen, mich meinem Höheren Selbst anzuvertrauen, mich möglichst ohne vorgefertigte Meinung und Urteil dem jeweiligen Geschehen zu öffnen und ihm Raum zu geben. Dennoch, zwei Todesfälle – der von Mutter und von Georg – so knapp hintereinander, das war schwer zu verkraften. Ich fragte mich, ob der Zeitpunkt oder die Umstände des Todes eine Bedeutung hätten. Gab es da noch die Möglichkeit, Unerledigtes abzuschließen?

Ich wandte mich mit all diesen Fragen über das Sterben an mein Höheres Selbst. Ein weiteres Atemerlebnis sollte mir den Weg weisen: Ich befand mich irgendwo im alten Ägypten und erlebte eine sehr intensive Kommunikation, die nicht über Worte, nicht über Denken, sondern über eine tiefe Verbundenheit funktionierte. Beliebig wechselte ich zwischen zwei Zuständen hin und her – entweder war ich körperlich anwesend oder in einem Zustand der Auflösung, eins mit einem unendlichen Licht. Dennoch verlor ich mich nicht und war mir meiner selbst bewusst. Es fühlte sich an wie reines Sein im Licht.

„Ist so Sterben?", fragte ich.

Und mein Höheres Selbst antwortete: „Sterben ist für jeden anders, genau wie das Leben. Du hast jetzt einige Arten des Sterbens erlebt – du brauchst keine Angst davor zu haben, es ist genauso, wie durch den Schmerz hindurchzugehen. Im Sterben besteht noch einmal die Möglichkeit, etwas aufzulösen, deshalb dauert es manchmal so lange. Weil die Menschen Ungeklärtes nicht ansehen wollen, wird es zum Kampf. Auch während des Lebens werden immer wieder Chancen geboten, Unerledigtes aufzulösen – jede schwere Krankheit kann eine solche Chance sein. Das Schicksal meint es immer gut mit euch, nur ihr könnt es nicht sehen. Viele lernen erst durch das Leid. Es ist ein Irrtum, zu glauben, man sollte die Menschen von ihrem Leid und aus ihren Ängsten befreien. Damit hilft man niemandem. Wenn man jemandem das Leid wegnimmt, dann nimmt man ihm auch die Chance, daran zu wachsen. Es ist wichtig, dass du das weißt."

Das Höhere Selbst sprach weiter zu mir: „Du bist auf dem richtigen Weg, wenn du hilfst, dort hinzuschauen. Du hast es bei dir selbst gesehen. Ich war schon einmal tief mit dir verbunden, damals in Ägypten – dazwischen hast du mich immer wieder verloren und kurz wiedergefunden. Deine Sehnsucht hat dir geholfen, diese tiefe Sehnsucht, du hast es immer wieder probiert, und ich habe diese Sehnsucht immer wieder in dir geweckt. Ich habe dich in Situationen geführt, in denen du nicht mehr weiterwusstest, habe dir all die Menschen geschickt, die dir weitergeholfen haben. Es ist wichtig, dass du dich bedankst, auch bei denen, die dir Leid zugefügt haben. Sie haben dir geholfen, nur konntest du es nicht erkennen. Bedanke dich bei diesen Menschen und entlasse sie in Frieden."

Tief berührt und dankbar, dass ich das erleben durfte, empfing ich diese Botschaft. Ich war überwältigt, dass mein Höheres Selbst sich so klar offenbart hatte. In den Jahren zuvor waren meine Gefühle mein Wegweiser gewesen. Diese Leidenschaft zum Leben hatte mehr mit dem Sinnlichen zu tun, mit meinem Körper, meinen Empfindungen. Diese Energie hatte mich getrieben, mein Leben umzugestalten, denn ich wollte das Leben in seiner ganzen Intensität spüren. Aber nun befand ich mich an einem Scheideweg. Ich erkannte immer deutlicher, dass Gefühle nicht beständig sind, sie kommen und gehen. Doch mein innerster Kern, das wusste ich nun, war mit einer größeren Weisheit verbunden, und auf diese innere Stimme sollte ich hören, den Kontakt zu ihr sollte ich halten, und mit ihr sollte ich in Beziehung bleiben, das war nun vorrangig in meinen Leben – auch wenn ich nicht wusste, wohin mich das letztlich führen würde. Nur dann konnte ich wahrnehmen, was meinem Leben Richtung und Lenkung gab. Jeden Morgen machte ich nun Übungen, die *Fünf Tibeter*, und anschließend meditierte ich etwa zwanzig Minuten lang.

17.

Ich hatte viel Zeit und Geld in meine Seminare und Fortbildungen investiert, dennoch fragte ich mich manchmal, ob ich auf dem richtigen Weg sei. In dieser Phase des Zweifels kosteten mich die täglichen Übungen der *Fünf Tibeter* und die Meditation immer mehr Überwindung. Ich praktizierte sie zwar weiterhin konsequent, aber ohne rechte Konzentration, ich war nicht wirklich bei der Sache. Ich erinnerte mich an einen Vortrag von Sylvester Walch, in dem er sagte: „Weise Menschen empfehlen uns, nach innen zu gehen, wenn wir erfahren wollen, wer wir wirklich sind. Sie sagen uns aber auch, dass es nicht leicht ist. Wir müssen uns auf einen Weg vorbereiten, der uns Aufmerksamkeit und Disziplin abverlangt, der uns Prüfungen durch Hindernisse und Stagnationen auferlegt, der uns mit egoistischen Motiven konfrontiert und uns immer wieder zum Loslassen auffordert."

„Ach ja, die Hindernisse auf unserem Weg …" Rosi verzieht das Gesicht. „Zum Beispiel Krankheiten. Ich bin einige Male in meinem Leben schwer erkrankt und ich glaube, die Botschaft dahinter hat gelautet: Kümmere dich um dich! Du verausgabst dich! Du hetzt durch dieses Leben ohne Rücksicht auf deine Gesundheit und deinen Körper. Das habe ich erst in letzter Zeit kapiert und begonnen, mir mehr Zeit zu nehmen, um wenigstens ein bisschen auszuruhen und gesünder zu leben."

„Gut so!", lobe ich sie.

Rosi spinnt ihre Gedanken weiter: „Und natürlich geht es immer ums Loslassen. Das habe ich auch erfahren müssen. Ohne Loslassen geht gar nichts. Nicht in der Meditation, nicht im Leben. Schon der Atem zeigt uns das: einatmend das Leben spüren, ausatmend loslassen. Was mir bei Yoga bewusst geworden ist, ist das Faktum, dass wir unglaubliche Kräfte in unserem Körper einsetzen, um Muskeln anzuspannen in Situationen, wo wir diese nicht benötigen. Das verbraucht viel Energie. Um besser im täglichen Leben zu entspannen, ist es gut und wichtig, gelassener zu werden. Und es freut mich, diese Erfahrungen an meine Yogaschüler weitergeben zu dürfen", meint Rosi zufrieden.

„Im Fluss zu bleiben", ergänze ich versonnen. „Der Fluss war für mich damals ein Symbol für das Leben. Das beschreibe ich in der nächsten Episode."

Zu dieser Zeit zog es mich bei meinen Spaziergängen immer wieder hin zu einem Baum, der an einem Fluss stand, eine alte Eiche mit borkiger Rinde und mächtiger Krone, deren Wurzeln sicher tief in die Erde hineinreichten. Ich lehnte mich mit meinem Rücken an diese Eiche und spürte ihren Atem – ein langsames Auf und Ab, und schwang mich in diesen uralten Rhythmus ein. Dabei wurde ich vollkommen ruhig. Ich betrachtete das vorbeifließende Wasser und es blitzte in mir eine Erkenntnis auf: Meine Gedanken, meine Gefühle, meine Ängste, meine Schmerzen, meine Ziele und Vorstellungen, meine Leidenschaften, meine Sehnsüchte, meine Erlebnisse, sie waren wie dieser Fluss, der an mir vorbeizog. Alles kam und floss weiter. Ein Teil von mir vertraute sich dem Fluss des Lebens an. Ich aber lehnte wie eine unbeteiligte Beobachterin am Baum, sah zu und ließ es sein. Ich formulierte es so damals:

Ich habe einen Körper, aber ich bin nicht mein Körper.
Ich habe Gefühle, aber ich bin nicht meine Gefühle.
Ich habe Gedanken, aber ich bin nicht meine Gedanken.

Aber wer war ich dann? Dieser Teil, der am Baum lehnte und mein Leben beobachtete? Wer in mir weiß, dass ich wache, dass ich schlafe, dass ich denke und fühle …?

Ich wäre doch immer nur ich selbst – auch wenn ich andere Eltern, eine andere Lebensgeschichte und andere Erinnerungen hätte.

Sam Keen beschreibt diese Erkenntnis so: „Ich bin nicht mit meinen Erinnerungen, Hoffnungen und Besitztümern identisch – ich bin nicht mein Körper … Das Selbst muss vom gesamten althergebrachten, konditionierten Inhalt befreit werden, ehe es ein neues Zentrum finden kann."

Mit anderen Worten: Es ging darum, die vermeintlich tragfähige Identifikation meines Ich aufzugeben, dessen Relativität zu erkennen und das bisherige Selbstverständnis von mir selbst loszulassen. Diese Erkenntnis löste bei mir Angst und Unsicherheit aus. Ich fühlte mich in meiner Existenz manchmal bedroht, weil ich alles, was mir bis dahin Sicherheit gegeben hatte, auf meinem Weg ein Stück zurückgelassen hatte. Musste ich alles radikal in Zweifel stellen und geduldig bei diesem Zweifel bleiben, um meine wahre Identität zu entdecken? Dann hatte ich noch ein eindrucksvolles Erlebnis: An einem kalten Dezembertag kam ich von einem Spaziergang mit meiner Freundin Sonja zurück und dachte an meinen Schwiegervater. Er lag todkrank im Spital. Ich beschloss, für ihn zu meditieren, mich auf meinen Atem zu konzentrieren, um innerlich einen Raum der Stille, Aufmerksamkeit und Leere zu schaffen. Plötzlich und völlig unerwartet war mein

Schwiegervater da, sicht- und spürbar, eine übersinnliche Wahrnehmung, ein Verstehen und Begreifen ohne Worte. Eine Welle von Dankbarkeit durchströmte mich. Ich wollte diese Botschaft unbedingt behalten – sie durfte nicht verloren gehen! Ich versuchte, sie in Worte zu fassen und schrieb Folgendes nieder:

Danke für die Gnade!
Du bist da
bei mir,
eine Begegnung des
Friedens und tiefer Berührung,
für dich Frieden und Abschied
von diesem Sein,
für mich Frieden im Hiersein,
Licht auf beiden Wegen,
eine Friedensgabe!
Noch kann ich es nicht ganz begreifen.
Tränen und tiefe Berührtheit
sind meine Antwort.

So stand es nun schwarz auf weiß auf einem Blatt Papier, dennoch blieb das Gefühl, nicht die richtigen Worte dafür gefunden zu haben. Doch worum ging es in meinem Leben, was zählte wirklich? Was wollte das Leben von mir? Was war die Essenz meines Lebens? Ich begann immer mehr, mich von der äußeren Welt zurückzuziehen. Unruhe und Rastlosigkeit erfüllten mich, mein ganzes Sein und Streben erschienen mir plötzlich sinnlos. Ich sehnte mich zutiefst nach etwas, das hinter der Oberfläche meines Lebens verborgen schien. Immer wieder wurden mir kurze Einblicke in mein wahres Selbst gewährt. Sie lösten in mir eine Sehnsucht aus, die mich wie ein Sog immer mehr in mein Inneres zog.

In meiner damaligen Verfassung war alles Weltliche äußerst schwierig für mich zu erledigen. Nur mit größter Mühe erledigte ich die alltäglichen Pflichten. Gleichzeitig machte es mir Angst, dem sehnsuchtsvollen Ruf meines Herzens bedingungslos zu folgen, der mich über das Bekannte hinaus ins Unbekannte, über die Welt der Formen hinaus ins Formlose führen würde.

Täglich meditierte ich über mehrere Stunden, sang wieder und wieder das Mantra *Om Namah Shivaya*, schwang mich ganz auf die Worte ein, ging auf im Singen, ließ alles einwirken und einsinken in mich, bis es meinen Körper durchdrang, bis ich mich ganz der Anziehung der inneren Welt hingeben konnte. Hier versanken alle Gedanken, tiefe Ruhe kehrte ein. Betrat ich die inneren Räume meines Wesens, schien mein früheres Ich nicht mehr zu existieren, mit ihm all meine Unsicherheiten und Zweifel. Ich spürte, dass ich von etwas gehalten wurde, das meinen Verstand überstieg. Tauchte ich aus diesem Zustand wieder auf, kam ich mir vor wie eine Verbannte in einer sinnentleerten Welt. Mein Kopf fühlte sich oft matt, leer und taub an. Meist funktionierte ich, dann wieder vernachlässigte ich wichtige Pflichten. Diszipliniert war ich nur in Bezug auf spirituelle Übungen, alles andere schien mir nicht wesentlich zu sein. Kleinigkeiten belasteten mich übermäßig, meine Wertigkeiten verschoben sich. Das vorweihnachtliche Gedränge in den Kaufhäusern und die Menschenmassen auf den Straßen konnte ich kaum mehr ertragen. Verrückt und sinnlos erschien mir dieses Treiben. Das äußere Leben ist ein wahnwitziger Traum, dachte ich, und in dieser Form nicht mehr lebenswert.

Nur mein Inneres zählte für mich, am liebsten hätte ich die Türen der Welt hinter mir geschlossen. Diese fundamentale Veränderung erforderte meine ganze Energie, und so war es nicht verwunderlich, dass meine Umwelt mich orientierungslos, niedergeschlagen und träge erlebte. Es brachte mich in Bedrängnis, mit jemandem zu reden, der diese intensiven inneren Prozesse nicht kannte. Menschen, die für solche Erfahrungen nichts übrighatten, wurden für mich uninteressant und mühsam. Nur im Gespräch mit Weggefährtinnen, im Kreis von Leuten, die sich intensiv mit den gleichen Themen beschäftigten, fühlte ich mich geborgen. Und doch konnten auch sie nicht die Verantwortung für meinen inneren Weg übernehmen. Schützende Regeln gab es für keinen von uns. Jeder musste seinen Weg allein gehen. Aber würde ich die Einsamkeit der Reise aushalten, und die Zweifel, die mich plagten? Ich wusste, dass ein spiritueller Aufbruch immer mit der Erinnerung der Seele an ihr wirkliches Zuhause begann, mit der Sehnsucht nach der Heimkehr. In einer tiefen Hingabe, die über das Verständnis, über die Erfüllung persönlicher Wünsche und Sehnsüchte hinausgeht, löst sich das individuelle Sein allmählich auf und schafft einen leeren Raum, wo alles in Ordnung ist, wo man sich in einem größeren Ganzen aufgehoben und getragen fühlt. Ich erlebte das Leben als einen Balanceakt zwischen zwei Welten, wovon die eine heil, vollkommen und beglückend war, und die anderen voller Probleme und Widersprüche. In dieser Phase erschien mir ein Leben im Kloster oder in einem indischen Ashram wünschenswert. Ich sehnte mich nach einem Platz, an dem Menschen auf der Suche nach der Wahrheit, nach Gott und nach Selbstverwirklichung zusammenlebten, einem Platz der Meditation und Stille.

„Solche tiefen Erfahrungen habe ich nicht gemacht. Aber ganz ehrlich, ich will sie auch gar nicht machen", stellt Rosi unumwunden fest. „Bei mir war das sowieso ganz anders. Ich habe den Kontakt zum Leben nie verloren, ich habe immer einen Sinn im Leben gesehen. Ich bin überzeugt, dass man auch nach innen gehen kann, ohne sich vom Leben getrennt zu fühlen. Deshalb ist die ruhige, stille Meditation für mich richtig und gut. Ich spüre mein Zuhause, ich spüre die Leere, ich spüre das Aufgehoben-Sein in einem größeren Ganzen. Und gleichzeitig sehe ich meine Probleme im Leben als lösbar an. Ich glaube, dass jeder zwei Situationen im Leben hat, die er ganz alleine meistern muss. Vermutlich sind das zwei Situationen, in denen man sich von der Welt getrennt fühlt und Einsamkeit herrscht: Das ist das Geborenwerden und das Sterben. Deshalb ist es gut, das Sterben bereits im Leben zu üben. Wir wechseln liebevolle Blicke, dann lese ich weiter.

Meine Transformation wird gut in einer Geschichte von Zhuang Zhou, auch bekannt als Zhuang Zi, einem berühmten taoistischen Dichter und Philosophen, veranschaulicht. Er berichtet über einen besonders lebhaften Traum, der ihn sehr berührt hat, weil er ihn über die Wirklichkeit seiner Existenz nachdenken hat lassen. Er schreibt:

Ich, Zhuang Zhou, träumte einst, ich sei ein Schmetterling,
ein hin- und herflatternder,
in allen Zwecken und Zielen ein Schmetterling.
Ich wusste nur,
dass ich meinen Launen wie ein Schmetterling folgte, und war meines Menschenwesens unbewusst.
Plötzlich erwachte ich; und da lag ich: wieder ich selbst.
Nun weiß ich nicht:
War ich da ein Mensch, der träumte, er sei ein Schmetterling,
oder – bin ich jetzt ein Schmetterling, der träumt,
er sei ein Mensch?

Regelmäßig hinterfragte ich meinen Weg und wusste doch gleichzeitig, dass ich mich schon längst dafür entschieden hatte. Es gab für mich kein Zurück mehr. Häufig konnte ich meiner Umgebung nicht vermitteln, was in mir und mit mir passierte. Und so fühlte ich mich oft missverstanden und litt unter der Kritik von außen. Ich war in meinem neuen Selbstverständnis noch nicht ausreichend gefestigt. Heute erkenne ich klar den Wert dieser Prüfungen auf unserem Weg der Selbstverwirklichung. Er liegt darin, unsere persönlichen Empfindsamkeiten überwinden zu lernen, um zu mehr innerer Unabhängigkeit zu gelangen.

Das tägliche Leben holte mich mit seinen Herausforderungen immer wieder ein. Mit Georgs Tod fiel der größte Teil meiner finanziellen Grundlage weg. Wie sollte es nun weitergehen? Ich merkte, wie mich die alltäglichen Kosten überforderten, etwa die Ausgaben für Simons Schule. Außerdem war ich im letzten Drittel all meiner Ausbildungen. Ich wollte sie abschließen, dafür fehlten mir jedoch die finanziellen Mittel. Wenn ich auf mein Herz hörte, dann sagte es mir: Gehe deinen Weg weiter, lass dich von den äußeren Umständen nicht beirren!

In meiner Not fragte ich meinen Vater. Er konnte mir kein Geld geben, stellte mir aber zwei Konten zur Verfügung, die einen Überziehungsrahmen von 150 000 Schilling hatten. Ich war ihm dafür überaus dankbar. So begann ich, Schulden zu machen, ohne zu wissen, wie ich sie je zurückzahlen würde können. Natürlich hörte ich die Stimmen in meiner Umgebung, die sagten: „Wie kann man nur so unvernünftig sein! Ist doch klar, wo jetzt deine Prioritäten liegen sollten. Du hast doch schon genug Geld mit deinen Ausbildungen verbraten, kümmere dich um deinen beruflichen Einstieg, nimm alles an, womit du Geld verdienen kannst."

Rosi hebt die Augenbrauen. „Ich hätte mich sicherlich nicht in eine derartige finanzielle Unsicherheit begeben. Auch nicht, wenn mir dies mein Herz gesagt hätte – diesem Herzen hätte ich misstraut."

„Ja, ich weiß – ihr habt euch damals ernsthaft Sorgen gemacht. Das hätte ich vermutlich auch, wäre ich an eurer Stelle gewesen. Doch ich habe gewusst, dass jetzt der Zeitpunkt dafür gekommen war, meinen Weg zu gehen. Jetzt hatte ich die Energie dafür."

„Obwohl ihr euch auf ein völlig anderes Leben habt einstellen müssen, und selbst das nicht gereicht hat, um finanziell über die Runden zu kommen", wirft Rosi ein.

„Allerdings, es hat eine ganze Weile gedauert, bis wir – meine Kinder und ich – begriffen haben, dass es für uns nun keine Urlaube, keine Restaurantbesuche und kein unüberlegtes Einkaufen mehr gab. Langsam haben wir gelernt, mit weniger auszukommen – und trotzdem sind viele tägliche Kosten offen geblieben."

„Darüber hast du natürlich mit niemandem gesprochen."

„Du kennst mich wirklich gut!" Beinahe muss ich schmunzeln. „Ja tatsächlich, über meine finanziellen Sorgen habe ich mit niemandem geredet. Ich habe genau gewusst, was ihr mir raten würdet, und ich habe es als beschämend empfunden, zugeben zu müssen, dass ich nicht ausreichend für den Lebensunterhalt von meinen Kindern und mir sorgen konnte. Das hätte bedeutet, Schwäche zu zeigen – und dass man gerade das nicht durfte …“

„… ist uns in unserer Kindheit ja mit allem Nachdruck eingebläut worden“, beendet Rosi meinen Satz. „Schwächen gab es einfach nicht, das war ein ehernes Gesetz in unserer Familie. Ich glaube, das ist bei mir noch stärker ausgeprägt als bei dir“, fährt sie fort. „Vater war nie schwach. Und Mutter auch nicht. Ich glaube, das haben wir sogar von beiden Seiten mitbekommen. Manchmal, wenn ich mich körperlich überfordert gefühlt hatte, habe ich mir eingestanden, dass ich nicht mehr konnte. ‚Das hätte ich aber nicht einmal Ludwig verraten. Ich habe immer Stärke vorgegaukelt, mit dem Resultat, dass Ludwig meine körperliche Überforderung nicht gemerkt hat und immer mehr von mir gefordert hat. Das habe ich als sehr anstrengend empfunden, und das war sicherlich auch mit ein Grund dafür, dass ich ihn verlassen habe müssen. Ich konnte einfach nicht mehr. Das hat er bis heute nicht verstanden. Wie soll er auch? Ich habe es ihm ja nie richtig erklärt“, stellt sie ernüchtert fest.

„Die starke Frau … Das ist auch Thema in der folgenden Atemerfahrung.“

18.

Ich befinde mich inmitten bewaldeter, nicht sehr hoher Berge irgendwo in Mitteleuropa. In der Ferne erkenne ich hoch aufragende, schroffe Felsen. Ich befinde mich in einer Gruppe von Hexen, die in einem Berg wohnen. Mir ist kalt. Wir haben mit dunklen Mächten zu tun, wir sind Zauberinnen. Wir singen und tanzen wild und beschwören Geister herauf. Diese Geister schweben in der Luft. Der Raum ist voll mit schwarzen Geistern. Wir stampfen immer exzessiver und verfallen in Trance. Wir wollen, dass die schwarzen Geister auf den Boden kommen, denn wir haben nur Macht in Verbindung mit ihnen. In einer ekstatischen Feier zwingen wir sie, sich mit uns zu vereinigen. Wir empfinden eine wilde Freude darüber, dass wir uns diese schwarze Macht wieder angeeignet haben. Wir gehen aus dem Berg hinaus und verwandeln uns in normale Menschen.

Ich bin eine Frau, sehr schön, eine Herrscherin über ein Volk. Ich trage ein weißes, mit Gold besticktes Kleid und darüber einen Purpurmantel. Alle anderen werden zu Männern mit Kniehosen und gegurtetem Wams. Wir verabschieden uns, jeder von uns reitet in eine andere Richtung. Wir sind lichte Gestalten, niemand sieht uns an, dass wir diese schwarze Macht in uns tragen. Wir verstreuen uns in alle Richtungen, wissen aber, dass wir einander alle wieder treffen müssen für dieses Ritual, das wie ein Auftanken ist von etwas, das nur eine gewisse Zeit wirkt.

Ich herrsche über eine Stadt mit Ländereien, eine Grafschaft. Ich bin eine beliebte Regentin, die ihr Volk gut behandelt. Ich bin jedoch auch getrieben von der Angst, meine Macht zu verlieren und nicht mehr regieren zu können. Ich will herrschen um jeden Preis! Ich besuche die Armen, die Bauern auf den Feldern, ich lebe mit den Menschen und bin ihnen verbunden. Ich fühle mich jedoch nicht mehr gut mit dieser Macht. Nach außen gut zu erscheinen und im Inneren die schwarze Macht zu tragen, diesen Konflikt ertrage ich nicht mehr. In meinem Solarplexus ist etwas Schwarzes, ich spüre, wie ich diese zwei Seiten in mir nicht mehr zusammenbringe. Ich halte die Lüge nicht mehr aus, nicht das zu sein, wofür ich gehalten werde. Ich habe das Gefühl, meine ganze Kraft nur dafür zu brauchen, um dieses Bild aufrechtzuerhalten – nach außen hin hell zu sein, aber in meinem Inneren dunkel. Ich erlebe die Menschen, die etwas von mir wollen, als bedrohlich. Sie zerren an meiner Kraft, und ich kann nichts mehr geben. Ich breche zusammen mit unerträglichen körperlichen Schmerzen. Diese Schmerzen, dieser innere Konflikt, fressen mich auf. Ich beschließe, mich von dieser schwarzen Macht zu befreien. Meine einzige Rettung ist es, meine Regentschaft niederzulegen. Die Menschen verstehen das nicht, doch sie akzeptieren es, weil es mir so schlecht geht.

Mein Bauch ist voll mit einem Nest schwarzer Schlangen. Ich fühle Panik in mir aufsteigen, weil ich zurück zu dem Berg muss. Ich weiß nicht, was dort mit mir passieren wird, was auf mich zukommt und wie ich damit zurechtkommen werde. Ich bin bereit, alles zu tun, um da herauszukommen. Ich bin völlig erschöpft, kann nur noch sitzen oder liegen. Mein Gesicht ist immer noch schön, aber mein Körper ist zerfressen von diesen schwarzen Schlangen. Ich lasse mich in einer Sänfte zu dem Berg tragen. Ich habe keine Ahnung, wann die anderen kommen werden, für wann wir uns verabredet haben. Ich lasse mich trotzdem dort absetzen und schicke die Menschen weg, die mich hergebracht haben. Sie bedanken sich herzlich bei mir. Es schmerzt mich, dass ich ihnen nicht die Wahrheit über meine schwarze Macht sagen kann. Ich sitze am Eingang vor dem Berg. Es ist Herbst, und ich warte. Ich habe jegliches Zeitgefühl verloren – Zeit hat keine Bedeutung mehr. Entweder werden mich die anderen töten, weil ich mich von ihnen losgesagt habe, oder ich werde sterben, weil ich keine Nahrung mehr zu mir nehme und mich aufgegeben habe.

Da verwandelt sich die Szene. Die Tiere des Waldes kommen zu mir, als Erstes ein Reh. Ich streichle es und spreche mit ihm – ich kann die Sprache der Tiere verstehen. Die Verbindung zu dem Reh macht mich gleichzeitig traurig und glücklich. Traurig, dass ich diese Verbundenheit früher nicht spüren konnte, weil ich so an meiner Macht hing und es nicht zulassen konnte. Glücklich, dass ich es jetzt erleben kann. Ich gehe mit dem Reh in den Wald und beginne, Verbindung mit der Natur aufzunehmen. Plötzlich ist mir jeder Baum wichtig. Ich beginne, alles neu zu entdecken. Mein Herz öffnet sich. Das alles macht mich sehr glücklich. Ich greife einen Baum an und fühle auch hier tiefe Verbundenheit. Er gibt mir so viel Kraft, mir wird wohlig warm – die Schlangen in meinem Bauch sind verschwunden. In mir ist ein tiefes Gefühl der Dankbarkeit. Ich lege mich auf den Waldboden, dann umarme ich die Bäume – ein völlig neues Leben beginnt. Ich suche mir Nahrung und möchte wieder leben. Ich gehe immer tiefer in den Wald hinein. Ich spüre die Kraft in mir. Die Strahlen der Sonne durchdringen mich, sie wärmen mich und geben mir Energie, als ob in meinem Körper selbst eine Sonne wäre. Ich spüre unendlich viel Kraft, Licht und Stärke. Ich stehe auf einer Lichtung im Wald, spüre das Gras, die Kraft der Erde und die Verbindung nach oben. Alles strömt durch mich durch und verbindet sich in mir. Es ist eine unerschöpfliche

Quelle, eine Verbindung, bei der ich keine Angst mehr haben muss, sie jemals wieder zu verlieren. Ich stehe mit geschlossenen Augen da und lasse alles durch mich hindurchfließen. Ich möchte alles spüren und bin dankbar, dass ich das erleben darf. Ich weiß, dass ich jetzt so weit bin, dass ich Menschen wirklich begegnen kann.

Jetzt werde ich helfen können, weil es eine andere Ebene der Begegnung sein wird. Ich danke allen, die mir dabei geholfen haben. Ich sehe die Hexen im Berg, sehe, dass sie schwarz sind. Verwundert denke ich: Ich liebe auch sie. Es ist gut, wie sie sind und was sie tun, es besteht kein Anspruch, dass sie sich ändern müssten. Das Gefühl: Es ist richtig, wie ihr seid. Und mein Höheres Selbst sagt dann: Es war gut, dass du das Vertrauen aufgebracht hast, dir diese dunklen Seiten – die Schatten – anzusehen. Es kommt nicht darauf an, was es ist. Hinschauen ist wichtig. Wenn du etwas in dir aufgelöst hast, es loslassen kannst, dann wird es keine Macht über dich haben. Es hat nur Macht über dich, wenn du deine Schattenanteile nicht wahrnimmst.

Dieses Erlebnis war eine Grenzerfahrung für mich, eine Konfrontation mit meinen eigenen Schatten. Das, was wir Schatten nennen, wird als etwas Fremdes erlebt, weil wir es nicht mitleben lassen. Dieser Schatten löst Angst aus, aber er fasziniert uns auch. Faszinieren kommt von *fascinare* und heißt *verzaubern* oder *verhexen*.

Auch mich zog während dieser Zeit das Fremde, Unbekannte in meiner Seele magisch an, denn immer wieder betrat ich in meinen Meditationen und Atemerfahrungen mir noch unbekannte, nie erlebte Räume, die ich ergründen wollte. Mit den Schattenanteilen in mir hatte ich mich aber bis jetzt noch nicht so intensiv auseinandergesetzt. Der Schatten ist der Ausdruck der eigenen Unvollkommenheit, das Negative, das mit unseren Werten nicht übereinstimmt. Sobald wir es aber bewerten, schließen wir es aus und verdrängen es, und dieser Teil, den wir als nicht zu uns gehörig ansehen, führt in unserer Psyche ein Eigenleben. Wenn wir offen eine innere Bestandsaufnahme unseres Lebens vornehmen, dann müssen auch Schatten und Widersprüche ans Licht – diese vermitteln uns unsere unerledigten Aufgaben.

„Der Schatten ist der eigentliche Schlüssel zum Leben", zitiert Rosi an dieser Stelle meiner Erzählung Ruediger Dahlke. Sie meint außerdem: „Also müssen wir uns mit ihm aussöhnen und ihn integrieren, er gehört zu unserem Leben. Wenn wir den Schatten nicht erkennen und verstehen, wiederholen wir immer wieder die gleichen Muster des unerfüllten Verlangens."

„Die Aussöhnung mit dem Schatten halte ich auch für eine der wichtigsten Aufgaben unseres Lebens! Dieser Gegenpol ist ja die Voraussetzung für unser inneres Wachstum. Vom Negieren bis zum Bejahen ist es freilich ein schwerer Schritt. Wenn man sich aber davor scheut, tief in das Reich des Schattens hinabzusteigen, wird man nie das Licht finden, sondern immer nur eine ‚verrußte Lampe seiner eigenen, unreifen Religionsvorstellungen', schreibt Gabriele Quinque in ihrem Buch *Tempelschlaf*. Diese mächtigen Kräfte bewusst anzuerkennen, einzusetzen und uns mit ihnen anzufreunden, anstatt unbewusst und gegen unseren Willen von ihnen angetrieben zu werden, ist unter anderem das Anliegen der Transpersonalen Psychotherapie. Wir tragen nicht nur das Eigene, Persönliche in uns, sondern auch ein archetypisches Potenzial aus allen Zeiten und Kulturen, ein endloses Meer an Wissen – das gilt es zu erkennen. Die in Holotropen Atemsitzungen erfahrenen Symbole vermitteln uns die Einsicht, dass es etwas in uns gibt, das über uns selbst hinausgeht. Es ist eine Tiefe der Identität, die weit mehr ist als unser individuelles Sein."

„Das war sicher eine schwierige Zeit, und du bist ohne jedes Sicherheitsnetz ins kalte Wasser gesprungen" merkt Rosi an. „Dabei musstest du nicht nur dich, sondern auch noch zwei Kinder erhalten."

„Kurz nach Georgs Tod war ich bei einer Komplementärmedizinerin zur Akupunktur. Nach der ersten Behandlung hat sie mich nach meinem Beruf gefragt. Ich habe ihr von meiner Gestaltausbildung erzählt, das hat sie dazu veranlasst, mich zu fragen, ob sie mir Patienten schicken dürfte. Ich sei die erste Therapeutin, die sie kennenlernte, die nicht aussähe, als hätte sie selbst ein Problem. Ich hielt Rücksprache mit meinem Lehrtherapeuten, und er meinte: ‚Das ist eine großartige Gelegenheit, fang doch an und komm zu mir in die Supervisionsgruppe.' Die Ärztin bot mir in ihrer Ordination einen Raum an, und ich startete mit meiner Arbeit als Psychotherapeutin."

„Damit hast du also wieder ein Einkommen gehabt."

„Das schon, meine Praxistage waren tatsächlich schnell voll, trotzdem haben wir mit meinem Einkommen gerade unsere alltäglichen Kosten abdecken können. Dann sind auch noch die Steuer und die hohen Sozialversicherungsbeiträge dazugekommen. Ich habe viele Jahre schwer gearbeitet, Seminar um Seminar gehalten und doch ständig mit existenziellen und finanziellen Sorgen gelebt."

„Aber deine Seminare waren doch gut besucht?"

„Tja, aber die Einnahmen sind sofort von der Bank für Rückzahlungen und Zinsen geschluckt worden, und für die laufenden Zahlungen war wieder kein Geld da. Gleichzeitig habe ich gewusst, dass ich nicht mehr leisten konnte. Mich schaudert heute noch, wenn ich an diese

Zeit denke. Damals war ich am Limit meiner Kräfte. Ich habe mit den wenigen Mitteln jongliert, die mir zur Verfügung gestanden sind, und auch zu der einen oder anderen Notlüge gegriffen, um Leute zu vertrösten. Nächtelang habe ich ins Dunkle gestarrt und Kosten und Einkommen gegeneinander aufgerechnet. Die CD mit dem Mantra *Om Namah Shiva*ya ist in Endlosschleife gelaufen, damit ich irgendwann endlich einschlafen konnte."

„Das war sicher sehr belastend!" Rosi wirft mir einen mitfühlenden Blick zu. „Das zumindest habe ich mir erspart, dafür bin ich in der unglücklichen Ehe geblieben. Doch selbst wenn ich mich getrennt hätte, hätte ich mich nicht solchen existenziellen Unsicherheiten ausgeliefert. Diese teuren Ausbildungen, die du gemacht hast, haben ja ein Vermögen gekostet. Das hätte ich mir sowieso nie zugestanden", stellt Rosi wieder mal einen Vergleich zwischen uns beiden an. „Wie ging es dann weiter?"

19.

Damals wurde mir bewusst, dass man Vertrauen nur lernen konnte, wenn nicht alles immer nur wie am Schnürchen lief. Doch dieses Vertrauen musste tief in einem verankert sein. Die Meditation half mir dabei, die Sorgen abzulegen, mich auf das zu konzentrieren, was wichtig war. Nach jeder Meditation dachte ich: Das andere wird schon werden.

So lebte ich viele Jahre mit großen finanziellen Sorgen, ohne jemals mit anderen Menschen darüber zu reden – außer mit meinem zunehmend gereizten Bankdirektor. Es gelang mir immer wieder, ihn zu beruhigen, und ich machte Versprechungen, von denen ich schon in dem Moment, als ich sie aussprach, wusste, dass ich sie nicht einhalten würde können. Aber etwas anderes fiel mir nicht ein. Irgendetwas tief in mir drinnen vertraute darauf, dass sich meine Sorgen eines Tages lösen würden.

Auf einer Kur in Kärnten lernte ich Paul kennen. Als ich am ersten Tag das Restaurant des Kurhotels betrat, gab Paul dem Ober hundert Schilling und bat ihn, mich an seinen Tisch zu setzen. Paul und ich verstanden uns prächtig! Bereits am nächsten Tag erzählte er mir, dass er ein Haus auf der Kanarischen Insel Lanzarote hätte und dieses gern für Seminare vermieten wollte. Ich horchte sofort auf. „Paul, ich trage schon lange die Idee mit mir herum, Seminare am Meer anzubieten. Das wäre so toll, wenn ich das in deinem Haus machen könnte!“, platzte ich heraus. Als Paul auf diesen Plan einstieg, konnte ich vor lauter Begeisterung kaum an mich halten. Ich liebte das Meer, aber Urlaube konnte ich mir damals nicht leisten. Was für eine wunderbare Gelegenheit, einen Aufenthalt am Meer mit Seminaren zu verbinden! In dieser Nacht malte ich mir aus, was dort alles möglich wäre. Die Gestalt-Massage würde sich dafür eignen. Inzwischen hatte ich ja die Ausbildung zur Lehrerin in Gestalt-Massage in Frankreich abgeschlossen und war berechtigt, Kurse anzubieten.

Einige Monate später war es dann so weit: Mein erstes Seminar auf Lanzarote fand statt. Paul holte mich vom Flughafen ab. Ich konnte es kaum erwarten, den Ort, wo ich die nächsten Wochen verbringen sollte, zu sehen. Als ich Pauls Domizil sah, war ich hellauf begeistert: Sein im typisch verschachtelten Kanarenstil erbautes Haus lag etwas erhöht am Hang. Es war strahlend weiß und hatte eine große Terrasse und weitem Blick über den Atlantik. Nur einen kurzen Spaziergang entfernt konnte man sich in einer kuscheligen Bucht ins Meerwasser werfen oder am feinen Sandstrand entspannen. Hier würde es sich wunderbar arbeiten lassen.

Zwanzig Leute hatten sich zum Seminar angemeldet, zehn davon wollten das Seminar besuchen, die anderen waren Partner und auch Kinder. Welche Herausforderung, denn so viel Platz gab es in dem Haus nicht. Ich war bereits eine Woche vor Seminarbeginn angereist, um alles vorzubereiten. Natürlich mangelte es an einigem, was ich für mein Seminar brauchte. So überlegten Paul und ich hin und her, wie wir zu Massagetischen kommen konnten. „Glaubst du, es funktioniert, wenn wir mit Holzstehern vom Bau, Pressspanplatten und Schaumstoff selber welche basteln?“, fragte mich Paul irgendwann. Da ich auch keine bessere Idee hatte, machten wir uns an die Arbeit. Tatsächlich bewährten sich unsere selbst gebastelten Massagetische dann gut.

Das nächste große Problem war die Unterbringung der vielen Leute. Wir fragten in allen Hotels nach, aber nirgends gab es noch freie Zimmer. Die letzte Möglichkeit war ein etwas über dem Haus gelegenes Bungalowhotel, geführt von Jorge, einem jungen Hoteldirektor. Er war der Einzige, der meinte: „Die Kontingente der Reiseveranstalter werden sowieso meistens nicht ausgenützt. Ich biete Ihnen ein paar Zimmer an.“ So war also alles bereit, als unsere Gäste anreisten.

Achtzehn Jahre lang sollte ich meine Seminare auf Lanzarote halten, manche allein, andere zusammen mit Kolleginnen und Kollegen. Als Paul einige Jahre nach dem ersten Seminar sein Haus verkaufte und Jorge Direktor von einem neuen Hotel wurde, fanden meine Seminare dort statt. Die Seminare waren eine wunderbare Zeit für mich. Jeden Tag begannen wir mit einer gemeinsamen Meditation, sangen Mantren und saßen in Stille, um uns auf das achtsame Miteinander einzustimmen. Rasch stellte ich fest, wie wohltuend und unterstützend sich Sonne, Wärme und Meer für ein heilsames Körpergefühl auswirkten. Umgeben von der bizarren Schönheit der Vulkane, von der zerklüfteten Lavalandschaft, der in sattem Grün sprießenden Vegetation, den wilden Küsten und sandigen Stränden ließ es sich noch einmal so gut loslassen. Der Körper öffnet sich schon allein durch das subtropische Klima und das Schwimmen im Meerwasser. Unser Körper kann wie ein Schwamm die Berührung durch die Naturelemente aufnehmen.

Existenzsorgen quälten mich dennoch während vieler weiterer Jahre, nichts wünschte ich mir sehnsüchtiger, als den Rücken frei zu haben, um sorglos leben und kreativ sein zu können. In einem Moment besonders großer Verzweiflung, den Kopf voller Geldsorgen, wandte ich mich vorwurfsvoll in einer Meditation an mein Höheres Selbst und bat inständig um Hilfe. Kaum schloss ich die Augen, stellte sich ganz von selbst ein tiefer Meditationszustand ein und alle Probleme verschwanden aus meinem Bewusstsein. Die Sorgen um meine Zukunft schrumpften zur Bedeutungslosigkeit. Ich versank und fühlte mich frei. Das Denken zum Stillstand zu bringen, geschah ganz mühelos. Ich genoss den Frieden in mir – ohne Sorgen, ohne Ängste. Jedes Zeitgefühl löste sich auf, ich verweilte lange in diesem Zustand. Da kam plötzlich klar und eindeutig die Antwort: „Befreie dich von deinen Sorgen und Ängsten, ziehe sie aus wie Kleider. Mache den nächsten Schritt immer in Verbindung mit deinem Selbst. Investiere deine Liebe und deine Energie in das, was dir am Herzen liegt."

„Sorgen und Ängste bringen sowieso nichts", wirft Rosi ein. „Sie schaden nur dir und deinem Körper. Sie verändern gar nichts. Unlängst hat eine Frau zu mir gesagt, dass sie froh sei, keine Kinder zu haben, sie mache sich schon genug Sorgen um ihre Nichten und Neffen, was ihre Zukunft beträfe. Die Flüchtlingsproblematik, Corona und die Umweltverschmutzung … Sorgen brauche sie sich nicht zu machen, meinte ich aufmunternd, das brächte nichts, weder ihr noch ihren Nichten und Neffen … Ja, meinte sie, das sei ihr bislang noch gar nicht so klar gewesen. Sie setzte sich zu mir und wir plauderten noch eine Weile." Und dann fährt Rosi fort: „An deiner Stelle hätte ich Alfred gefragt, ob er nicht mehr Geld in die Kinder investieren könnte. Er hatte ja genug Geld. Aber ich weiß, dass so etwas für dich nicht infrage gekommen ist."

Ich winke ab. „Ich habe genau gewusst, was mir am Herzen lag. Nach der Meditation habe ich wieder die Kraft gehabt, Vertrauen zu fassen. Eine Rückkehr ins alte Leben ist nicht infrage gekommen."

„Also ist dir nur der Weg nach vorn geblieben", fasst Rosi zusammen.

„Genau, aber trotzdem haben immer wieder Zweifel in mir genagt. War ich überhaupt auf dem richtigen Weg? Konnte das, was von einer anderen Ebene des Bewusstseins stammte, aber gegen alle Vernunft sprach, überhaupt richtig sein? Wem sollte ich vertrauen? Dem Leben, der inneren Stimme, mir selber? Wer war überhaupt dieses Höhere Selbst?"

„Ich habe eher das Gefühl, dass das alles eins ist", meint Rosi in ihrer nüchternen Art. „Das Leben, die innere Stimme, das Höhere Selbst, das ist doch alles in mir drin und nicht voneinander getrennt. Und wenn ich mir vertraue, dann spricht das alles zu mir."

„Ja, nach und nach haben sich mir auch Antworten eröffnet, allerdings waren es eher intuitive Ahnungen. Sie haben mir jedoch eine neue Sicht auf mein Leben verschafft."

„Wie meinst du das?"

„Ich will versuchen, dir das zu erklären. Um uns herum scheint ein geistiges Universum zu existieren, ein transpersonaler Raum, der mit der materiellen Welt in Beziehung steht und diese erhält. Aus diesem geistigen Universum kommt die Energie, die jedem Sein das Leben gibt. Sie wohnt in jedem von uns, besteht aber auch außerhalb von uns. Ich habe erfahren, dass dieser uns innewohnende Teil, dieses innere Selbst ursprünglicher und grundlegender ist als meine Person, es kann mit dem transpersonalen Raum in Verbindung treten. Darin gibt es keine Raum- und Zeitgrenzen."

„Und so entsteht deiner Meinung nach Intuition?"

„Ja, diese offene Haltung ermöglicht es, dass uns Inhalte aus dem transpersonalen Raum als Intuition erreichen. Das kann mit einem Lichtblitz verglichen werden, der für einen Augenblick das Bewusstsein erhellt. Nach solchen intuitiven Eingebungen fühlte ich mich, in mein Alltagsbewusstsein zurückgekehrt, meist benommen und verwirrt. Einmal habe ich in einer Meditation plötzlich folgende klare Botschaft meines Höheren Selbst vernommen: ‚Ich bin bei dir und in dir. Ich bin du, und du bist ich – und es gibt nichts mehr, das uns trennt. Auch, wenn du es nicht gesehen hast, wir waren immer eins.' – Ein tiefes, nicht zu beschreibendes Glücksgefühl hat sich in mir ausgebreitet."

„Ich bin sicher, dass es da eine Verbindung gibt", stimmt mir Rosi zu. „‚Wir sind spirituelle Wesen, die eine menschliche Erfahrung machen', sagte schon Clemens Kuby, als ich ihn vor über zwanzig Jahren kennenlernte, als wir seinen Film „Living Buddha" in einem Seminar gezeigt haben. Diese Erkenntnis ist eine gigantische Umwälzung unseres Denkens. Ich bin also ein feinstoffliches Wesen, und mein Körper ist nur ein Bruchteil von dem, was ich bin. Die Seele – oder das Selbst – ist vermutlich der Hauch, der sich mit dem ersten Atemzug manifestiert und den Körper belebt. Das Höhere Selbst ist wohl meinem Körper an Kraft und Weisheit weit überlegen. Es ist Intuition, und das kann ich trainieren. Die Meditation kann dazu beitragen, den Schleier zu entfernen, um Zugang zu meinem Höheren Selbst zu bekommen", erzählt Rosi. Ich habe mein Manuskript zur Seite gelegt und Rosis Ausführungen aufmerksam gelauscht. Jetzt nehme ich es wieder zur Hand.

Zum Glück florierten meine Seminare auf Lanzarote, sie wurden zu einem jährlichen Fixpunkt. Jedes Jahr kamen Kolleginnen mit, die ich vom Holotropen Atmen her kannte, um diese Fortbildung in der IGM Körpertherapie zu besuchen, denn ich bot ein Gesamtpaket aus Gestalt-Massage und Körpertherapie an. Über die Jahre hatten sich tiefe Freundschaften entwickelt.

Eines Abends fasste ich mir ein Herz und erzählte meinen Freundinnen von meinen finanziellen Nöten. Entsetzt starrten sie mich an: „Klara, warum hast du uns das niemals erzählt? Das muss ja schrecklich belastend für dich sein! Wir wollen nicht, dass du solche Sorgen hast! Sag uns, wenn wir etwas für dich tun können." Ich war tief berührt. Niemals hätte ich solches Verständnis erwartet! Ich hatte einfach immer angenommen, dass andere mich für meine „Unfähigkeit", genügend Geld zu verdienen, verurteilen würden. Nach diesem Gespräch stellte sich bei mir plötzlich das Gefühl ein, ein Thema aus meiner Kindheit gelöst zu haben – ich hatte die Schulden meiner Eltern immer als belastend erlebt.

„Das kenn ich auch", gibt Rosi zu, „ich wollte nie Schulden haben. Natürlich, unser Vater hat Schulden gemacht, um etwas zu kaufen: einen Wald, Felder. Das sah ich nie als Belastung. Es war ja Besitz da. Und Vater betonte dies auch immer wieder, wenn Mutter sich über die Schulden beschwert hat. Was ich belastend gefunden habe als Kind, waren nicht die Schulden, sondern die Streitereien um das Geld. Und meistens ist es um dieses Thema gegangen, wenn die Eltern gestritten haben. Vater hat Mutter für zu verschwenderisch gehalten. Sie hat ja wirklich viel ausgegeben, aber bei so vielen Kindern braucht man einfach Geld, wenn man ihnen etwas bieten will. Vater selbst war sehr bescheiden in allem.

Es war mir sehr unangenehm, Geld verlangen zu müssen, wenn ich welches gebraucht habe. Ich hatte kein Verständnis für ihre Streitigkeiten um das liebe Geld", meint sie heute dazu. „Aber wo wir beide total gegensätzlich sind: Nicht genug Geld zu verdienen, hat für mich absolut nichts mit Unfähigkeit zu tun. Woher du das hast, aus der Kindheit? Schau mal, ich habe immer in der Kunst- und Filmbranche gearbeitet. Da verdient man grundsätzlich nicht viel (mit wenigen berühmten Ausnahmen). Das ‚Schöngeistige' wird ja in der Regel nicht gut bezahlt. Es gilt als Privileg, in dieser Branche arbeiten zu dürfen.

Aber wie gings bei dir weiter?"

Das Gespräch mit meinen Freundinnen hatte befreiende Wirkung auf mich, sie halfen mir dabei, mich selbst nicht mehr abzuwerten. Der Prozess des Verheimlichens hatte enorm viel Energie verbraucht, Energie, die ich für viel Sinnvolleres hätte einsetzen können, das wurde mir nun klar. Dass ich nun so offen über meine Geldsorgen reden konnte, war der Anfang, dass ich dieses Problem nun Schritt für Schritt angehen konnte. Ein paar Jahre später würde ich es gelöst haben.

Dieses Erlebnis machte mir auch noch einmal den Wert von Freundschaften klar. Dazu fällt mir auch noch eine andere Episode ein: Ich hatte gemeinsam mit meiner Freundin Sophie eine Konferenz in Delhi besucht. Der Rückflug gestaltete sich äußerst mühsam. Der Flughafen Delhi wurde umgebaut, alles war staubig und dreckig, der Nachtflug verspätet, weil das Personal die Abfertigung nicht zeitgerecht geschafft hatte. Völlig übermüdet stiegen wir kurz vor Mitternacht in das Flugzeug ein. Da hörte ich in der Durchsage den Namen des Copiloten – es war einer meiner Klienten! Auch er hatte mich gesehen und ließ durch die Flugbegleiterin ausrichten, dass er mich einlud, nach dem Start ins Cockpit zu kommen. „Wie wird er mich wohl seinem Kapitän vorstellen?“, dachte ich. Doch er machte das unbefangen und mit souveräner Selbstverständlichkeit: „Darf ich dir vorstellen, meine Psychotherapeutin, bei ihr habe ich auch Holotropes Atmen gemacht.“ Dann erzählte er von seiner kleinen Tochter, außerdem hätte er beim Hinflug seine erste Geburt an Bord der Maschine erlebt. Völlig aufgeputscht von diesem emotionalen Gespräch ging ich nach einer Stunde zurück auf meinen Platz. Neben mir saß dösend meine Freundin Sophie. Ich erzählte ausführlich – es sprudelte nur so aus mir heraus –, schon beim Erzählen wusste ich, dass ich ihr auf die Nerven ging, da sie einfach nur schlafen wollte. Ich konnte mich jedoch nicht einbremsen. Endlich schlief auch ich ein. Am nächsten Morgen wandte ich mich meiner Freundin zu: „Entschuldige, liebe Sophie – es tut mir so leid, dass ich dich gestern so vollgequatscht habe.“ Darauf antwortete sie: „Ich habe überlegt, etwas zu sagen, aber weil ich dich schon kenne, habe ich mir gedacht, es nützt wahrscheinlich eh nichts, ich lass dich einfach weiterreden. Das macht dich so menschlich.“ Damit war für Sophie die Sache erledigt.

Und ich zog für mich das Fazit: Mit Menschen ist man dann befreundet, wenn man deren Schwachstellen gegenüber eine höhere Toleranzgrenze hat. Diese Erkenntnis war wie eine Erlösung für mich: Ich durfte meiner Freundin auch einmal auf die Nerven gehen, ohne dass sie das als Zumutung empfunden hätte. Das Beste an einer Freundin ist, dass sie an einen glaubt, und das kann ich von Sophie wirklich sagen.

„Bei Schwestern ist das wieder ganz anders“, ergänzt Rosi, „da geht man einander schnell auf die Nerven. Man ist intolerant und gleichzeitig versöhnt man sich schnell wieder oder nimmt die Offenheit und

Beleidigung gar nicht ernst. Erinnerst du dich noch an den Spruch, den wir gesagt haben, wenn uns jemand beleidigt hat? ‚Was man sagt, das ist man selbst!' Das benutzten wir wie ein Mantra. Wie wahr ist das doch!

Aber lies weiter."

Und dann gab es auch noch die Geschichte mit Roman …

20.

Es war in den Neunzigerjahren, als ich während eines Skiurlaubs in der Schweiz eine Schülergruppe beobachtete, vor allem ein paar Mädchen, die mit ihrem gut aussehenden Skilehrer flirteten. Unversehens musste ich an Roman denken, der uns als Skilehrer auf der Schulskiwoche begleitet hatte. Ich war damals siebzehn Jahre alt und verliebte mich auf den ersten Blick in ihn. Roman war Medizinstudent und nur wenige Jahre älter als ich. Er erwiderte meine Gefühle. Anfangs wechselten wir nur scheue Blicke, irgendwann unterhielten wir uns, und ab diesem Moment schien es uns unerträglich, auch nur eine Stunde voneinander getrennt zu sein. Roman gab mir ein Walkie-Talkie, und so konnten wir uns auch abends, wenn wir Mädchen ins Bett gescheucht wurden, noch flüsternd unterhalten. Eine Mitschülerin verpfiff mich allerdings, und so kam eines Abends eine Lehrerin ins Zimmer und nahm mir das Walkie-Talkie weg.

Wie auf allen Skikursen gab es einen Bunten Abend, und alle – Schülerinnen, Lehrerinnen, Lehrer, Klosterschwestern und die Skilehrer – nahmen daran teil. Musik, Tanz und Spiele standen auf dem Programm. Wir Mädchen hatten uns ordentlich herausgeputzt, ein köstliches Büffet war angerichtet, aufgeregtes Stimmengewirr erfüllte den Saal. Nach dem Essen begannen die Spiele, eines hieß *Kalenderblattln*. Wer verlor, musste ein Pfand einlösen, und als ich dran war, blickte Roman mich schelmisch an und sagte: „Das Pfand, das du einlösen musst, ist ein Kuss." So küssten wir einander vor den Augen meiner Mitschülerinnen, und auch wenn ich es mir nicht anmerken ließ, durchfuhr mich dieser Kuss wie ein Stromschlag. „So also ist es, wenn man verliebt ist", dachte ich bei mir.

Zurück in Wien trafen Roman und ich uns weiterhin, sooft das möglich war. Er schickte mir Liebesbriefe ins Internat, die ich jedes Mal mit Herzklopfen öffnete. Dem Kuss vom Bunten Abend sollten noch viele weitere Küsse folgen, doch trotz all meiner Verliebtheit war ich noch nicht bereit für eine sexuelle Beziehung. Erst wollte ich mir ganz sicher sein, dass dies der Mann war, den ich heiraten und mit dem ich eine Familie gründen wollte – meine katholische Erziehung!

Ein halbes Jahr ging das so, und Roman brachte immer weniger Verständnis auf für meine Zugeknöpftheit. Eines Tages, als er mich mit seinem Auto in mein Heimatdorf fuhr, hielt er bei der Marienstatue in der Mitte des Dorfes an und sagte: „So, heute kannst du hier aussteigen und deine Frömmigkeit bezeugen, von keuscher Jungfrau zu keuscher Jungfrau." Ich stieg aus, knallte die Autotür zu, die Wangen rot vor Wut. Was für eine Frechheit! Aufgebracht stapfte ich nach Hause und schwor mir, nie wieder ein Wort mit Roman zu reden. Vermutlich wäre dieser Vorsatz bald ins Wanken geraten, wenn nicht kurz darauf mein Bruder gestorben wäre. Dieses traumatische Ereignis stellte alles andere in den Schatten. So verlief meine erste Liebe im Sand, oder zumindest schien es so. Da war noch etwas Unerledigtes in dieser Geschichte. Ich konnte jedoch wohl kaum nach all den Jahren einfach vor seiner Tür auftauchen. Der Gedanke ließ mich jedoch nicht mehr los. Schließlich kam mir die zündende Idee: Ich würde Roman, der als Arzt in Niederösterreich tätig war, in seiner Praxis anrufen, ihm erzählen, dass ich Psychotherapeutin war, und ihn fragen, ob er mich bei Patientinnen, die eine Psychotherapie erwogen, empfehlen könne. Das machte ich dann auch. Als ich Romans Stimme am Telefon hörte, war sie mir sofort wieder vertraut. Roman schien sich – nach einem Moment des Erstaunens – aufrichtig zu freuen, von mir zu hören. Er erkundigte sich nach meinem Befinden, wir plauderten ein bisschen, und am Ende des Gespräches meinte er: „Ja, dann schick mir halt ein paar Visitenkarten." Das war mir zu unverbindlich, also fragte ich, ob er wisse, was Psychotherapie und im Speziellen Gestalttherapie sei. Ich würde es ihm gerne persönlich erklären. Am nächstem Dienstag? Nein, das ginge nicht, aber am Mittwoch hätte er Zeit. Mittwoch also. Wir vereinbarten ein gemeinsames Mittagessen in einem kleinen Gasthaus in der Nähe seiner Ordination.

Als ich das Lokal betrat, saß Roman schon an einem Tisch. Er sah noch immer gut aus, ein sportlicher, attraktiver Mann – er hatte sich kaum verändert. Wir begrüßten einander mit einer herzlichen Umarmung. Wir bestellten und erzählten einander, wie wir die vergangenen Jahre verbracht hatten. Während des gesamten Essens unterhielten wir uns angeregt, und ich horchte aufmerksam in mich hinein. Nein, da rührte sich gar nichts in mir. Ein nettes Essen unter alten Freunden, nichts weiter. Einzig Romans Aussage „Was warst du für ein schüchternes Mädchen, und was bist du jetzt für eine selbstbewusste Frau!" überraschte mich.

Als wir gemeinsam das Lokal verließen, drehte sich Roman zu mir und umarmte mich. Wir sahen einander an, und er küsste mich – und alles war wie damals. Aus heiterem Himmel erwachten schlagartig sämtliche Gefühle, die ich für Roman damals gehabt hatte. Das Gefühl einer tiefen körperlichen und seelischen Verbundenheit überflutete mich wie eine riesige Welle. Als Roman mich endlich wieder losließ, schien er genauso verwirrt wie ich. „Ich weiß gar nicht …", stammelte er. Auch mir fehlten die Worte. Aber uns war beiden klar: Unsere Liebesgeschichte von damals war noch nicht zu Ende!

So trafen wir einander immer wieder, heimlich, denn Roman war verheiratet, hatte zwei Kinder und wollte sein Familienleben auf keinen Fall gefährden. Beide versuchten wir uns einzureden, dass diese Affäre vor allem deshalb für uns wichtig war, um etwas abschließen zu können, dass wir damals nicht richtig aufgelöst hatten. Doch der Gefühlstumult in meinem Inneren strafte dieses Argument Lügen: Roman war mir wichtig.

Meine Kinder waren mittwochs immer bei ihrem Vater, und so verbrachten Roman und ich jeden Mittwochnachmittag zusammen. Diese Stunden, in denen wir uns in meine Wohnung zurückzogen, um ungestört zu sein, waren mir heilig. Cäcilie war aufgebracht darüber, dass ich mit einem verheirateten Mann eine Affäre hatte. Und obwohl sie wusste, dass ich an Mittwochnachmittagen immer mit Roman zusammen war, tauchte sie eines Tages genau zu dieser Zeit in der Wohnung auf. Ich fauchte sie wütend an: „Du weißt genau, dass dieser Tag mir gehört. Wir haben vereinbart, dass ihr dann bei eurem Vater seid. Da hast du zwanzig Schilling, geh rüber ins Café Aida und bestell dir meinetwegen so viel Kuchen, wie du willst, aber vor sieben Uhr kommst du nicht wieder heim." Cäcilie setzte an, etwas zu erwidern, aber dann überlegte sie es sich anders, riss mir den Geldschein aus der Hand und stolzierte erhobenen Hauptes von dannen. Als sie am Abend nach Hause kam, erwähnten wir den Vorfall mit keinem Wort. Cäcilie kam nie wieder an einem Mittwoch nach Hause.

Auch für den Mittwochabend hatte ich ein Ritual: Kaum hatte Roman sich verabschiedet, packte ich meine Tasche und ging in die Yogastunde zum Meditieren. Die spirituelle Meisterin dieser Tradition lehrte Meditation mithilfe von Mantren, heiligen Worten und Silben, die man konzentriert wiederholen sollte. Sie waren auf Sanskrit, der heiligen Sprache der Inder, die den Priestern vorbehalten war. Man sagt, dass das Chanten (Singen) dieser Mantren uns in einen anderen Bewusstseinszustand versetzen kann. Während unserer Meditation sangen und klatschen wir und bewegten uns im Rhythmus des Chantens. Ich sang aus Leibeskräften und spürte, wie der Gesang mein Herz öffnete und berührte. Ich empfand große Dankbarkeit, dass ich so eine intensive Liebe erleben durfte.

Welche besondere Bedeutung Roman in meinem Leben hatte, zeigte mir auch ein Erlebnis bei einem Atemseminar wenige Tage nach dem ersten Wiedersehen. Am Abend nach der Atemerfahrung gingen wir zum Steg des Sees, an dem unser Seminarhaus lag. Hier sollten wir eine Frage stellen, die im Moment für unser Leben wichtig war. „Wie geht mein Leben weiter?“, lautete meine Frage, denn ich spürte, dass sich Veränderungen anbahnten.

„Was bist du bereit, dafür zu tun?“, hörte ich Walters Stimme.

„Ich will dafür mein Herz öffnen“, kam es spontan aus mir heraus. Zugleich waren da jedoch Angst und Panik. Konnte ich halten, was ich da versprach? Sollte ich es vielleicht irgendwie einschränken, zum Beispiel indem ich sagte: „... nur wenn die Situation stimmt“? Aber mein Satz „Ich will dafür mein Herz öffnen“ hatte so eine Kraft, dass er sich nicht verändern ließ. Beim Zurückgehen spürte ich wieder diese geballte Energie unter meinem Scheitel. Alles fühlte sich richtig an.

Auf dem Heimweg nach Wien machte ich bei Maria Plain halt, einer Wallfahrtskirche bei Salzburg. Ich setzte mich unter eine Marienstatue. „Lehre mich die Hingabe“, bat ich sie spontan, und im nächsten Moment dachte ich, was das für ein eigenartiger Gedanke sei, auf den ich von mir aus nie kommen würde. „Ich will dafür mein Herz öffnen“ und „Das Geheimnis ist die Hingabe“, diese beiden Sätze sanken tief in meine Seele ein. Sie sollten mich in der darauffolgenden Zeit begleiten. Als ich Erna davon erzählte, meinte sie nur: „Sei froh, dass dir für die Öffnung deines Herzens ein Mann geschickt wurde. Genieß die Zeit mit ihm!“ Ja, ich wollte mein Herz öffnen, offen sein, annehmen, was mir geschenkt wurde, und auch immer wieder loslassen.

Mir war klar, dass Roman seine Familie nie verlassen würde. An manchen Tagen machte mich das traurig, denn ein Teil von mir sehnte sich nach einem Zusammenleben mit ihm. Doch der größere Teil von mir war froh darüber, dass es so war, wie es war. Ich hatte genügend Zeit für all die Dinge, die mir wichtig waren: zu lesen, zu schreiben, zu meditieren und meine spirituellen Erfahrungen zu verarbeiten. Eigentlich gab es gar keinen Platz für eine Beziehung, und für meine Kinder wollte ich ja auch noch da sein. Dennoch schlich sich nach einigen Monaten eine Unzufriedenheit ein. Roman litt unter dem Gefühl, seine Familie zu hintergehen, ich war genervt, dass unsere Beziehung vor allem von seinen Lebensumständen definiert war und nichts Spontanes darin Platz hatte. Schließlich sprach Roman aus, was wir beide spürten: „Wir sind beide nicht mehr glücklich mit dieser Konstellation. Vielleicht sollten sich unsere Wege wieder trennen. Diese Beziehung tut uns auf Dauer nicht gut.“

Ich wusste, dass Roman recht hatte, und als er an jenem Mittwoch meine Wohnung verließ, verabschiedeten wir uns unter Tränen, aber in dem Bewusstsein, dass wir die richtige Entscheidung getroffen hatten. Ich schloss die Tür hinter ihm – und im nächsten Moment traf mich ein unglaublicher Schmerz. Ich rollte mich in meinem Bett zusammen, weinte und hatte das Gefühl, dass mein Herz im nächsten Moment stehen bleiben würde, weil es diesem Schmerz nicht gewachsen war.

Während der nächsten Tage funktionierte ich einfach nur, erledigte, was getan werden musste, und verdrängte den Schmerz, meinen ständigen Begleiter, so gut es ging. Erst am Abend in meinem Bett brach alles aus mir heraus, und ich weinte mich regelmäßig in den Schlaf, denn ich vermisste Roman mit jeder Faser meines Körpers, sein Lachen, unsere Gespräche, seine Zärtlichkeiten.

Einige Wochen später stand Roman plötzlich vor meiner Tür. Ich reagierte im ersten Moment gar nicht, erstarrt und völlig sprachlos starrte ich ihn an. Dann sah ich die Tränen in seinen Augen, denselben Schmerz, den auch ich fühlte, und ich warf mich in seine Arme. „Du hast mir so gefehlt, Klara“, flüsterte Roman. Von diesem Tag an nahmen wir die Kompromisse, die unsere Beziehung mit sich brachte, in Kauf. Wir wollten zusammen sein und den Preis dafür auch bezahlen. Das, was wir im Gegenzug bekamen, war uns zu wertvoll, und diesen Schatz, unsere Liebe, wollten wir bewahren.

„Roman hast du uns ja nie vorgestellt. Kannst du dich noch an unseren Geografie-Lehrer in der Schule erinnern? Der hat uns Mädchen damals eingebläut, eine Frau solle den Mann warten lassen, sie solle sich ihm nicht zu schnell hingeben. Wenn ein Mann ein Mädchen wirklich liebte, würde er warten. Das hat mich geprägt, weil ich damit die Sicht des Mannes erfahren hatte, ohne dass es moralisch aus dem Elternhaus gekommen wäre. Er muss ja wissen, wie Männer ticken, dachte ich mir damals. Und irgendwie habe ich diese Ansicht bis heute nicht ganz abgelegt.“

21.

Rosi blickt wehmütig auf ihre Hände: „Die erste Liebe – die hängt uns oft lange nach. Davon kann ich ein Lied singen. Ich habe Manu ja nicht mehr wiedergesehen. Ich wäre allerdings nicht auf die Idee gekommen, ihn später nochmals zu kontaktieren. Und durch die Tatsache, dass wir Frauen bei der Heirat den Familiennamen des Mannes angenommen haben, waren wir ja nicht mehr auffindbar." Wir verharren einen Moment in Schweigen. „Das, was du geschrieben hast, berührt mich sehr. Liebe ist eben die mächtigste Kraft, die es überhaupt gibt", meint Rosi dann.

„Ja, aber Liebe ist oft nicht einfach. Liebe schließt in der Regel die Übertragung vorangegangener Liebes- und Beziehungserfahrungen mit ein – vor allem aus unserer Herkunftsfamilie und aus früheren Partnerschaften. Die Person, die wir lieben, wird mit Schwierigkeiten aus der Vergangenheit und Hoffnungen für die Zukunft beladen, sie soll das Leben irgendwie vollständig machen und alte Lebenswunden heilen. Wir haben hohe Erwartungen an die Liebe und erleben so unweigerlich Enttäuschungen."

„Ich denke, Liebe erfährt man anders, wenn man älter ist. In jungen Jahren ist man zwar noch unbelastet und kann einfach lieben, man erwartet jedoch auch viel von dem Partner und glaubt fest daran, dass er sich schon noch ändern werde." Rosi lacht. „Später, nach all den Erfahrungen, die man gemacht hat, wird es schwieriger, weil jeder seinen Rucksack voller Erlebnisse aus früheren Beziehungen mitschleppt, zugleich aber auch leichter, weil man den Partner so akzeptieren kann, wie er ist. Wir wissen nun, dass er sich nicht ändern wird."

Da hat Rosi wohl recht. „Bei Alfred habe ich damals geglaubt, wenn ich nur den richtigen Partner gefunden hätte, dann würde die romantische Liebe automatisch zu einer glücklichen Beziehung führen. Und dass ich die Liebe nur festhalten müsste, damit sie dann für immer erhalten bliebe. Die Fähigkeit zu lieben ist zudem keine Selbstverständlichkeit, sie hängt eng mit unserer Persönlichkeitsentwicklung zusammen. Versuche zu lieben schlagen oft fehl, wenn man Liebe nur als angenehme Empfindung erlebt, die einem zufällig in den Schoß fällt. Es ist ja auch wie ein Wunder, wenn zwei Menschen, die einander fremd waren, plötzlich erleben, wie die trennende Wand zwischen ihnen verschwindet. Sie fühlen sich eng verbunden – da können Biografie, Charakter und Interessen noch so unterschiedlich sein."

Rosi nickt nachdrücklich. „Die Verliebtheit überwindet vorerst alle Vorurteile und überbrückt Ideologien und Bildungsunterschiede."

Ich führe unsere Gedanken fort: „In dieser Phase der Gemeinsamkeit und Gegenseitigkeit der gleichen Empfindungen entfaltet sich die Liebe, sie genügt sich selbst und findet Erfüllung. Ich weiß noch genau, welche Glückseligkeit, Freude und Zufriedenheit ich empfunden habe, weil ich mich ganz auf das eingelassen habe, was im Augenblick geschehen ist. Die Entwicklung von der Verliebtheit zur Liebe ist ein Weg, eine Einladung, sich schrittweise einem Menschen zu nähern."

„Vielleicht war es früher sogar einfacher, als Menschen sich aus der Nachbarschaft geheiratet haben oder die Eltern einen passenden Partner ausgewählt haben. Womöglich gar nicht einmal so schlecht. Aber es ist toll, dass wir überhaupt liebesfähig sind", meint Rosi überzeugt.

„Ja, und vor allem, dass die allererste Liebe, die ein Mensch erfährt, fast immer eine Liebe ist, die an keine Bedingungen geknüpft ist. Eltern sind normalerweise fähig, ihr neugeborenes Kind zu lieben, allein weil es ihr Kind ist, und nicht, weil es bestimmten Voraussetzungen entspricht oder bestimmte Erwartungen erfüllt. Diese Liebe gibt dem Kind das Gefühl, dass es gut ist, auf dieser Welt zu sein. ‚Ich werde geliebt, weil ich bin' ist die Botschaft, die Eltern vermitteln. Zumindest jene, die das Leben bejahen und die die Bedürfnisse des Kindes ernst nehmen. Diese Liebe ist für eine gesunde emotionale Entwicklung eine wichtige Basis."

„Die bedingungslose Liebe zum Kind könnte doch eigentlich Vorbild sein für die Liebe zu einem anderen Menschen", spinnt Rosi den Faden weiter. „Wir stellen so viele Bedingungen: Beruf, Interessen, Bildungsniveau … Andererseits ist es auch wichtig, dass man schon etwas besser zusammenpasst, als einfach nur seine Ursehnsucht nach Liebe zu stillen." Jetzt ist Rosi richtig in Fahrt. „Die Grundvoraussetzung für Liebe ist wohl die, sich erstmal selbst zu lieben. Wer weiß, vielleicht ist es doch leichter, im Alter sich auf eine Liebe einzulassen, weil man ja diese großen Erwartungen nicht mehr hat, weil man so viele Erfahrungen gemacht hat und nun weiß, dass der Partner auch nur ein Mensch ist, der das gar nicht bringen kann, was man sich da in jungen Jahren zusammengereimt hat", schließt sie ihre Überlegungen ab.

Ich denke an Alfred und wie enttäuscht ich gewesen bin, wenn er mir nicht gegeben hat, was ich mir gewünscht habe. „Ich habe jahrelang Alfred für mein Wohlergehen verantwortlich gemacht", seufze ich. „Ich habe mich gefragt, warum mir mein Partner, der mich angeblich geliebt hat, nicht die Zuwendung gegeben hat, nach der ich verlangt habe. Aber natürlich war Alfred kein unerschöpflicher Quell der Liebe, er konnte nur das tun, was ihm im Moment möglich war. So wie alle Erwartungen habe ich später auch alle Enttäuschungen auf ihn projiziert. Um den eigenen Problemen aus dem Wege zu gehen, habe ich mich lieber mit seinen Fehlern beschäftigt und ein feines Gespür für Alfreds Schwächen und Mängel entwickelt, dabei habe ich meine eigenen übersehen. Heute glaube ich, dass man, je weniger man mit sich selbst im Reinen ist, desto mehr darauf bedacht ist, dem anderen Vorwürfe zu machen und ihm die Schuld an der eigenen Unzufriedenheit zu geben. Auf diese Weise gelingt es einem immer wieder, die eigenen Probleme zu übersehen, und man muss keinerlei Schritte unternehmen, um sich selbst weiterzuentwickeln."

„Das ist ja oft das Problem in einer langjährigen Beziehung. Wenn einer beginnt, sich zu entwickeln, und der andere stehen bleibt – dann versteht man sich plötzlich nicht mehr", sagt Rosi. „Bei mir war es so. Ich habe mich durch die spirituelle Beschäftigung verändert, und Ludwig hat mich überhaupt nicht mehr verstanden. Er ist grundsätzlich davon ausgegangen, dass wir für immer zusammenbleiben würden und dass man darüber nicht einmal sprechen müsste."

„Und da hat sich bei dir das Gefühl eingestellt, nicht genug geliebt zu werden, oder?"

„Ja, und ich habe das als große Kränkung erlebt. Ich war verletzt und habe oft geweint, heimlich natürlich. Ich wollte Ludwig nicht zeigen, wie es mir geht. Und so haben wir uns allmählich und langsam auseinandergelebt. Ich bin tief gekränkt gewesen, Ludwig hat sich mein Verhalten nicht erklären können und hat sich immer mehr zurückgezogen. Stück für Stück haben wir die Verbindung verloren, die uns am Anfang getragen hat", erzählt sie mit trauriger Stimme.

„Ich glaube, solche Verhaltensmuster kennen wir alle. Der Versuch, sich unverwundbar zu machen, eine Art Selbstschutz aufzubauen, um nichts an sich herankommen lassen, ist eine verständliche Abwehrstrategie, vor allem dann, wenn man schon viele Narben aus seiner Kindheit und Jugendzeit in die Beziehung mitbringt."

Rosi zieht eine Grimasse. „Aber kein guter Weg, um mit Verletzungen zurechtzukommen."

„Da hast du recht. Es wäre viel besser, die Ängste und die damit verbundenen Gefühle zu durchleben, um zu mehr Lebendigkeit zu kommen. Wenn man sich seiner Verwundbarkeit bewusst ist, sie akzeptiert, dann entwickelt man die Kraft, damit zurechtzukommen. Wenn man in einem lebendigen Austausch mit einem Partner seelisch verwundbar und offen bleibt, können sich die Liebe und das Leben schöpferisch entfalten. Das führt zu einer Liebe, die frei ist und frei macht."

„Im Grunde sollte es in der Schule ein Unterrichtsfach ‚Liebe' geben: Wie werden wir zu liebesfähigen Menschen?, sollte die Fragestellung sein“, platzt Rosi heraus. „Jeder kann Vater und Mutter werden, aber wenn man viele Verletzungen erlebt hat und diese nicht aufarbeitet, dann gibt man das ja unbewusst an seine Kinder weiter.“

Wie recht sie damit hat. Liebesfähigkeit bringt uns niemand bei. Wie sich die Liebe entwickelt, wie sie sich entfaltet, wie man sie kennenlernt, dieses Wissen vermittelt uns niemand. Keiner sagt uns, dass einem die Liebe nicht in den Schoß fällt, dass man sie sich erarbeiten kann. Davon sprechen weder Eltern oder Lehrer noch sonst jemand. Woher sollen wir es also wissen? All das geht mir durch den Kopf. Laut sage ich: „Normalerweise ist es doch so: Hat sich die Liebe – quasi als schicksalhafte Fügung – eingestellt, hofft man, dass sie alle Sorgen und Probleme von einem nimmt. Alle Sehnsüchte und Erwartungen scheinen in Erfüllung zu gehen. Wenn der Liebespartner alle Testhürden bestanden hat, wenn er im Großen und Ganzen unseren eigenen Vorstellungen, denen von Eltern, Verwandten und Freunden entspricht, unserer Gesellschafts- und Bildungsschicht angehört, dieselben Lebensziele und Vorstellungen hat, vielleicht sogar die gleiche politische Meinung, braucht man ihn nur noch ein bisschen umzuerziehen und ganz in Besitz zu nehmen.“

„Wahrscheinlich hast du als junge Frau zu wenig Vertrauen in deine Liebesfähigkeit gehabt und dich zu wenig liebenswert gefühlt“, interpretiert Rosi.

„Kann schon sein. Auf alle Fälle habe ich mich nach einer symbiotischen Beziehung gesehnt. Dieser vermeintlich sichere Hafen hat mich nicht vor Einsamkeit geschützt. Das Bedürfnis nach Geborgenheit war zwar eine Zeit lang befriedigt, doch dann ist die Bedrückung gewachsen, weil meine eigenen Bedürfnisse und Lebensziele wieder mehr im Vordergrund standen. Das habe ich auch alles so ähnlich aufgeschrieben.“ Ich blättere in meinem Manuskript.

Ich sehnte mich nach einer lebendigen Liebe, die wertschätzend, zärtlich, wohlgesonnen, mutig und lebensbejahend war. ‚Ich will mein Herz öffnen‘, das war das Versprechen, das ich mir gegeben hatte. Ich wusste, dass die Liebe mich erwählt hatte, ich konnte sie nicht mehr aus meinem Herzen und meinem Sinn verbannen. Ich hatte ihr vertraut, auch wenn sie schwierig erschien. Ich spürte, dass eine Liebe in mir wuchs, die den Boden für etwas Umfassenderes bereitete.

Ich bemerkte Folgendes: Erlebte ich die Liebe, war ich glücklich und entspannt, wollte ich sie festhalten, wurde ich unsicher. Öffnete ich mich ohne Sorge, die Liebe zu verlieren, konnte sie sich ereignen. Ließ ich meine Wünsche, Sehnsüchte und Erwartungen los, vertiefte sich die Liebe, denn die Liebe war wichtiger als meine Angst vor Verletzung. Eine Gewähr für Sicherheit und Schutz gab es nicht. Dennoch fiel es mir oft schwer, die Wirklichkeit der Liebe so anzunehmen, wie sie war. Ich musste lernen, dass ich Zuwendung nicht an Erwartungen knüpfen durfte und sie vor allem nicht einfordern konnte. Ich musste erkennen, dass die Wahl der Form, in der Roman und ich uns begegneten, nicht zu erzwingen war. Die Form verlor an Bedeutung, die Gewissheit stellte sich ein: Wir bleiben zusammen, solange in unserer Beziehung ein von Liebe getragenes Miteinanderwachsen möglich ist.

Diese Form von Liebesbeziehung war anders als alles, was ich vorher kennengelernt hatte. Ich verbrachte viel weniger Zeit mit Roman als mit meinen Partnern zuvor, und so war es für mich wichtig, dass ich auch gut mit mir allein sein konnte. Aber diese Fähigkeit musste ich erst erlernen, um mein Leben auch so als erfüllt zu empfinden. Ich empfand es dann als erfüllt, wenn ich meinem Herzen folgte. Mein Credo lautete: Ich gehe, wohin du mich rufst, gehe, ohne zu zögern, und tue, was zu tun ist, weil ich mich der Liebe vollkommen verpflichtet fühle.

22.

An einem Karsamstag fand in einem Hotel in Wien eine Satellitenübertragung von einem Intensivseminar jener Yogatradition, die auch ich praktizierte, statt. Das Hotel war nicht weit von meiner Wohnung entfernt, und so packte ich nach dem Frühstück rasch meine Yogamatte und mein Meditationskissen ein, lief zum Hotel und suchte mir einen Platz in dem bereits gut gefüllten Seminarraum. Die Übertragung begann.

Um mich herum blickte ich in völlig verzückte Gesichter der Anwesenden. Manche der Leute hatten die Hände erhoben und wirkten wie in Trance. Andere berührten mit der Stirn den Boden, um der Meisterin ihren Respekt zu zollen. All das fand ich sehr befremdlich. Mir erschienen diese ekstatische Hingabe und Demut übertrieben. Dennoch folgte ich den Anleitungen aufmerksam, genoss die Körperübungen und die Meditationseinheiten dazwischen – alles mittlerweile vertraute Dinge. Nach der Abendpause sollte ein Auftritt der Meisterin übertragen werden, und so setzte ich mich erwartungsvoll in die Nähe der Leinwand. Die Meisterin kam ins Bild, eine attraktive Frau, mit klugen, aufmerksam blickenden Augen, sanft geschwungenen Lippen und entzückenden Grübchen. Sie wirkte klein neben den anwesenden Männern, doch ihre Präsenz war sofort zu spüren. Sie begann mit klarer Stimme *Om Namah Shivaya* zu singen, mein Mantra, das mir über so manche Krise hinweggeholfen hatte. Ihr Gesang ergriff mich tief, ich gab mich ihm mit allen Sinnen hin und wünschte, sie würde mit dem Singen nie mehr aufhören.

Etwas später stand eine Meditation auf dem Programm. Ich schloss meine Augen und hörte ihre Stimme. Wir sollten uns auf den Punkt in unserem Körper konzentrieren, den wir im Moment am intensivsten spürten. Ich fokussierte mein drittes Auge, das sich zwischen den Augenbrauen in der Mitte der Stirn befindet, als sie sagte: „Concentrate on this point: What secret does it hold?" In diesem Moment wurde ich unfassbar traurig, denn ich war beherrscht von einem einzigen Gedanken: Ich war schon einmal mit der Wahrheit verbunden gewesen, hatte den Zugang zu meiner letzten Wahrheit noch immer nicht gefunden. Tränen strömten über mein Gesicht. Da drang plötzlich eine starke Energie über mein drittes Auge ein, ergriff meinen Körper und schüttelte ihn durch. Ich weinte vor Freude, gleichzeitig vibrierte mein ganzer Körper, als mir die Meisterin immer wieder Energie über ihr drittes Auge schickte. Es war mir bewusst, dass ich eine große Gnade erlebte. Ich verlor jegliches Zeitgefühl. Mit geschlossenen Augen sah ich die Meisterin mir gegenübersitzen. Sie sagte zu mir: „Wann immer du Energie über das dritte Auge brauchst, bin ich für dich da."

Und was tat ich? Ich verneigte mich, berührte mit meiner Stirn den Boden, exakt die Geste, die mich bei den anderen vor Kurzem noch so irritiert hatte. Doch diese Geste kam aus einem tiefen inneren Bedürfnis heraus, und ich empfand sie als völlig authentisch. Noch einige Male überkamen mich diese Energieschübe, die meinen Körper zum Schütteln und Vibrieren brachten. Etwas hatte mich erfasst, das ich noch nicht ganz begreifen konnte.

Der nächste Tag war Ostersonntag. Wie üblich kam die ganze Familie auf dem Hof meiner Eltern zusammen. Teil des Ostersonntagrituals für meinen Vater war es, die Übertragung der Papstmesse in Rom anzusehen. Für ihn war der abschließende Segen *Urbi et Orbi* immer ein ergreifender Moment. Der Segen des Papstes war mit einem Sündenablass verbunden, und zwar für all die Menschen, die den Segen in gläubiger Haltung direkt in Rom oder im Radio oder Fernsehen verfolgten. Ein Kameraschwenk über den Petersplatz mit einer riesigen Menge von Gläubigen zeigte auch die Gesichter einiger Menschen. Ich fand in ihnen genau dieselbe Verzückung, wie ich sie tags zuvor bei der Veranstaltung mit der Meisterin beobachtet hatte. Während der darauffolgenden Nächte fand ich kaum Schlaf. Immer wieder ließ ich das Erlebte Revue passieren – ich wollte diese Verbindung mit der Meisterin verstehen, sie vertiefen, sie in mein Leben integrieren. Aber wie? Irgendwann blitzte der Gedanke auf: Wo wäre das besser möglich als in dem Ashram der Meisterin selbst? Je mehr ich darüber nachdachte, desto aufgeregter wurde ich, und desto mehr Gefallen fand ich an der Idee. Gleich am nächsten Tag bewarb ich mich um einen Aufenthalt im Ashram. Dafür musste man nachweisen, dass man den Yogaweg schon eine Weile ernsthaft gegangen war. Darin sah ich kein Problem. Über Jahre ging ich nun schon jeden Mittwoch nach meinen intensiven Liebeserlebnissen mit Roman zur Meditation. Oft hatte ich mir vorgestellt, wie ich meine Dankbarkeit und Glückseligkeit in der Meditation an die spirituelle Meisterin abgab. Ich spürte, dass das In-Liebe-miteinander-Verschmelzen für mich ein zutiefst spiritueller Vorgang war. In der Meditation weihte ich die Momente der Glückseligkeit dem gesamten Universum. Dadurch wurde die liebevolle sexuelle Vereinigung zu etwas anderem: Das Physische verband sich mit dem Spirituellen. Es ging nicht mehr ausschließlich darum, was ich wollte, sondern ich fühlte mich einer größeren Verantwortung verpflichtet. Ich spürte, wie meine Sinnlichkeit dann in einer umfassenderen Liebe aufgehoben war.

Zwei Tage, nachdem ich den Ashram kontaktiert hatte, erhielt ich die Antwort: Ich wäre herzlich willkommen! Im Reisebüro um die Ecke erkundigte ich mich noch am selben Tag nach Flügen, und ein paar Wochen später saß ich im Flugzeug.

23.

In Delhi sollte mich ein Taxifahrer abholen. Es dauerte eine Weile, bis ich auf einem der Namensschilder, die von den zahlreichen Wartenden hochgehalten wurden, meinen Namen entdeckte. Ein weißhaariger Inder begrüßte mich, schnappte mein Gepäck, und los ging's – hinaus in die schwüle Hitze, hinein in Delhis farbenfrohes Gewimmel von Menschen, Autos, Tuk-tuks, durch kleine Gassen mit ihren Verkaufsständen, Teeverkäufern, Straßenhändlern, ärmlich gekleideten Kindern, Bettlern … Meine Sinne konnten kaum aufnehmen, was sich vor mir abspielte. Was für ein Gedränge, was für ein Lärmpegel mit all dem Rufen und Gehupe, und was für intensive Gerüche!

Als wir im Ashram, der etwas außerhalb von Delhi lag, ankamen, war ich dankbar für die Ruhe, die hinter dem großen schmiedeeisernen Eingangstor mit dem Om-Zeichen herrschte. Ein weitläufiges Gelände mit mehreren Gebäuden und vielen Bäumen erstreckte sich vor meinen Augen. Eine junge Inderin kam lächelnd auf mich zu. „Willkommen in unserem Ashram. Ich bin Malani", begrüßte sie mich und führte mich in einen kleinen, begrünten Innenhof, wo wir Platz nahmen und sie mich zu einer Tasse Tee einlud. Sie erklärte mir, wo sich die wichtigsten Einrichtungen befanden und wie der Tagesablauf aussah, dann brachte sie mich zu meinem Zimmer.

Ich teilte es mit Sylvie, einer temperamentvollen jungen Französin, die alles von mir wissen wollte, woher ich käme, ob ich das erste Mal hier sei, ob ich die Meisterin schon einmal getroffen hätte … Ich war erschöpft von all den Eindrücken, die bereits in diesen ersten Stunden auf mich eingeprasselt waren. Nach einer kalten Dusche fühlte ich mich etwas erfrischt und bereit für das Abendessen, das, wie mir Malani erklärte hatte, in dem großen Hauptgebäude in der Mitte des Areals eingenommen wurde. Als ich den Raum betrat, winkte Sylvie mir zu und bedeutete mir, an ihren Tisch zu kommen. Sie stellte mir ein paar der dort sitzenden Leute vor – alles Europäer und Amerikaner. Überhaupt waren in dem Raum nur wenige Inder zu finden, wie ich mit einem gewissen Erstaunen feststellte.

Zu meiner Enttäuschung war die Meisterin selbst nicht im Ashram. Sie sei im Süden Indiens unterwegs, hieß es, und man wisse sowieso nie genau, wann sie im Ashram anzutreffen sei. „Sonst kommen alle immer nur, wenn sie da ist", erklärte mir Greg, der gegenüber von mir saß und mit großem Appetit einen riesigen Berg Reis und Gemüse verschlang. Das Essen im Ashram war vegetarisch, und es schmeckte herrlich.

Danach schlenderten wir in Richtung Meditationsraum. Neugierig sah ich mich um. Alle hatten am Boden Platz genommen und blickten zu dem großen Altar am Kopfende des Saals. Er war geschmückt mit einem Foto der Meisterin, Schalen mit Blumengirlanden und Obst, kleinen Statuen von Hindu-Gottheiten, eingerahmt von Räucherstäbchen, die einen intensiven Duft verströmten. Die Meditation begann, und ich ließ mich in die Schwingungen dieses Ortes fallen.

Am nächsten Morgen stellte Malani mir Chetna vor, eine kleine, zarte Inderin, vom Alter gebeugt, aber mit wachen, funkelnden Augen hinter ihrer runden Gandhi-Brille. „Chetna wird dir zeigen, welche Arbeiten zu tun sind", sagte Malani. Ich wusste, dass im Ashram erwartet wurde, mit anzupacken, aber als Chetna mir einen Eimer und Putzlappen in die Hand drückte, machte ich ein langes Gesicht. Ausgerechnet putzen sollte ich, wo ich das so hasste. Chetna bemerkte meinen Missmut.

„You not like cleaning?", fragte sie mich.

Ich schüttelte den Kopf. „Good lecture for you", meinte sie ungerührt und wandte sich ab. Also schrubbte ich den Fußboden des Meditationsraums, wischte den Altar und staubte die darauf befindlichen Götterbilder und Figuren ab – obwohl sie ohnehin makellos sauber waren. Dabei versuchte ich mir das Putzen schönzureden, nach dem Motto: Alles ist Yoga. Nach einer schweißtreibenden Stunde wurde ich von Chetna gnädig entlassen. Am nächsten Morgen erschien ich pünktlich zu meinem Arbeitseinsatz. Ich hatte – angesichts der Hitze – ein leichtes, knielanges Baumwollkleid an. Chetna blickte mich über den Rand ihrer Brille hinweg missbilligend an. „You not respect our gods?"

„Of course I respect your gods", antwortete ich leicht gereizt.

„Why you show them naked legs and shoulders. Not respectful. Go change."

Ich öffnete den Mund, um etwas zu erwidern, aber Chetnas strenger Gesichtsausdruck ließ mich innehalten. So waren eben die Sitten hier. Ich trottete von dannen und zog mich um. Als ich zehn Minuten später in einer Leggings und einer langen Bluse darüber zurückkam, schüttelte Chetna den Kopf: „Klara, leggings also not allowed in Ashram. You not have long skirt or real trousers?"

Ich ersparte Chetna und mir eine patzige Antwort und zog mich nochmals um. Der lange Rock, den ich aus meinem Gepäck kramte, fand schließlich Chetnas Zustimmung. Vielleicht um mich für meinen guten Willen zu belohnen, teilte sie mir eine neue Aufgabe zu: Ich sollte die Kleider der Götterstatuen waschen und dann den Statuen wieder anziehen. Die winzigen Hosen, Hemden, Blusen und Saris waren wunderschön gearbeitet; meist aus Seide, oft mit Goldfäden, Perlen oder Spiegelstückchen bestickt. Vorsichtig knöpfte und wickelte ich die Stoffe auf und wusch die Kleidungsstücke im Waschraum. Dabei dachte ich an meine Mutter: Jedes Jahr hatte sie zu Fronleichnam die Wäsche unserer Hauskapelle sorgfältig mit der Hand gewaschen, ohne Wäscheklammern aufgehängt, um ja keine Abdrücke zurückzulassen, und sie danach andächtig gebügelt. Alles zu Ehren des Gottes, den sie verehrte. Nun tat ich dasselbe hier im Ashram in Indien – mit großem Respekt, da Chetna mir diese Aufgabe übertragen hatte, aber sicher nicht so hingebungsvoll, wie meine Mutter das für ihren geliebten Jesus getan hatte.

Ich ließ die Kleider in der trockenen Luft der Mittagshitze trocknen und zog die Statuen dann liebevoll wieder an. Das war eine Aufgabe, die mir gefiel. Als Chetna den Raum betrat und meine Arbeit mit kritischem Blick begutachtete, war ich zufrieden. Chetna allerdings nicht. Ich hätte die Kleider zu wenig sorgfältig gebügelt. Mir blieb beinahe der Mund offen stehen, aber ich schluckte die Antwort, die mir auf der Zunge lag, hinunter. „Tomorrow you will wash and iron carefully", ordnete Chetna an. „We want our Gods to be dressed properly." Also wusch und bügelte ich am nächsten Tag und alle darauffolgenden Tage ebenso, bis es zu einer Selbstverständlichkeit wurde, die ich nicht mehr hinterfragte.

Rosi hat meinen Erzählungen still und konzentriert gelauscht. Ich weiß, dass sie ähnliche Erfahrungen gemacht hat. Jetzt sprudelt es aus ihr heraus: „Auch in Zen-Sesshins und anderen Meditations-Retreats muss man täglich eine Stunde arbeiten. Allerdings wird das nicht kontrolliert, wie die Chetna das getan hat. Da ich in der Regel sehr knapp vor Beginn anreise, habe ich immer das Nachsehen gehabt.

Es gab eine Liste, in der man sich für die Arbeit eintragen konnte: Küchendienst und Gartenarbeit waren in der Regel bereits vergeben, und ich musste nehmen, was übrig geblieben war. ‚Nimm, was du kriegst', heißt es. Die Arbeit sollte als Übung gesehen werden. Das Entscheidende – und das soll man ja auch dabei lernen – ist, dass man diese Tätigkeit bewusst und langsam ausführt. Da ich gewohnt bin, schnell zu arbeiten, war dies immer wieder eine ziemliche Herausforderung." Ich lache. Ja, so ist es mir auch gegangen. Ich lese weiter.

Ich fand nach und nach in den Rhythmus des Ashrams: Aufstehen um fünf Uhr früh, Morgenmeditation, Singen, Yoga, dann ein ausgiebiges Frühstück und danach ab zum Arbeitsdienst. Den Nachmittag konnten wir nach Belieben gestalten; meistens wurde ein Vortrag angeboten oder eine Meditation, Yogastunden fanden statt, bis dann um 18 Uhr das Abendessen serviert wurde, nach dem wir uns dann wieder zu Abendmeditation trafen. Nachmittags oder nach der Abendmeditation gab es auch die Möglichkeit, einen der Swamis oder Swaminis, die die Meditationen anleiteten und Vorträge hielten, zu einem Gespräch zu treffen. Ich fühlte mich besonders von einer jungen Swamini, Aarany, angezogen. Alles an ihr strahlte Klarheit, Freude und Sanftmut aus. Am dritten Tag fasste ich mir ein Herz und fragte sie, ob sie am Nachmittag Zeit für mich hätte. Swamini Aarany antwortete mir mit einem freundlichen Lächeln, dass sie sich gerne Zeit für mich nehme, und wir verabredeten uns zu einem Spaziergang im Garten. Bei unserem Treffen erzählte ich Swamini Aarany von meinem Erlebnis mit der Energieübertragung der Meisterin. Vor allem eine Frage beschäftigte mich: Wie es zu solchen Energieübertragungen kommen konnte. Das wollte ich von ihr wissen. Sie antwortete: „Spirituelle Meister besitzen die Energie, die jeder Mensch in sich trägt, gebündelt in hoher Konzentration und Ausrichtung. Wenn ein offener und empfänglicher Mensch mit der entfalteten inneren Energie einer lebenden Meisterin in Berührung kommt, kann eine spontane spirituelle Erweckung in ihm ausgelöst werden. Die indische Tradition bezeichnet diesen Übertragungsprozess als *Shaktipat.*“

„Aber wie erkenne ich eine solche Meisterin?“ fragte ich.

„Indem du darauf achtest, ob in dir eine Veränderung stattfindet, wenn du dich in ihrer Gegenwart befindest. Wenn du dich selbst mit größerer Klarheit und Tiefe als gewöhnlich verstehst, so ist das ein Zeichen dafür, dass du die Richtige vor dir hast. Vielleicht fühlst du dich auch frei von Bürden und Begrenzungen, die dich sonst behindert haben, und kannst eine tiefe innere Liebe in dir entdecken“, antwortete Swamini Aarany ohne zu zögern. In den alten Schriften des Sanskrits wird das Guru-Prinzip folgendermaßen beschrieben.

Om caitanyam sasvatam santam
vyomatitam niranjanam
tasmai srigurave namah
Om.

Was so viel heißt wie: Der Guru ist Bewusstsein, ewig, friedvoll, jenseits des Raumes und makellos. Ich verneige mich vor diesem Guru – vor dem alldurchdringenden, allumfassenden Prinzip, das jenseits aller Unterschiede, ohne Form und ohne Eigenschaften an allen Orten, in allen Dingen und in allen Menschen immer ist und sein wird.

Ein spiritueller Lehrer kann all dieses Wissen in uns nur wecken, weil wir es schon intuitiv in uns tragen. Die Liebe zum Göttlichen, dem Guru und dem Selbst – da gibt es keinen Unterschied. Spirituelle Meister tragen die Gewissheit in sich, dass das Absolute mit der Einzelseele ident ist. Dieses Wissen ist ihnen zur Selbstverständlichkeit geworden. Sie sind mit der Quelle der Weisheit verbunden, aus der alle Menschen schöpfen, sie schließen andere spirituelle Wege nicht aus. Yoga konkurriert nicht mit anderen Religionen und schließt diese auch nicht aus. Wir können die Praktiken ausüben und trotzdem Christen, Buddhisten, Juden, Hindus oder Moslems sein", schloss Swamini ihre Erklärung ab.

Ich fand sie absolut plausibel, ihre Haltung entsprach auch der meinen.

„Ich persönlich kann damit etwas weniger anfangen, weder mit einem toten oder abwesenden Guru, oft auch nicht einmal mit einem anwesenden", gesteht Rosi freimütig ein. „Es gibt ja auch Yogatraditionen, die etwas weniger Wert auf den Guru legen. Im Vedanta ist der Guru zwar der Lehrer, aber wichtiger ist, dass der Schüler selbst praktiziert. So gibt es auch in Indien unterschiedliche Ansichten über die Wertigkeit des Gurus. Man kann auch höchste Verwirklichung ohne einen Guru erreichen", erläutert Rosi ihre Meinung über die Rolle eines Gurus. „Aber zurück zu deinem Aufenthalt in Indien."

Als ich in mein Zimmer zurückkehrte und über das Gespräch mit der Swamini nachdachte, fiel mir eine Atemerfahrung ein, die ich während eines Seminars gemacht hatte: Um mich waren indische, chinesische und japanische Tempel, ebenso Moscheen, der Salzburger Dom und verschiedene heilige Plätze von Naturreligionen. Dazwischen wandelte ich auf einem Weg. Ich wusste, es war der Weg, der jenseits der Religionen war, der sie verband und darüber hinaus führte.

Ich konnte den Weg klar erkennen, aber es war eine Reise ohne Ziel. Ich wusste nicht, wohin sie führte, und war dennoch sicher, dass es der richtige Weg war. So ging ich diesen Weg, barfuß, setzte einfach einen Fuß vor den anderen, machte bewusst einen Schritt, dann den nächsten. Ich verspürte keine Eile, denn es gab keine Zeit. Alles war jetzt. Zwei Schutzwesen begleiteten mich. Ab und zu blieb ich kurz stehen, da tauchten leise Zweifel auf: Müsste ich vielleicht doch wissen, wohin der Weg führte?

Ich ging langsam weiter, und es dämmerte mir: Dieser Weg führte zu Gott. Ich spürte eine starke Energie und sah am Ende des Weges helles Licht. Ich konnte mich nur ganz bewusst und Schritt für Schritt nähern, weil dieses Licht und diese Energie so intensiv waren. Es hatte auch keine Bedeutung, wie lange ich für diesen Weg brauchte. Ich dachte nur: „Dies ist das Eingehen in die ewige Herrlichkeit." Es war mir in diesem Moment völlig klar, was „eingehen" für mich bedeutete: Ich musste mich langsam, Schritt für Schritt, bewusst „eingehen", bis ich die Sicherheit auf meinem neuen Weg gefunden hätte. Da hörte ich Menschen singen, die näher kamen und sich um mich stellten. Mein Herz war offen und weit, und ich fühlte mich mit diesen Menschen liebevoll verbunden. Hier war mein Platz, bei diesen Menschen wollte ich sein. Ein Gedanke streifte mich: „Wenn ich loslasse, kann ich alles haben und sein, weil ich mit allem verbunden bin."

Nach dieser tiefgreifenden Erfahrung öffnete ich meine Augen, blickte mich im Gruppenraum um und spürte wieder eine tiefe Verbundenheit mit allen anderen. In der Mittagspause nach dieser Atemerfahrung war ich sehr müde. Ich versank in einen tiefen Schlaf. Plötzlich hörte ich eine Stimme: „Klara, Klara, es ist höchste Zeit, dass du aufwachst." Später gab ich dieser besonderen Atemerfahrung den Titel: *Der Weg des Erwachens.*

Wie Ken Wilber in seinem gemeinsam mit seiner Frau Treya verfassten Buch *Mut und Gnade* darlegt, gibt es unter den verschiedenen geistigen Richtungen folgende Übereinstimmungen: Er schreibt, dass der „spirituelle Geist" existiere, doch er müsse in uns selbst gesucht werden. „Wenn wir ausschließlich in der Welt von Trennung und Dualität leben, in einem Zustand von Illusion, können wir diesen inneren Geist nicht realisieren", meint er. Wenn wir den Pfad der Befreiung bis ans Ende gingen, würden wir in einer direkten Erfahrung „dem inneren Geist" begegnen. Die Erkenntnis einer tiefen Verbundenheit mit allen Lebewesen lasse uns schließlich mitfühlend handeln.

An all das musste ich denken, während ich meine Zimmertür hinter mir schloss und durch das Gelände des Ashrams zur Abendmeditation spazierte. Eine weitere Frage drängte sich mir auf, die ich am nächsten Tag Swamini Aarany stellen wollte: „Wie wird man ein spiritueller Lehrer und was ist die Aufgabe eines Gurus?" Denn bei der Vorstellung, einen Guru zu haben, plagen mich zwiespältige Gefühle. Auf Swamini Aaranys Gesicht erschien ihr sanftes Lächeln. „Spirituelle Führer gibt es in allen Religionen, in Indien heißen sie Guru. In erster Linie sind es Männer, manchmal auch Frauen, einige sind verheiratet, viele leben zölibatär. Als Mönche oder Nonnen binden sie sich an Gemeinschaften – frei von Ehepartnern und Familie, damit sie ihre Energien für ihren Auftrag zur Verfügung haben. Sie kommen aus allen sozialen Schichten. Viele von ihnen waren selber lange Schüler bei einem Meister und haben von ihm den Auftrag erhalten, andere auf ihrem Weg zu begleiten. Bei spirituellen Lehrerinnen geht es nicht in erster Linie um ihre Person, nicht um ihr individuelles Menschsein. Deshalb wäre es ein Fehler, sie auf der personalen Ebene zu sehr zu idealisieren, sie zum Vorbild zu nehmen und ihnen nachzustreben. Große Meister müssen nicht unseren persönlichen und gesellschaftlichen Idealvorstellungen entsprechen. Auch sie sind nicht frei von menschlichen Unzulänglichkeiten", schloss Swamini ihre Erklärung.

„Ich glaube, man sollte immer nur seinem Körper und seinen eigenen Gefühlen trauen", meint Rosi zu diesem Thema und fährt fort: „Es ist sehr schwierig, eine Person zu finden, die man voll und ganz akzeptiert. Ich schaue immer darauf, ob dieser Mensch achtsamer und aufmerksamer im Leben ist, als wir das sind. In der Regel werde ich in meinem Anspruch enttäuscht. Ich erinnere mich an ein Seminar bei Swami Nityananda in Thapovanam in Südindien, in dem es um die Philosophie und Spiritualität des Advaita Vedanta gegangen ist, um Themen wie das reine Bewusstsein, die Unendlichkeit und die Einheit. Der Swami war ziemlich dick, und wir haben im selben Speisesaal wie er gegessen. Wenn ich ihn beobachtet habe, wie er das Essen in sich hineingeschaufelt hat, da sind in mir sofort Zweifel entstanden. Er hat ja von sich behauptet, das, was er uns da erzählt hat, erfahren zu haben. Wie hat er dann so unachtsam essen können? Und wieso hat er sich überhaupt nicht beherrschen können und war so übermäßig dick? Ich schaue immer sehr kritisch auf die sogenannten ‚Meister'. Natürlich sind sie nur Menschen, aber trotzdem müsste das, wovon sie sprechen, irgendwie damit korrelieren, wie sie leben. Und der Swami war in dieser Hinsicht kein Vorbild", erzählt Rosi und ergänzt noch: „Ich beziehe mich gern auf Schriften von weisen Menschen, wie etwa Ramana Maharshi. Das kann ich gut nachvollziehen. Ich glaube, meine Meister sind manche Schriften von Verstorbenen. Osho hat in seinen Büchern so gut ausgedrückt, was das Wesentliche ist. Aber wenn ich mir seine Gemeinschaft anschaue, wie die in Poona und in Amerika gelebt hat, wie er diese Abhängigkeiten dann doch zugelassen hat, da hätte ich nicht dabei sein wollen", merkt sie kritisch an. „Meine zuverlässige ‚Meisterin' ist meine Katze, wie sie genussvoll und ohne Gefühl von Zeit daliegt, vermutlich nur glücklich und entspannt ist."

Ich schmunzle. „Ein schönes Bild! Aber ich hatte noch viele Fragen, auf die ich eine Antwort suchte. Soll ich weiterlesen?" Rosi nickt.

Nach dem ersten Gespräch mit Swamini Aarany wurde es zu einer beinahe täglichen Routine, dass wir uns im Garten trafen und uns unterhielten. Einmal berichtete ich ihr von meiner Unsicherheit in Bezug auf meine religiöse Intuition. Ich erzählte, dass ich einerseits in meinem katholischen Elternhaus und in einer Klosterschule von der Idee des Göttlichen zutiefst berührt worden war, andererseits mich von den Regeln und Normen eines dogmatischen Christentums extrem begrenzt und eingesperrt gefühlt hatte. Um aus diesem geistigen Gefängnis ausbrechen zu können, hatte ich zunächst jede Form von Religion und Spiritualität vehement abgelehnt, jedoch in meiner Ausbildung zur Gestalttherapeutin immer mehr gelernt, meiner Intuition zu vertrauen. Ich berichtete auch davon, wie überrascht ich gewesen war, als ich bei meiner ersten transpersonalen Atemerfahrung plötzlich wieder eine tiefe religiöse Verbundenheit erlebt hatte!

Swamini Aarany hatte aufmerksam zugehört und sagte schließlich: „Deine Unsicherheit ist nicht verwunderlich. Doch hier kann ein spiritueller Lehrer helfen, das Vertrauen in die eigene religiöse Intuition wiederzufinden. Er spricht unser innerstes Selbst an, regt uns an, zum eigenen Gotteserleben zu gelangen und damit die spirituelle Selbstverantwortung zu übernehmen. Spirituelle Meisterinnen vermitteln uns keine religiösen Dogmen, sondern bieten uns verschiedene spirituelle Praktiken und meditative Techniken der Besinnung an, weil in ihren Augen erst durch eine direkte persönliche Erfahrung eine Beziehung zum Göttlichen möglich ist“, erläuterte Swamini.

„Aber was ist das Wesentliche auf einem spirituellen Weg?“

„Nicht blindes Vertrauen, sondern Hingabe ist auf einem spirituellen Entwicklungsweg, der unsere Ich-Grenzen erweitert, das wichtigste Prinzip“, antwortete die Swamini. „Es ist schwierig, Nähe zu einem Guru-Prinzip ohne Form und ohne Eigenschaften aufzubauen. Die meisten Menschen brauchen ein Gegenüber, dem sie sich vertrauensvoll öffnen und hingeben können. Zuerst hilft ein leibhaftiger Meister, auf den Liebe und Verehrung übertragen werden können, auf praktische Weise dabei, Erfahrungen zuzulassen, die uns Angst machen, weil sie unsere personalen Grenzen sprengen. Das verändert sich, wenn man auf dem Weg voranschreitet, es wird zu umfassenderer Liebe und gipfelt im Einssein mit dem Zustand der Liebe“, meinte Swamini.

Ein spiritueller Weg erfordert allerdings ein stabiles Ich. Denn Hingabe bedeutet nicht, eine schwache, untergeordnete Position einzunehmen und seine Intelligenz und das kritische Unterscheidungsvermögen aufzugeben.

24.

Dieses Gespräch mit Swamini wirkte noch lange in mir nach. Ich hatte Swamini Aarany so verstanden, dass es der Sinn eines Guru-Schüler-Verhältnisses sei, ein stabiles Ich zu entwickeln, um die personale Bezogenheit zu überwinden. Ich hatte ja selbst erlebt, wie man sich mit einem immer stabiler werdenden Ich neuen Erfahrungen öffnen konnte, sei es in einem Kunsterlebnis, einer Liebesbeziehung, in einer Gemeinschaft oder eben auch in der mystischen Hingabe an die Schöpfung.

Vor allem seit der neuerlichen Begegnung mit Roman hatte ich erfahren, was es bedeutete, sich hinzugeben. Es war für mich nicht immer einfach, mich aus dem intensiven gemeinsamen Erleben wieder zu lösen und zu mir selbst zurückzukehren. Ich erlebte aber auch, dass es nicht leicht war, sich hinzugeben, wenn man zu sehr auf seine Eigenständigkeit bedacht war. Für mich bedeutet Hingabe, sich von etwas ergreifen zu lassen, das man aus tiefstem Herzen bejaht, sich in dieses Prinzip einzufügen, sein ganzes Potenzial zur Verfügung zu stellen. Ähnlich verhält es sich etwa, wenn man ein Baby geboren hat und die eigenen Bedürfnisse plötzlich in den Hintergrund treten. Man weiß, wofür man gebraucht wird, steht Tag und Nacht zur Verfügung, wann immer einen dieses noch hilflose Wesen benötigt, und es ist eine Selbstverständlichkeit, dass man sich dieser Aufgabe widmet.

„Das ist sicherlich für uns Frauen das beste Beispiel für bedingungslose Hingabe", bestätigt Rosi. „Da erfahren wir Hingabe und Liebe. Als Frauen haben wir das Glück, bei der Geburt diese Hingabe leben und erleben zu können. Da bin ich mein eigener Guru. Ich bin sicher, da ein Mann das nicht erfahren kann, ist er im Leben dazu bestimmt, sich anderen Aufgaben zu widmen. Da denk ich an unseren Vater, bei dem ich eine gewisse Demut gegenüber der Natur gespürt habe. Ein Bauer muss ja nach den Gesetzen der Natur leben, denn die Natur ist mächtiger und stärker als der Mensch. Sie ist zwar sehr geduldig, lässt sich lange benutzen, aber ihre vier Elemente lassen sich niemals ganz beherrschen. Der Bauer muss die Saat in die Erde bringen und die Pflanzen hegen und pflegen, damit sie gut wachsen. Dieses Reifen erfordert viel Geduld und das Wohlwollen der Natur. Erinnerst du dich an die Stürme, die alles, was Vater ausgesät hatte, hinweggefegt haben? Er musste nochmals von Neuem beginnen. Oder als es Überschwemmungen gab oder zu viel Trockenheit. Ich habe mir damals immer gedacht, dass ich kein Bauer sein wollte, der so abhängig war von der Natur.

Und dennoch, diese Demut der Natur gegenüber gefiel mir bei Vater." Ich sehe unseren Vater vor mir, wie er geduldig seine Felder pflegte. Ja, er war für dieses Leben geboren.

Rosi massiert sich ihre Schultern. „Kleine Pause? Bei einer Tasse Tee vielleicht?", schlage ich vor. Sie nickt, und ich mache mich daran, in der Küche das Wasser aufzusetzen. Rosi lehnt am Küchenschrank und sinniert vor sich hin. „Was beschäftigt dich?" Rosi wiegt den Kopf. „Ich denke gerade über die Parallelen und Unterschiede zwischen spiritueller Entwicklung und Psychotherapie nach. In beiden Fällen müssen wir uns unseren persönlichen Themen stellen, und doch sind es zwei sehr unterschiedliche Wege."

„Ja, während eine Psychotherapie uns dabei unterstützen kann, an der individuellen Lebensgeschichte zu arbeiten und Wege zu finden, um in Beruf und Alltag zu funktionieren, führt uns unsere spirituelle Entwicklung auf tiefer liegende Ebenen", ergänze ich. Ich fülle das Wasser in die Teekanne, Rosi nimmt unsere Tassen, und wir gehen zurück ins Wohnzimmer. Friedlich sitzen wir nebeneinander und genießen einen Moment die Ruhe. Dann ist Rosi wieder bereit: „Du warst also im Ashram. Wie waren deine letzten Tage dort?"

Obwohl ich meine Meisterin nur von Videos und Satellitenübertragungen kannte und ihr nie persönlich begegnet war, war sie in meinem Inneren immer präsent. Alles das, was ich von ihr gehört und gelesen hatte, beschäftigte mich, und ich setzte mich damit auseinander – durchaus auch kritisch. Dann kam der Tag, für den eine Satellitenübertragung angekündigt war: Die Meisterin sollte eine Rede halten und anschließend eine Lichtmeditation leiten. Unser Meditationsraum war bis auf den letzten Platz gefüllt. Wie in einem Bienenkorb summte und brummte es, alle waren aufgeregt, die Meisterin zu sehen und zu hören.

Bereits während ihrer Rede wurde ich immer ungeduldiger und kritischer. Nichts passte mir, nichts, was sie sagte, und nicht, wie sie es sagte. Wie eine Pubertierende begann ich eine innere Auseinandersetzung mit ihr. Im Ansatz kannte ich diese Kritiksucht und Ungeduld an mir, hatte sie aber in dieser Intensität noch nie zugelassen. Gleichzeitig wusste ich um die Absurdität meines Gefühlsausbruches, andererseits hätte ich meinen Protest am liebsten lautstark geäußert.

In der Nacht setzte sich diese Auseinandersetzung in meinen Träumen fort. Ich begegnete der Meisterin, und sie sprach zu mir: „Obwohl du dich von mir abgewandt hast, habe ich dich mit meiner Liebe nie verlassen." Ich hatte das Gefühl, dass sich mein Brustbereich ganz weit öffnete, mein Herz schutzlos, offen und frei lag – ein ungewohntes Gefühl, doch es machte mir keine Angst. Ich war voll von Dankbarkeit und Liebe und empfing den Segen der Meisterin. Sie sagte: „Setze dich auf und verwende mich wie einen Spiegel."

Rosis Miene ist skeptisch. „Nun, meine Liebe, an diesem Punkt entfernen wir uns total voneinander", erklärt sie mir unverblümt. „Ich kann leider nichts von dem ernst nehmen, was du da sagst. Das sind meines Erachtens deine Einbildungen, deine Träume, deine Wünsche. Das sind Erfahrungen und Erlebnisse, die in Beziehung mit den inneren Themen stehen, die dich beschäftigt haben. Ich glaube nicht, dass das die Meisterin war, sondern deine Projektionen", fügt meine Schwester noch voller Überzeugung hinzu.

Mir ist klar, dass das alles nicht so leicht nachvollziehbar ist. Ich versuche Rosi meine Sicht der Dinge zu erklären: „Das Entscheidende ist, dass man als Schülerin in die Freiheit hineinwächst, um Vertrauen zu seiner eigenen Antwort zu entwickeln. Wir müssen lernen, die Meisterin, die in jeder von uns wohnt, in uns selbst zu sehen. Es ist unser tiefstes, innerstes Wesen, das letztendlich die Führung übernehmen soll."

„Da kann ich mitgehen, jetzt kommen wir langsam wieder zusammen", meint Rosi zu diesen Gedanken. „Und ich behaupte auch, dass alles, was du da erlebt hast, in Wirklichkeit deine innere Kraft war, nicht die ‚Meisterin' im Außen. Die hat dir den Anstoß gegeben, weil du sie gebraucht hast."

„Der indische Heilige Ramana Maharshi drückt das Ziel der Schüler-Meister-Beziehung so aus: ‚Der Meister ist in dir. Meditation beseitigt die Verblendung, zu meinen, dass der Meister nur außen sei. Der Meister ist nichts anderes als Gott, das wahre Selbst.'"

„Das gefällt mir! Bist du dann gleich abgereist?"

„Nein, ich war noch nicht ganz fertig." Ich lese weiter.

Wie so oft in den vergangenen Tagen zog ich mich nach dem Gespräch mit der Swamini in den Meditations-Cave zurück, einen dunklen, stillen Raum, der Tag und Nacht offen stand. Durchgehend lief dort mein vertrautes Mantra *Om Namah Shivaya*, das mich auch durch meine schlaflosen Nächte voller existenzieller Sorgen begleitet hatte.

An diesem Ort konnte ich beim Meditieren eine tiefe Versenkung und innere Gelassenheit finden. Den Rückzug von der Welt und das Schweigen erlebte ich von Tag zu Tag entspannter, und ich wandte mich mehr und mehr nach innen, um mich dieser inneren Dimension zu öffnen. Das führte mich in eine tiefe Stille, in der ich keine Gedanken mehr formulierte, keine Gefühle oder körperliche Empfindungen mehr wahrnahm oder innere Bilder produzierte. Ich versank in tiefer Ruhe und Zufriedenheit und konnte diesen Zustand immer länger aufrechterhalten.

An diesem Tag spürte ich, wie sich eine neue Dimension des Daseins eröffnete, ein sicherer Grund, eine klare und direkte Einsicht in eine tiefere Schicht der Wirklichkeit, als würde ich in meine eigene Wesenstiefe eintauchen und die Grenzen meines herkömmlichen Bewusstseins durchbrechen. Ich verlor jegliches Zeitgefühl. Plötzlich umgab mich helles, gleißend blaues Licht, mein Körper weitete sich zu einem blauen Strahlenkörper aus und löste sich in dem Licht auf. Ich sah, wie meine Lebensgeschichte, meine Erinnerungen, Gefühle, Gedanken, mein Höheres Selbst, meine inneren Bilder und Geschichten miteinander verschmolzen und sich auflösten. Sie erschienen mir wie eine Idee. Da war einfach nur das, was war. Da war keine Person, die sah. Es existierte nur Leere, reines Bewusstsein, nicht mehr und nicht weniger.

Als ich das am nächsten Tag der Swamini erzählte sagte sie: „Alles entsteht aus dem Leeren und geht in das Leere zurück." Ich fragte mich: Entsprach dieser Zustand dem nicht-dualen Bewusstsein, dem, was christliche Mystiker *Abgeschiedenheit* und *Leere der Seele* nannten? War meine spirituelle Suche am Ende angelangt?

„Ich habe etwas Ähnliches erlebt bei einem Satori-Prozess im Osho-Center mit der Fragestellung: ‚Wer bin ich wirklich?'", erzählt Rosi. „Es ging darum, zu erfahren, was hinter den Bildern steckte, die ich mir von mir selber gemacht habe oder die andere mir von mir vermittelt haben. Das wahre Selbst ist ja verborgen hinter Rollen und Bildern – ich bin Vater, bin Mutter, erfolgreich, ein Versager – und hinter Emotionen, Vorstellungen und Gewohnheiten, die erst aufgelöst werden müssen, damit man das erkennen kann.

Der Satori-Prozess hat mich am intensivsten in das Hier und Jetzt gebracht. Ich erlebte, wie sich die Identifikation mit den äußeren Rollen auflöste, ebenso auch meine Vorstellungen und meine Erfahrungen. Ich habe weiters erlebt, dass sich mein Körper auflöste und ich eins mit allem wurde. Ich erlebte so etwas wie ‚Wahrheit' und kam in unmittelbaren Kontakt mit mir selbst und meinem Gegenüber. Als ich das dort der Leiterin erzählt habe – das ist ja wohl das intensivste Erlebnis, das man haben kann –, hat sie gemeint: ‚Nimm das, und gehe nicht davon aus, dass es immer wieder kommt.' Und so war es dann auch. Ich bin später nur noch annähernd dahingekommen." Sie nimmt einen tiefen Atemzug und fährt fort: „Leider gelingt mir das Loslassen, das die erste Bedingung dafür ist, zu selten, obwohl ich es in meinen Yogastunden immer wieder betone. Das liegt wohl an meiner Konditionierung auf Leistung, auf Arbeiten, auf Tüchtig-Sein von Kindheit an. Entspannung und Loslassen war in dem Konzept unserer Familie nicht enthalten. Und so habe ich das auch meinen Kindern mitgegeben. Nun müssen sie es irgendwann für sich bearbeiten. Vermutlich werden sie fünfzig Jahre oder älter sein, bis sie dieses Bedürfnis entwickeln." Sie wendet sich mir zu. „Und was hat dieses Erlebnis für dich bedeutet?"

„Das war mir in diesem Moment noch nicht klar. Nun war es aber bald an der Zeit, Abschied vom Ashram zu nehmen."

Ich beschloss, die letzten verbleibenden Tage einfach zu genießen. Ich wollte die Kraft und Energie, die ich getankt hatte, mitnehmen. Zeit, sich Fragen zu stellen, wie ich meine neuen Erkenntnisse in mein Leben integrieren sollte, gäbe es später noch ausreichend.

Ich schlief tief und traumlos, erfreute mich während der nächsten Tage am Singen, den Meditationen und auch an der gewohnten Routine – das Aus- und Ankleiden der Götterstatuen war inzwischen ebenfalls zu einer Art Meditation geworden, und Chetna schenkte mir manchmal sogar ein anerkennendes Lächeln.

Nach sechs Wochen Aufenthalt im Ashram packte ich meine Koffer. Sylvie umarmte mich fest zum Abschied. „Du warst eine tolle Zimmergenossin", flüsterte sie in mein Ohr. Als ich nach Swamini Aarany fragte, weil ich mich auch von ihr verabschieden wollte, sagte mir Malani, dass sie an diesem Morgen aufgebrochen war, um ihre Familie zu besuchen. Irgendwie passend, dachte ich. Etwas ist zu Ende, etwas anderes kommt. Das ist der Fluss des Lebens.

Blieb nur noch Chetna. Ich hatte ihr am Vortag gesagt, dass ich abreisen würde, was sie mit der üblichen stoischen Miene zur Kenntnis genommen hatte. Nach dem Frühstück betrat ich den Meditationsraum, und es versetzte mir einen Stich, als ich sah, dass eine junge Frau dabei war, die Götterstatuen zu entkleiden – meine Götterstatuen!

Chetna kam mir mit eiligen Schrittes entgegen: „Klara, go tell new girl how to do it", sagte sie aufgeregt. „She not understands what is important." Also wandte ich mich der jungen Frau zu. Sie kam aus München, und so erklärte ich ihr auf Deutsch all das, was Chetna mir eingetrichtert hatte. Chetna beobachtete uns aufmerksam, und obwohl sie kein Wort verstand, nickte sie bei jedem Satz energisch. Als ich am

Ende angelangt war und mich zu Chetna umdrehte, nahm sie meine Hände, drückte sie mit ihren knochigen Fingern und sagte. „Klara, the Gods and I will miss you. You done good job." Dann kramte sie in der Tasche ihrer Bluse und zog eine kleine Shiva-Statue hervor. „This is for you, for protection." Mir stiegen die Tränen in die Augen. Ausgerechnet Chetna, dieses vermeintliche Raubein! Bevor ich darüber nachdenken konnte, dass eine solche Geste in Indien äußerst unüblich war, hatte ich Chetna schon an mich gedrückt. Als ich sie wieder losließ, sah sie mich verdutzt an, zog ihre Bluse und den Rock zurecht und kicherte verlegen. Nun, immerhin hatte ich sie zum Lachen gebracht! Beschwingt und etwas wehmütig stieg ich ins Taxi. Es ging nun zurück nach Wien!

25.

Die Fahrt zum Flughafen erlebte ich wie ein riesiges, überwältigendes Kaleidoskop. Im Ashram hatte ich mich in einer Blase von Ruhe, Achtsamkeit und Spiritualität bewegt. Nun erfasste mich das grelle, ungestüme Alltagsleben Indiens. Ich nahm Chetnas Geschenk aus meiner Handtasche und betrachtete nachdenklich die kleine Statue. Sie wird mich bei meinem Weg zurück in den Alltag begleiten und beschützen, dachte ich bei mir.

Am Flughafen herrschte derselbe Trubel wie bei meiner Ankunft, zahllose Menschen drängten sich an den Eingängen und Schaltern, riesige Gepäckstücke wurden durch die Halle geschoben, Großfamilien verabschiedeten sich lautstark, unfassbar lange Schlangen bildeten sich vor den Schaltern der Fluglinien. Was für ein Lärm! Aber irgendwann hatte ich endlich mein Gepäck aufgegeben, meine Bordkarte in der Hand und war bereit zum Einsteigen. Das Flugzeug war bis auf den letzten Platz besetzt; ich saß am Fenster, und so konnte ich noch eine lange Weile beobachten, wie Delhi langsam unter mir zurückblieb. Dann begannen meine Gedanken zu kreisen.

All diese intensiven inneren Erfahrungen, mit denen ich nun schon über Jahre vertraut war, sie waren zu meinem Lebensinhalt geworden. Ich fühlte mich in der Welt meiner meditativen Erlebnisse zu Hause – mehr als in meinem Alltag. Doch wenn nur Leere und reines Bewusstsein existierten, waren dann auch meine spirituellen Erfahrungen nur Illusionen? Erschöpft schloss ich die Augen. So viele Fragen! Dabei hatte ich doch geglaubt, Antworten zu finden! Ich dämmerte vor mich hin, ließ all die Bilder der vergangenen Wochen Revue passieren und musste plötzlich an diese Zen-Geschichte denken:

Ein Atheist fiel in einen Abgrund.

Im Fallen konnte er gerade noch einen Zweig ergreifen. Rasch wurde ihm klar, dass er sich nicht lange würde halten können. In seiner Not überlegte er fieberhaft, was zu tun sei. Da kam ihm ein Gedanke, der ihn mit letzter Hoffnung auszufüllen begann. Er rief: „Gott! Lieber Gott! Bitte, rette mich!“

Über dem Abgrund aber lag Schweigen. Wieder hob er an: „Gott! Bitte, errette mich!“ Und dann fügte er schnell hinzu: „Ich verspreche dir, ja ich verspreche bei allem, was mir heilig ist, wenn du mich aus dieser Lage befreist, werde ich von deiner Gegenwart künden und deine Botschaft bis ans Ende der Welt tragen.“

Wieder nur Schweigen über dem Abgrund und der Wind. Nach einer

Zeitspanne, die ihm unendlich vorkam, vernahm er eine dröhnende Stimme über der Tiefe: „Das sagen alle, wenn sie in Not sind."

„Nein, nein, ich meine es wirklich ernst. Bitte, rette mich!" Stille.

Und wieder nach einer Zeitspanne, die ihm unendlich vorkam, sagte die Stimme: „Gut, ich werde dich retten."

Erleichterung und Freude breiteten sich in dem Mann aus, der sich mit letzter Kraft an den Zweig klammerte. Dann sprach die dröhnende Stimme über dem Abgrund: „Lass den Zweig los!"

Rosi lächelt. „Diese Geschichte hat mir immer schon gefallen. Du hast sie mir schon vor vielen Jahren erzählt. Ich habe sie auch einmal in einer meiner Yin Yogastunden vorgelesen. Danach ist ein Mann aus der Gruppe auf mich zugekommen und hat gesagt: ‚Aber der kann doch den Zweig nicht loslassen? Dann stürzt er doch in den Abgrund?' – Wahrscheinlich ist es wirklich schwer, diese Geschichte zu verstehen, wenn man nicht auf dem Weg ist."

Vielleicht musste auch ich den Zweig, der mir während der letzten Jahre Halt gegeben hatte, loslassen, denke ich.

„Du bist dann also nach Wien zurückgekehrt. Wie war das?", reißt mich Rosis Stimme aus meinen Gedanken.

Nachdenklich gestimmt, erreichte ich nach einem unruhigen Flug Wien. Ich hatte niemanden von meiner Rückkehr verständigt, und so setzte ich mich ins nächste Taxi und ließ mich nach Hause bringen. Wie ruhig es in Wien war, und wie grau! Und wie wenige Menschen auf den Straßen, im Vergleich zu dem Gewusel in Delhi!

Als ich meine Wohnungstür aufschloss, nahm ich sofort einen eigenartigen Geruch wahr. Es roch … verbrannt. Beunruhigt betrat ich meine Wohnung – und erstarrte. Die Vorhänge lagen in Fetzen und teilweise verbrannt auf dem Boden, ebenso das Bücherregal, viele meiner Bücher, mein Wohnzimmertisch, zwei Stühle, ein Teil des Parketts, alles verkohlt! Ich ließ mich auf das – zum Glück unbeschädigte – Sofa fallen. Was war hier passiert? Nach den ersten Schrecksekunden begann ich mechanisch aufzuräumen, steckte die Vorhänge in einen Müllsack, untersuchte die Schäden und packte meinen Koffer aus. Schließlich hörte ich, wie sich die Wohnungstür öffnete. Simon betrat das Wohnzimmer. „Mama, du bist schon da!", rief er. Sein Gesicht leuchtete freudig auf, wir umarmten einander, doch gleich darauf blickte er mich schuldbewusst an. „Es tut mir so leid, was hier passiert ist."

„Was ist denn genau geschehen?", seufzte ich.

Simon erzählte: „Du kennst doch Michael, meinen Schulkollegen. Wir haben gestern Abend so ein Experiment durchgeführt. Wenn man Benzin auf ein Löschblatt gießt und dann anzündet, brennt nur das Benzin, aber nicht das Löschblatt. Das hat auch funktioniert, aber dann wollten wir eine größere Flamme erzeugen und haben wohl zu viel Benzin erwischt. Die Flamme war riesig, und wir sind so erschrocken, dass wir das ganze Zeug einfach nur noch aus dem Fenster werfen wollten, und dann hat der Vorhang angefangen zu brennen …" Simon verstummte. Seine Augen waren weit aufgerissen, der Schreck stand ihm deutlich ins Gesicht geschrieben. „Wir haben sofort die Feuerwehr angerufen, und die ist auch gleich gekommen und hat alles auf Glutnester untersucht. Ich habe dann bei Michael übernachtet und wollte heute aufräumen", fügte er leise hinzu.

Also machten wir uns gemeinsam daran, die kaputten Dinge zu entsorgen, putzten und schrubbten. Am Abend fiel ich erschöpft ins Bett. Ich stellte mir vor, wie das wohl gewesen war, als die Flammen in meiner Wohnung loderten. Mein Zuhause, mein sicherer Hafen, von Feuer bedroht. Es schien mir wie eine Metapher für meinen inneren Zustand, als wäre alles, das Außen und das Innen, ins Wanken geraten.

„Weißt du, was mir dazu einfällt?", meint Rosi nüchtern. Das Verbrennen von geschriebenen Worten, Briefen, Fotos oder Gegenständen wird ja auch in den Feuerritualen praktiziert, um diese Transformation zu erleben. Man lässt Energie, Dinge, Situationen, Muster oder Glaubenssätzen, die einen behindern, los. Ich glaube, dass dies ursprünglich aus dem Schamanismus kommt. Jedenfalls hatte ich es das erste Mal bei Hiah-Park als schönes Ritual an Silvester erlebt. Gerade der Übergang vom Alten ins Neue Jahr bietet sich an, um Altes und nicht mehr Gebrauchtes hinter sich zu lassen."

Rosis Worte machen mich nachdenklich. „Es passte zu meinen Erfahrungen im Ashram. Die hatten mir gezeigt: Entsagen wir der äußeren Welt und bleiben der inneren verhaftet, dann erliegen wir wieder einer neuen Verstrickung. Welcher Irrglaube, ein spirituelles Ziel erreichen zu können, wenn wir die alltäglichen Dinge verneinen! Ich wurde sehr unsanft in die äußere Realität zurückgeholt!"

„Warst du jetzt in deinem Leben angekommen?", fragt Rosi geradeheraus, so wie es ihre Art ist. „Das Leben findet doch im Leben statt, in der Auseinandersetzung mit dem Leben, mit den Menschen, mit der Welt", stellt sie unumwunden fest.

„Hm, auf jeden Fall genoss ich damals meine Tätigkeiten, ebenso wie das Gefühl, dass mir so viel an Wissen und an Kraft zur Verfügung stand und ich all das in meiner Arbeit umsetzen konnte."

„Was du dann ja auch getan hast."

„Ja, denn während dieser anregenden Zeiten war in mir und meinen Mitstreitern der Wunsch entstanden, Kongresse zur Transpersonalen Psychotherapie zu veranstalten. Wir wollten bekannte Vortragende einladen, die uns auf unserem Weg hilfreich erschienen. So begannen wir, Tagungen und Symposien zu organisieren. Wir schrieben Artikel, gaben einen Newsletter heraus, hielten Vorträge und Atemseminare, um mit dieser Arbeit, die uns so wichtig erschien, in der Öffentlichkeit bekannter zu werden – es waren überaus produktive und gleichzeitig lustige und inspirierende Zeiten.

Und dennoch: Die Zufriedenheit, nach der ich mich so sehnte, die hatte ich noch immer nicht ganz gefunden. Dazu musste ich erst meinen spirituellen Weg zu Ende gehen."

„Nein, das glaub ich jetzt nicht", ruft Rosi an dieser Stelle meines Berichts spontan aus. „Was nagte denn da noch immer an dir? Wohin hat dein Weg dich noch geführt?", will sie wissen.

Ich lächle und sage: „Zur Liebe. Und das ist nun auch das letzte Kapitel."

26.

Wir wissen, dass in allen spirituellen Traditionen die Liebe eine bedeutende Stellung einnimmt. Es geht um eine Liebe, die sich nicht nur auf die Menschen bezieht, sondern um eine umfassendere, universellere Liebe. Liebe ist die Grundstruktur des Universums, davon sprechen all diese Traditionen, und davon bin ich auch in tiefster Seele überzeugt. Wenn wir über Liebe reden, kommen wir an einem berühmten Text aus der Bibel nicht vorbei, dem Brief von Paulus an die Korinther (nach einer Übersetzung von Peter Paul Kaspar). Er lautet:

Ich will euch einen Weg weisen, der über alle anderen Wege hinausführt.
Wenn ich die Weisheit eines Propheten hätte,
und wenn ich alle Geheimnisse durchschauen könnte,
und wenn ich die gesamte Erkenntnis besäße,
und wenn mein Glaube so mächtig wäre,
dass ich damit Berge versetzen könnte,
– und hätte die Liebe nicht:
ich wäre nichts.
Und wenn ich all meinen Besitz verschenken
und mich selbst verbrennen wollte,
– und hätte die Liebe nicht
es nützte mir nichts.
Über allem aber steht die Liebe.

Langsam fing ich an zu begreifen, wohin mich meine Sehnsucht führen wollte. Es begann mit einem Traum – genau genommen, eher mit einem Gefühl, das mich eine ganze Nacht hindurch begleitet hatte. Ich lebte mein Leben wie immer, doch da war ein Schleier zwischen mir und der restlichen Welt. Das machte mich sehr traurig, ich war enttäuscht und verunsichert, weil ich nicht wirklich am Leben teilnehmen konnte. Ich wusste, der Schleier verhüllte einen letzten, entscheidenden Schritt der Erkenntnis. Und am nächsten Morgen hatte ich diese erhellende Atemerfahrung: Ich überließ mich der Musik und bewegte mich, wie es meinem inneren Ausdruck entsprach – zaghaft, langsam, dann wieder dynamisch. Unversehens wurde mir bewusst, dass die Musik ein Symbol des Lebens war. Ich folgte mit meinen Körperbewegungen der Bewegung des Lebens, nahm im Augenblick am Lebensfluss teil, war bereit, mich dem Leben zu öffnen, das, was auf mich zukam, liebevoll anzunehmen und darauf zu antworten.

Tanzend bewegte ich mich durch den Raum. Ich fühlte, ich war offen für einen fruchtbaren Austausch mit dem Leben, mein Potenzial kam dem Leben zugute und floss als Inspiration wieder zu mir zurück. So einfach ist das!, dachte ich. Eine Liebesbeziehung mit dem Leben! Mein Herz pulsierte lebendig, es war, als sprühte es in allen Farben. Ich tanzte immer weiter, folgte meiner inneren Bewegung. Aus vollem Herzen, mit voller Stimme sang ich das Mantra. Tiefe Dankbarkeit zu meiner Meisterin erfasste mich, ebenso wie zu allen Menschen, die mich auf meinem Weg begleitet hatten.

Der Zustand des Getrenntseins vom Leben war aufgehoben, der Schleier, diese dämmerhafte Entfernung zwischen mir und der Welt, war verschwunden – ich war im liebenden Herzen der Schöpfung angekommen. Dadurch konnte ich die Aufgaben, die ich in der Welt zu erfüllen hatte, von einem neuen Bezugspunkt aus sehen.

Nach dieser Erfahrung hatte sich mein Verständnis für die Welt einmal mehr verändert. Mein alltägliches Leben war äußerlich gleich, doch die Wertigkeiten waren nicht mehr dieselben wie früher. Jetzt galt es, meine Erkenntnis zu einer Lebenshaltung zu machen. Das alles ist nun mehr als zwanzig Jahre her. Egal, was ich machte oder sagte, diese neue Lebenssicht war immer der entscheidende Blickwinkel, von dem aus ich das Leben betrachtete: Denn die Liebe ist unsere größte Chance, lebendig zu sein. Wenn ich mich nicht für die Liebe entscheide, entscheide ich mich gegen das Leben. Erst wenn ich das Leben und die eigene Lebendigkeit liebe, bin ich bereit, meinen Seelenpanzer zu öffnen und das Wagnis der Lebendigkeit einzugehen.

Rosi hat während meiner letzten Worte die Augen geschlossen. Jetzt strahlt sie mich an. „Ja, die Liebe, darum geht es letztendlich. Kennst du die wunderbaren Worte von Edith Stein: ‚Alles kommt auf die Liebe an …‘“

„‚… da wir am Ende nach der Liebe gerichtet werden‘“, vervollständige ich das Zitat. Es ist dies einer der schönsten Sätze, die ich zum Thema ‚Liebe‘ kenne. Dem leuchtenden Gesicht meiner Schwester zugewandt sage ich: „Der amerikanische Autor Thaddeus Golas hat es anders, aber ebenso schön formuliert: ‚Liebe so viel du kannst, von da aus, wo du auch immer sein magst‘“.

Literaturempfehlungen zum Weiterlesen:

Walch, Sylvester: Dimensionen der menschlichen Seele. Transpersonale Psychotherapie und holotropes Atmen. Walter, 2002
Walch, Sylvester: Vom Ego zum Selbst. Grundlinien eins spirituellen Menschenbildes. O.W. Barth, 2011
Walch, Sylvester: Die ganze Fülle deines Lebens. Ein spiritueller Begleiter zu den Kräften der Seele. Fischer & Gann, 2016

Lebe dein Leben!

Ruhig wird das Herz erst,
wenn wir geworden sind,
was wir sein sollen.

Arno Geiger

Einleitung
Sie haben die Geschichte gelesen und sind Klara über die Stationen ihres Lebens hinweg gefolgt. Sie hat nicht nur von sich selbst berichtet, sie hat Sie auch in eine andere Zeit zurückgeführt. Möglicherweise haben ihre Erlebnisse und Gedanken auch bei Ihnen Erinnerungen wachgerufen, etwa an historische Ereignisse, die auch Sie erlebt haben. Vielleicht haben Klaras Erlebnisse in Ihnen Bilder aus Ihrer eigenen Vergangenheit geweckt, und Sie haben sich die eine oder andere Frage zu Ihrem Leben gestellt. Möglicherweise ist in Ihnen etwas angeklungen, das etwas bewegt hat. Geschichten, Literatur und auch Filme haben es an sich, dass sie uns berühren können. Das ist nichts Ungewöhnliches, im Gegenteil, das macht ja ihre Qualität oft erst aus, denn sie können uns dazu bringen, über das eigene Leben nachzudenken.

Das ist unter anderem auch das Anliegen dieses Buches. Ich möchte Sie dazu einladen, Ihre eigenen Erinnerungen ins Fließen zu bringen. „Wenn wir einander Geschichten über das Leben erzählen, dann wird nicht nur die Vergangenheit lebendig, wir selbst werden dabei lebendig", so Verena Kast. Ähnlich ging es den beiden Schwestern in dieser Geschichte. Bei dem gemeinsamen Abend, bei der Lektüre von Klaras Biografie, wurde vor dem geistigen Auge Rosis auch ihre Vergangenheit wieder lebendig. Ohne große Anstrengung tauchte auch die Schwester ab in eine andere Zeit und ließ ihr Leben an sich vorbeiziehen. Und manchmal stellte sich ja heraus, dass die beiden Schwestern die gleichen Ereignisse auf grundverschiedene Weise erlebt haben, was auch einen gewissen Reiz für beide ausmacht. Vielleicht haben Sie das ja auch schon einmal mit Ihnen nahestehenden Menschen erlebt.

Ich möchte Sie nun ermutigen, mit mir zurückzublicken und auch Ihre Lebensgeschichte zumindest ein Stück weit in Gedanken zu schreiben. Und dazu biete ich Ihnen jetzt das Bild des Baumes an. Im Betrachten von Bäumen kann man gut ablesen, wie eigen jeder einzelne Baum ist, und wie deutlich die verschiedenen Phasen seines Wachsens zu erkennen sind. Wenn Sie sich nun selbst im Bild eines Baumes entdecken möchten, dann kann der Baum die persönlichen Wachstumsprozesse und Ihr Gewordensein symbolisieren.

Meine folgenden Anregungen und Fragen können Ihnen dazu Impulse geben. Es geht nicht darum, auf jede Frage eine Antwort zu finden, sondern darum, das eigene Leben mit einem freundlich verstehenden Blick zu betrachten und es trotz Widrigkeiten und Schicksalsschlägen wertschätzen zu lernen.

Die Wurzeln des Lebensbaums

Die Wurzeln des Lebensbaumes können die Kindheit und Jugend widerspiegeln. Geschichten aus unserer Kindheit zeigen unser Gewordensein – wir sprechen hier von der Zeit von null bis etwa vierzehn Jahren. Unsere Kindheit ist für unsere Entwicklung als Mensch prägend. Deshalb sind diese Jahre für unser späteres Leben von besonderer Bedeutung.

Vom ersten Tag unseres Lebens an, schon als Säugling, machen wir Erfahrungen, die uns prägen. Wir sind in dieser Zeit vollständig auf die Fürsorge und Liebe anderer Menschen angewiesen. Wir haben Bedürfnisse, und unsere nächsten Bezugspersonen gehen auf ihre Art darauf ein. So entstehen unsere ersten Beziehungen.

Wir lernen unendlich viel. Nie wieder in unserem Leben ist unser Gehirn so aufnahmefähig wie in diesen ersten Lebensjahren. Wir sind unendlich neugierig auf die Welt und auf unser Leben, das wie ein unbeschriebenes Blatt vor uns liegt.

Wir wollen uns ausprobieren, auch im Hinblick auf unsere Eltern und Geschwister, auf unsere ersten Freunde und Freundinnen – zu Hause, dann im Kindergarten und später in der Schule. Eine besondere Qualität bekommt unser Ausprobieren in der Pubertät. Für viele eine Lebensschulung im Widerstand, um zur eigenen Persönlichkeit zu werden.

Fragen zu den Wurzeln unseres Lebens

Wie wurden Sie auf dieser Welt willkommen geheißen?
Hatten Sie das von den Eltern erwünschte Geschlecht?

Wie war die Atmosphäre in der Familie, welche frühesten Kindheitserinnerungen gibt es dazu?
Wer hat für Sie in der Kindheit eine besondere Rolle gespielt – Mutter, Vater, Großeltern, Geschwister und andere Personen?
Hatten Sie ein Vorbild in der Familie?
Welchem Elternteil sind Sie Ihrer Meinung nach ähnlich? Von welchem Elternteil heben Sie sich ganz besonders ab, nach dem Motto: So will ich auf gar keinen Fall sein?
Gibt es Lieder, Gedichte, Sprüche, Lieblingsmärchen, an die Sie sich erinnern und die Sie geprägt haben?
Welche Wünsche an das Leben und welche Träume hatten Sie als Kind?
Welche konkreten Erinnerungen an Kindergarten oder Volksschule haben Sie (schöne und nicht so schöne)?
Welche Freunde hatten Sie in der Zeit?
Welche Krankheiten hatten Sie als Kind?
Wie sehr haben Sie sich in der Zeit mit Ihrer Familie als Clan identifiziert?
Welche Erzählungen kursierten über Sie in der Familie?
Welche Rolle spielte die Religion in Ihrer Familie?
Was hat Ihnen in der Kindheit besondere Freude bereitet?
Welche Ressourcen hatten Sie schon in dieser frühen Zeit, die Ihnen noch heute nützlich sind?
Welche Sätze und Leitlinien haben Sie aus Ihrer Familie für Ihr Leben mitgenommen?

Der Stamm unseres Lebensbaums

Wir gelangen nun zum Stamm unseres Lebensbaumes. Der Stamm symbolisiert unser Erwachsenenleben in seiner ganzen Lebensfülle, mit Phasen, in denen Fragen aufkommen, Entscheidungen anstehen und verschiedene Themen zu bewältigen sind.

Welche Fragen im Vordergrund stehen, das ist von unserer jeweiligen Lebensphase abhängig. Berufliche und private Situationen und auch biologische Voraussetzungen spielen dabei eine wesentliche Rolle. Das junge Erwachsenenalter ist eine Phase der Orientierung und Loslösung vom Elternhaus. Die Weichen für die Lebensbahn werden gestellt (Schule, Lehrstelle, Studium).

Eine sehr prägende Lebensphase sind die Dreißigerjahre. In dieser Zeit beginnen wir, Perspektiven für das Leben zu entwickeln. Ziele werden festgelegt. Um nur einige Ziele zu nennen: Je nach persönlicher Eigenheit sind das berufliche Karriere, Wohnort und Wohnung, Partner, Familie, Kinder. Die Anforderungen der Gesellschaft wollen erfüllt werden, wir tragen sie alle in uns. Wer sich davon abzusetzen versucht, muss bewusste Entscheidungen treffen.

In den Vierzigern sind diese Vorgaben meist weniger wichtig, die eigene Bestimmung tritt in den Vordergrund. Viele starten noch einmal durch, weil die Kinder vielleicht schon größer sind oder weil sie sich nochmals verändern wollen. Man hat in dieser Phase bereits mehr Mut, übernommene Werte und Normen zu hinterfragen.

In den Fünfzigern geht es um Integration. Alles, was man kann und gelernt hat, wird nun zusammengeführt. Wesentliche Lebenskonflikte sind möglicherweise bewältigt, man kennt sich selbst und seinen Platz in der Welt. Der Kampf, sich verändern zu wollen, steht oft nicht mehr so im Vordergrund.

In den Sechzigern lassen die Kräfte meist nach, andere Kompetenzen werden wichtiger. Man akzeptiert sich mehr, wie man ist. Oft entsteht in dieser Zeit auch das Bedürfnis, die gesammelte Erfahrung an jüngere Menschen weiterzugeben.

Schließlich gibt es noch die Phase des Alters, die mit gesundheitlichen Einschränkungen, jedoch auch mit einem gehörigen Maß an Gelassenheit einhergehen kann. Wenn möglich prägt die Weisheit des Alters diese Phase des Lebens und verheißt eine größere Freiheit. Manche sprechen auch von der Narrheit des Alters. Man muss niemandem mehr etwas beweisen und kann die Dinge ganz offen aussprechen, wie sie sind. Das Thema der eigenen Endlichkeit rückt in den Vordergrund.

Fragen zum Stamm unseres Lebensbaums – mit seinen verschiedenen Phasen

Wann haben Sie Ihr Elternhaus verlassen, und wie war die Loslösung von den Eltern?
Wie ging es mit der Ausbildung weiter?
Wann haben Sie sich zum ersten Mal verliebt?
Wann haben Sie Ihr erstes Geld verdient?
Welche Träume hatten Sie vom Leben mit zwanzig Jahren?
Wie wichtig waren in dieser Zeit Freundschaften, wie wichtig waren sie auch noch später?
Wie haben Sie die ersten Lebensübergänge, zum Beispiel den Beginn der Berufstätigkeit oder den Übergang von der Schule zum Studium, erlebt?

Wann hatten Sie Ihre erste feste Beziehung?
Wann hatten Sie Ihre erste große Enttäuschung in der Liebe?
Wie wichtig war für Sie die Karriere?
Wie wichtig war es Ihnen, eine Familie zu gründen, was bedeutete diese für Sie?
Was waren die Weggabelungen in Ihrer Entwicklung?
Wie sehen Sie heute im Rückblick die Entscheidungen, die Sie an diesen Wegmarken getroffen haben?
Würden Sie sich heute anders entscheiden?
Was waren die emotional bedeutsamsten Situationen in Ihrem Leben?
Wie zufrieden waren Sie mit Ihrem Beruf im Lauf des Lebens, fühlten Sie sich über- oder unterfordert?
Konnten Sie Ihrer eigenen Bestimmung in Ihrem Leben folgen?
Gab es Krankheiten und Krisen im Lauf Ihres Lebens?
Wie haben Sie diese in Ihrem Leben bewältigt?
Was hat Sie nach Krisen immer wieder aufstehen lassen, auf welche inneren Kräfte in sich konnten Sie sich verlassen?
Wie war Ihr Lebensgefühl mit vierzig, mit fünfzig oder mit sechzig?
Wie würden Sie sich im Umgang mit anderen Menschen beschreiben?
Wie erlebten Sie sich im Lauf der Jahre als Frau oder als Mann?
Worauf sind Sie stolz, worüber besonders zufrieden im Hinblick auf Ihr Leben?
Wie steht es mit Ihrem Durchsetzungsvermögen, Ihrer Entscheidungsfähigkeit?
Wie wichtig ist Sicherheit in Ihrem Leben?
Wie stehen Sie zu Ihren Kompetenzen?
Wie gehen Sie mit Neuem um?
Was hat Sie besonders viel Mut in Ihrem Leben gekostet?
Welche innere Haltung haben Sie entwickelt?
Wenn Sie Ihrer Lebensreise einen Namen geben sollten, wie würde der lauten?

Die Krone des Lebensbaums

Sie haben sich bisher mit der Vergangenheit beschäftigt, doch der Lebensbaum weist auch in die Zukunft. Die Krone des Baums ist der Bereich, wo wir der Sehnsucht Raum geben können.

Wenn wir zurückblicken, können wir feststellen, dass wir schon immer Sehnsüchte und Träume hatten. Träume, wie unser Leben sein sollte. Diese Sehnsüchte aus früheren Lebensabschnitten sollten wir nicht als unrealistisch abtun, auch wenn Größenideen dabei waren, die oft aus dem Abstand von Jahren heraus überzogen anmuten. Wer sein Leben noch vor sich hat, denkt groß!

Der Sehnsucht Raum zu geben, das heißt erst einmal, uns zuzugestehen, dass wir Sehnsüchte haben dürfen. Sehnsucht nach Liebe, Geborgenheit, Freiheit, Verbundenheit, Intensität im Fühlen und Handeln.

Die Sehnsucht ist uns ein guter Wegweiser, um unseren eigenen Weg zu finden. Sie zeigt uns unsere Entwicklungsmöglichkeiten auf, unsere Potenziale, das, was wir noch sein könnten – und das, was uns noch fehlt zu einem sinnvollen Leben. Es steht immer noch etwas aus, wonach wir uns sehnen, was wir noch verändern könnten.

Vielleicht haben wir eine tiefe Sehnsucht, uns noch einen ganz bestimmten Traum zu erfüllen.

Der Wunsch, noch Verpasstes, noch Ausstehendes in unser Leben zu integrieren, kann zu erstaunlichen Neuanfängen führen. Wenn wir uns unseren Sehnsüchten wirklich stellen, können Überraschungen passieren. Das Leben könnte für uns noch viel bereithalten.

Fragen zur Krone unseres Lebensbaums

Welche Sehnsüchte und Träume fallen Ihnen spontan zu Ihrem Leben ein?
Was ist die unvernünftigste und verrückteste Idee, die Sie je hatten?
Wenn Sie völlig ohne Angst wären, was würden Sie dann tun?
Wenn Sie sich trauen würden spontan zu sein, was würden Sie tun?
Welche nicht gelebten Träume und Wünsche haben Sie noch?
Was wäre gewesen, wenn Sie Ihre Sehnsüchte gelebt hätten, wie würde Ihr Leben jetzt aussehen?
Was wünschen Sie sich noch in Ihrem Leben für die restliche Zeit?
Was wünschen Sie sich, wenn Sie ehrlich mit Ihrem Verlangen und Ihren Sehnsüchten sind? (Schreiben Sie eine Liste, verurteilen Sie aber keinen Ihrer Wünsche: Beruf, Familie, Partner, Reisen)
Was macht Sie zufrieden und glücklich?
Welcher Wunsch setzt Kräfte in Ihnen frei?
Was tun Sie, wenn Sie Ihre Ziele umsetzen wollen und Schwierigkeiten auftauchen?
Fragen Sie sich oft, was andere denken oder wollen?
Wie engagiert gehen Sie an Neues heran?
Fühlen Sie sich durch das Tun gestärkt?
Wie viel Zeit sind Sie bereit, für Ihre Sehnsüchte zu investieren?

Sie haben sich den ganzen Weg, den sie gelebt haben, in Erinnerung gerufen, haben sich mit den Meilensteinen Ihres Lebens befasst, haben sich die großen und kleinen Episoden, Erlebnisse, Weggabelungen und Entscheidungen bewusst gemacht. Auch haben Sie sich mit Ihren Gefühlen und Gedanken auseinandergesetzt und sind Ihren Sehnsüchten und Träumen gefolgt.

Wer bin ich? – diese Frage bewegt uns Menschen ein Leben lang. Wie sind wir zu der Person geworden, die wir heute sind? Und welche ungenutzten Potenziale und Möglichkeiten liegen in uns noch brach?

Vielleicht haben Sie auch in Ihrem Lebensrückblick erkannt, dass es trotz aller Veränderungen eine Kontinuität gibt, weil Sie die Essenz Ihres Lebens erahnt haben.